ES V

Umwelt- und Technikrecht

Schriftenreihe des Instituts für Umwelt- und Technikrecht
der Universität Trier

Herausgegeben von
Prof. Dr. Reinhard Hendler,
Prof. Dr. Peter Marburger,
Prof. Dr. Michael Reinhardt, LL. M.,
und Prof. Dr. Meinhard Schröder

UTR Band 55

Umweltschutz, Wirtschaft und kommunale Selbstverwaltung

16. Trierer Kolloquium zum Umwelt- und Technikrecht
vom 10. bis 12. September 2000

Mit Beiträgen von
Hans-Jürgen Papier, Ulrich Battis, Peter J. Tettinger,
Martin Burgi, Rainer Römer

ERICH SCHMIDT VERLAG

Die Deutsche Bibliothek – CIP-Einheitsaufnahme

Umweltschutz, Wirtschaft und kommunale Selbstverwaltung / 16. Trierer
Kolloquium zum Umwelt- und Technikrecht vom 10. bis 12. September
2000. Hrsg.: Reinhard Hendler ... Mit Beitr. von: Hans-Jürgen Papier
.... - Berlin : Erich Schmidt, 2001
  (Umwelt- und Technikrecht ; Bd. 55)
  ISBN 3-503-05980-6

ISBN 3-503-05980-6

Dieses Papier erfüllt die Frankfurter Forderungen der Deutschen Bibliothek
und der Gesellschaft für das Buch bezüglich der Alterungsbeständigkeit
und entspricht sowohl den strengen Bestimmungen
der US Norm Ansi/Niso Z 39.48-1992 als auch der ISO-Norm 9706

Druck: Druck- und Verlagshaus Bitter, Recklinghausen

Vorwort

Der vorliegende Band enthält die Referate und Diskussionsberichte des sechzehnten Trierer Kolloquiums zum Umwelt- und Technikrecht mit dem Thema „Umweltschutz, Wirtschaft und kommunale Selbstverwaltung". Das Kolloquium wurde vom Institut für Umwelt- und Technikrecht der Universität Trier vom 10. bis 12. September 2000 in Trier unter der Leitung von Prof. Dr. *Reinhard Hendler* veranstaltet.

Die Veranstaltung wurde von mehr als 200 Tagungsgästen aus Fachkreisen der Wirtschaftsunternehmen, Verbände, Anwaltschaft, Verwaltung, Gerichte und der Wissenschaft besucht. Sie trafen sich, der Tradition folgend, am 10. September zu einem Begrüßungsabend in einem Trierer Weingut.

Zum Rahmenprogramm gehörten ein Konzert eines Gesangquintetts und ein anschließender Empfang der Landesregierung Rheinland-Pfalz im Kurfürstlichen Palais.

Trier, im Januar 2001   *Die Herausgeber*

Inhalt

Inhalt

Eröffnung

Herr Universitätspräsident, meine Damen und Herren,

nach dem gestrigen Begrüßungsabend, der dem persönlichen Kennenlernen und dem allgemeinen Gedankenaustausch in geselliger Umgebung diente, möchte ich Sie heute vormittag zu den fachlichen Beratungen des 16. Trierer Kolloquiums des Instituts für Umwelt- und Technikrecht der Universität Trier herzlich willkommen heißen. Mein Willkommensgruß, der namentlich auch unseren Gästen aus dem Ausland gilt, spreche ich dabei zugleich im Namen meiner Kollegen Peter Marburger, Michael Reinhardt und Meinhard Schröder sowie aller Mitarbeiterinnen und Mitarbeiter des Instituts aus. Daß Kolloquienzeiten gerade für die Mitarbeiterinnen und Mitarbeiter des Instituts Zeiten höchster Beanspruchung sind, versteht sich, sei aber gleichwohl erwähnt.

Es ist ein erfreulicher Umstand, der wesentlich zur Bereicherung der Beratungen bei den Trierer September-Kolloquien beiträgt, daß die Tagungsgäste traditionell aus unterschiedlichen Bereichen beruflicher Tätigkeit kommen. Hierdurch wird ein wesentliches Ziel der Kolloquien erreicht, die ein Forum für den fachlichen Dialog und Erfahrungsaustausch sowie für die persönliche Begegnung zwischen Angehörigen verschiedener Berufsbereiche sein sollen. Es handelt sich hier – bei grober Einteilung – um die Bereiche Wissenschaft, Anwaltschaft, Wirtschaftsunternehmen, Justiz, Verbände und öffentliche Verwaltung einschließlich Kommunalverwaltung.

Die besondere Erwähnung der Kommunalverwaltung leitet bereits zu unserem diesjährigen Tagungsgegenstand über, dessen Besonderheit darin besteht, daß drei Größen, nämlich „Umweltschutz, Wirtschaft und kommunale Selbstverwaltung", thematisch zusammengespannt werden. Eine derartige Dreieckskonstellation beflügelt gewöhnlich die Phantasie und lädt zum modellhaften Durchspielen von Varianten sowie – je nach Temperament des Betrachters – zu kontemplativer Nachdenklichkeit oder zu spekulativen Überlegungen ein.

Dreieckskonstellationen zu untersuchen ist nicht zuletzt deshalb so spannend, weil sie zum Aufbau von Spannungen neigen. Da hier zudem mehr als zwei Kräfte wirksam sind, lautet die bedenkliche Diagnose des modernen sprachgewandten Verwaltungsrechtlers häufig: polygonales Spannungsverhältnis. Bemühungen um Diagnoseverfeinerungen werden sich dabei der Frage zuzuwenden haben, wie sich die verschiedenen Kräfte des Spannungsverhältnisses im näheren zueinander verhalten. Wirken vielleicht zwei Kräfte gegen die dritte Kraft zusammen? Wird etwa die Wirtschaft von Umweltschutz und kommunaler Selbstverwaltung in die Zange genommen, wie es das Tagungsthema nahelegen könnte, das die Wirtschaft zwischen die beiden übrigen Kräfte stellt? Oder gerät der Umweltschutz unter die Räder von Wirtschaft und kommunaler Selbstverwaltung? Wird unter Umständen gar die kommunale Selbstverwaltung von der Wirtschaft und dem Umweltschutz überrollt? Liberalisierung, Wettbewerb und Hochzonung von Umweltschutzaufgaben könnten insoweit die Stichworte bilden. Oder verhält sich am Ende doch alles ganz anders: Stellt möglicherweise die Annahme eines Spannungsverhältnisses bei der Dreieckskonstellation „Umweltschutz, Wirtschaft und kommunale Selbstverwaltung" eine Fehldiagnose dar, weil sich die drei Kräfte im Zustand friedlicher Koexistenz befinden?

Meine Damen und Herren, Sie sehen: Bereits bei grober Betrachtung des Tagungsthemas ergeben sich Fragen über Fragen. Wir haben zwei Tage Zeit, sie zu klären oder doch einer Klärung zumindest näher zu bringen. Dabei sei den Referenten sowie den Mitwirkenden an der Podiumsdiskussion schon jetzt für ihre Bereitschaft gedankt, zu diesem Klärungsprozeß tatkräftig Hilfestellung zu leisten.

Bevor wir die fachlichen Beratungen aufnehmen, möchte ich jedoch noch den Wunsch zum Ausdruck bringen, daß die Tagung einen Verlauf nehmen möge, der die gehegten Erwartungen aller Tagungsgäste erfüllt. Den von auswärts angereisten Tagungsgästen wünsche ich zudem einen angenehmen Aufenthalt in der schönen Moselstadt Trier.

Es ist für mich – und damit will ich meine kurze Ansprache schließen – Ehre und Vergnügen zugleich, ankündigen zu können, daß der Präsident der Universität Trier, Herr Professor Dr. Schwenkmezger, ein Grußwort an uns richten wird. Wir sind Ihnen, Herr Präsident, sehr verbunden, daß Sie es sich nicht haben nehmen lassen, im Rahmen der Tagungseröffnung zu uns zu sprechen. In dieser Geste zeigt sich aufs neue Ihre Anteilnahme an der Arbeit des Instituts für Umwelt- und Technikrecht, das seine Aufgaben ohne bereitwillige universitäre Unterstützung nicht zu erfüllen vermag. Darf ich Sie nunmehr, Herr Präsident, um das Grußwort bitten.

Umweltschutz als Bestandteil kommunaler Verwaltungstätigkeit[1]

Hans-Jürgen Papier

Übersicht

I. Kommunale Handlungsmöglichkeiten im Lichte der Selbstverwaltungsgarantie (Art. 28 Abs. 2 S. 1 GG) und der Staatszielbestimmung Umweltschutz (Art. 20a GG)

Bereits 1978 wies der Rat von Sachverständigen in seinem Umweltgutachten darauf hin, daß auf der kommunalen Ebene einerseits die meisten Umweltprobleme verursacht würden, andererseits hier aber auch diejenige umweltpolitische Ebene sei, auf der die Maßnahmen größtenteils ansetzen müssten.[2] Auch auf internationaler Ebene ist die Bedeutung der Kommunen bei der Bewältigung von Umweltproblemen mittlerweile erkannt worden. So widmet die auf der Konferenz für Umwelt und Entwicklung der Vereinten Nationen (UNCED) im Juni 1992 in Rio de Janeiro als Aktionsprogramm für das 21. Jahrhundert verab-

---

[1] Mein wissenschaftlicher Assistent *Andreas Dengler* war mir bei der Abfassung des Manuskripts behilflich. Dafür schulde ich ihm Dank.

[2] Umweltgutachten 1978, BT-Drs. 8/1938, S. 339.

11

schiedete Agenda 21 der Beteiligung und Mitwirkung der Kommunen ein eigenes Kapitel und sieht darin einen entscheidenden Faktor bei der Verwirklichung der in der Agenda enthaltenen Ziele.[3] „Kommunen errichten, verwalten und unterhalten die wirtschaftliche, soziale und ökologische Infrastruktur, überwachen den Planungsablauf, entscheiden über die kommunale Umweltpolitik und kommunale Umweltvorschriften und wirken außerdem an der Umsetzung der nationalen und regionalen Umweltpolitik mit. Als Politik- und Verwaltungsebene, die den Bürgern am nächsten ist, spielen sie eine entscheidende Rolle bei der Informierung und Mobilisierung der Öffentlichkeit und ihrer Sensibilisierung für eine nachhaltige und umweltverträgliche Entwicklung."[4]

Die unter dem Gesichtspunkt Umweltschutz möglichen Handlungs- und Verhaltensweisen sind denkbar weit. Ebenso weit stellt sich aber auch das Feld der kommunalen Verwaltungstätigkeit dar, deren verfassungsrechtlicher Ansatzpunkt in der kommunalen Selbstverwaltungsgarantie des Art. 28 Abs. 2 GG liegt und im wesentlichen die Universalzuständigkeit für alle Angelegenheiten der örtlichen Gemeinschaft umfaßt. Kommunales Verwaltungshandeln geht aber über diesen Bereich hinaus und beinhaltet auch die Wahrnehmung staatlich übertragener Aufgaben. Damit umschreiben beide Begriffe – Umweltschutz und kommunale Verwaltung – Querschnittsaufgaben und Bereiche, die von einem sehr hohen Maß an Heterogenität, Komplexität und Breite gekennzeichnet sind. Kommunale Verwaltungstätigkeiten vielfacher Art, von der internen Mittelbeschaffung und Aufgabenvergabe über die Einrichtung, Ausgestaltung und den Betrieb kommunaler Einrichtungen, die Bauleitplanung, die Abgabenerhebung und sonstige kommunale Normsetzung, die kommunale Aufklärung und Information bis hin zum Vollzug staatlicher Gesetze, sind unter dem Aspekt des Umweltschutzes in die Betrachtung einzubeziehen.

Es stellt sich allerdings die Frage, wie groß die jeweiligen Spielräume der Kommunen in der Umweltpolitik wirklich sind, insbesondere für die Verfolgung eigenständiger Umweltschutzkonzepte, die vom staatlichen Gesetzgeber so nicht vorgegeben sind oder gar von einem staatlichen Umweltschutzkonzept abweichen – wenn sich eine Gemeinde also zu einem „umweltpolitischen Alleingang" entscheidet.[5]

Diese Frage kann angesichts der Querschnittsaufgabe Umweltschutz einerseits und des umfassenden Spektrums kommunaler Verwaltungstätigkeit andererseits nicht pauschal für sämtliche Fallkonstellationen beantwortet werden. Geboten

---

[3] Vgl. Kap. 28.1 Agenda 21.
[4] Kap. 28.1 Agenda 21.
[5] Vgl. dazu *Burgi*, VerwArch. 90 (1999), 70 ff.

ist eine differenzierende Behandlung. Hier sollen und können nicht alle relevanten Betätigungsfelder behandelt werden. Zudem sind wichtige Bereiche des kommunalen Umweltschutzes – namentlich das Baurecht, das Abfallrecht sowie das Recht der Wasserversorgung und Abwasserbeseitigung – Gegenstand der nachfolgenden Referate. An dieser Stelle sollen vorrangig die verfassungsrechtlichen Ausgangspunke und Grundlagen kommunalen Umweltschutzes erörtert werden, die die maßgeblichen Paradigma bei der Bestimmung von Zulässigkeit und Grenzen kommunalen Umweltschutzes bilden. Dem Leitthema der Veranstaltung – Umweltschutz, Wirtschaft und kommunale Selbstverwaltung – folgend, soll das Augenmerk dabei vor allem auf den Bereich der kommunalen Verwaltungstätigkeit gelenkt werden, der von der Selbstverwaltungsgarantie des Art. 28 Abs. 2 GG umfaßt wird.

1. Die Garantie der kommunalen Selbstverwaltung nach Art. 28 Abs. 2 GG

Nach Art. 28 Abs. 2 S. 1 GG ist den Gemeinden das Recht garantiert, alle Angelegenheiten der örtlichen Gemeinschaft im Rahmen der Gesetze in eigener Verantwortung zu regeln. Nach der Rechtsprechung des BVerfG sind dies „diejenigen Bedürfnisse und Interessen, die in der örtlichen Gemeinschaft wurzeln oder auf sie einen spezifischen Bezug haben, die also den Gemeindeeinwohnern gerade als solchen gemeinsam sind, indem sie das Zusammenleben und -wohnen der Menschen in der (politischen) Gemeinschaft betreffen".[6] Der Grundsatz der Universalität oder Allzuständigkeit knüpft damit entscheidend an der räumlichen Komponente der örtlichen Gemeinschaft an.[7] Damit werden von der Selbstverwaltungsgarantie nur die im eigenen örtlichen Bereich wurzelnden Angelegenheiten, nicht aber die gesetzlich übertragenen, genuin staatlichen Aufgaben erfaßt.[8] Somit sind auch lediglich die Aufgaben des eigenen Wirkungskreises, nicht aber die staatlichen Aufgaben des übertragenen Wirkungskreises, vom verfassungsrechtlich garantierten Recht auf eigenverantwortliche Wahrnehmung umfaßt.[9]

---

6   BVerfGE 79, 127, 151 ff. – *Rastede*; vgl. auch BVerwGE 92, 56, 62.

7   Vgl. *Tettinger*, in: v. Mangoldt/Klein/Starck, GG, Bd. 2, 4. Aufl. 2000, Art. 28 Rdnr. 168.

8   *Tettinger*, in: v. Mangoldt/Klein/Starck, GG, Bd. 2, 4. Aufl. 2000, Art. 28 Rdnrn. 168, 174.

9   *Tettinger*, in: v. Mangoldt/Klein/Starck, GG, Bd. 2, 4. Aufl. 2000, Art. 28 Rdnr. 174.

Die durch Art. 28 Abs. 2 GG gewährleistete kommunale Selbstverwaltung bedarf der gesetzlichen Ausgestaltung und Formung. Bei Wahrnehmung dieser Aufgabe hat der Gesetzgeber den sog. Wesensgehalt, d. h. die überkommenen, identitätsbildenden Merkmale der gemeindlichen Selbstverwaltung zu beachten.[10] Außerhalb dieses Kernbereichs der Garantie der gemeindlichen Selbstverwaltung enthält Art. 28 Abs. 2 GG ein verfassungsrechtliches Aufgabenverteilungsprinzip hinsichtlich der Angelegenheiten der örtlichen Gemeinschaft zugunsten der Gemeinden, das der die Zuständigkeiten verteilende Gesetzgeber zu berücksichtigen hat.[11] Der Gesetzgeber darf den Gemeinden eine Aufgabe mit relevantem örtlichen Charakter nur aus Gründen des Gemeininteresses, vor allem also dann entziehen, wenn anders die ordnungsgemäße Aufgabenerfüllung nicht sicherzustellen wäre.[12]

Ist der kommunale Umweltschutz nun dem eigenen oder dem übertragenen Wirkungskreis der Gemeinden zuzuordnen? Nur im ersteren Fall bestünde für die Kommunen die Möglichkeit, sich zur Rechtfertigung einer eigenständigen Umweltpolitik auf die Selbstverwaltungsgarantie des Art. 28 Abs. 2 GG zu berufen. Im Bereich der auftragsweise durchzuführenden staatlichen Verwaltungsangelegenheiten wäre diese Möglichkeit dagegen nicht gegeben, vielmehr wären die Kommunen darauf angewiesen, daß ihnen bei dem Vollzug staatlicher Gesetze vom Gesetzgeber mit Umweltschutzbelangen auszufüllende Beurteilungs- und Ermessensspielräume eingeräumt worden sind.

Unmittelbar aus Art. 28 Abs. 2 GG läßt sich nicht die „Umweltschutzhoheit" als spezifisches, von der Selbstverwaltungsgarantie umfaßtes hoheitliches Gestaltungsrecht ableiten.[13] Umweltpolitik und Umweltvorsorge sind vielmehr Primär- und Annexkompetenzen im Hinblick auf andere staatliche oder kommunale Zuständigkeiten, etwa speziell des Bau- und Bodenrechts, des Immissionsschutzrechts, des Abfallrechts sowie des Wasserrechts.[14]

Die Schwerpunkte kommunalen Umweltschutzes liegen wohl in der Bauleitplanung und bei den kommunalen Einrichtungen, etwa im Bereich der Wasserversorgung sowie der Abfall- und Abwasserentsorgung.[15] Darüber hinaus kommen den Kommunen aber auch im Bereich der Auftragsverwaltung beim Vollzug des

---

[10]   Vgl. *Badura*, Staatsrecht, 2. Aufl. 1996, D Rdnr. 92.
[11]   BVerfGE 79, 127, 150; vgl. auch *Badura*, Staatsrecht, 2. Aufl. 1996, D Rdnr. 92.
[12]   BVerfGE 79, 127, 153.
[13]   Vgl. *Gern*, Deutsches Kommunalrecht, 2. Aufl. 1997, Rdnr. 179.
[14]   Vgl. *Hoppe*, DVBl. 1990, 603; *Gern*, Deutsches Kommunalrecht, 2. Aufl. 1997, Rdnr. 179.
[15]   Vgl. *Hoppe/Beckmann/Kauch*, Umweltrecht, 2. Aufl. 2000, § 4 Rdnr. 116.

staatlichen Umweltrechts – sofern dies Konkretisierungsspielräume beläßt – beträchtliche Gestaltungsspielräume zu.[16]

Kommunale Verwaltungstätigkeit mit spezifisch umweltschützender Zielsetzung läßt sich im Hinblick auf ihre Auswirkungen in interne und externe Erscheinungsformen unterscheiden:[17]

– Im internen Bereich sind die Kommunen als Träger öffentlicher Verwaltung zunächst selbst verpflichtet, ihr Verhalten am Ziel des Umweltschutzes zu orientieren, womit sie zugleich eine Vorbildfunktion ausüben.[18] Diese Verpflichtung zum umweltfreundlichen Verhalten ergibt sich aus Art. 20a GG, ist z.T. aber auch landesrechtlich explizit niedergelegt. So sind etwa nach Art. 2 Abs. 2 Nr. 1 des Bayerischen Abfallwirtschaftsgesetzes (BayAbfG)[19] Staat, Gemeinden, Landkreise, Bezirke und sonstige juristische Personen des öffentlichen Rechts verpflichtet, bei der Gestaltung von Arbeitsabläufen und ihrem sonstigen Handeln, vor allem im Beschaffungs- und Auftragswesen und bei Bauvorhaben, möglichst Erzeugnisse zu berücksichtigen, die sich durch Langlebigkeit, Reparaturfreundlichkeit und Wiederverwendbarkeit oder Verwertbarkeit auszeichnen, im Vergleich zu anderen Erzeugnissen zu weniger oder zu entsorgungsfreundlicheren Abfällen führen und aus Abfällen hergestellt worden sind. Darüber hinaus haben die juristischen Personen des öffentlichen Rechts gem. Art. 2 Abs. 2 Nr. 2 BayAbfG Dritte, denen sie ihre Einrichtungen oder Grundstücke zur Verfügung stellen oder Zuwendungen bewilligen, zu einer entsprechenden umweltfreundlichen Bedarfsdeckung zu verpflichten und gem. Art. 2 Abs. 3 BayAbfG bei Gesellschaften des privaten Rechts, an denen sie beteiligt sind, im Rahmen ihrer Möglichkeiten auf eine Beachtung dieser Verpflichtungen hinzuwirken.

– Im externen Bereich sind etwa Einwegverpackungsverbote im Zusammenhang mit der Erteilung straßen- und wegerechtlicher Sondernutzungserlaubnisse[20] oder der Zulassung zu kommunalen Einrichtungen, insbesondere Märkten und Volksfesten,[21] zu nennen. Auf dem Gebiet des Abfallrechts

---

[16] *Kloepfer*, Umweltrecht, 2. Aufl. 1998, § 3 Rdnr. 103; vgl. auch *Burgi*, VerwArch. 90 (1999), 70, 73 m. Fn. 16.

[17] Vgl. *Stober*, Kommunalrecht in der Bundesrepublik Deutschland, 3. Aufl. 1996, S. 177.

[18] *Stober*, Kommunalrecht in der Bundesrepublik Deutschland, 3. Aufl. 1996, S. 177; zur umweltfreundlichen Bedarfsdeckung vgl. auch *Haaß*, Handlungsspielräume gemeindlicher Umweltpolitik am Beispiel des Abfallrechts, 1992, S. 197 ff.

[19] In der Fassung der Bekanntmachung vom 9. 8. 1996, GVBl. S. 369, zuletzt geändert durch § 14 Gesetz zur Ausführung des Gesetzes zur Abschaffung des Bayerischen Senates vom 16. 12. 1999, GVBl. S. 521. Für Bundesbehörden vgl. den im wesentlichen inhaltsgleichen § 37 Krw-/AbfG.

[20] Vgl. BVerwGE 104, 331.

[21] Vgl. OVG Schleswig, NVwZ 1996, 1034.

15

sind außerdem die lange Zeit umstrittene und mittlerweile vom Zweiten Senat des BVerfG wegen Verstoßes gegen die aus dem Rechtsstaatsprinzip folgende Widerspruchsfreiheit der Rechtsordnung für verfassungswidrig erklärte Erhebung von Verbrauchsteuern auf Einwegverpackungen[22], die mengenmäßige Staffelung von Abfallgebühren[23], das satzungsrechtliche Verbot der Verwendung von Einwegverpackungen[24] sowie die Durchführung der Öffentlichkeitsarbeit, von der Umweltberatung[25] bis hin zu Mehrweg-Werbekampagnen,[26] zu nennen. Im Bereich der Wirtschaftsförderung wird beispielsweise mit dem Ziel des Umweltschutzes subventionierten Betrieben die Pflicht zur Einhaltung höherer Immissionsschutzstandards als bundesrechtlich vorgeschrieben auferlegt.[27]

Wie allgemein, besteht auch in der Umweltpolitik ein Spannungsverhältnis zwischen der kommunalen Selbstverwaltungsgarantie einerseits und dem vorrangigen Bundes- und Landesrecht andererseits.[28] Die Kommunen haben etwa bei Wahrnehmung ihrer Satzungsautonomie zu beachten, daß sie sich nicht in Widerspruch zu bundes- oder landesrechtlichen Regelungen setzen dürfen, beim Erlaß belastender Regelungen bedürfen sie nach dem Grundsatz vom Vorbehalt des Gesetzes einer gesetzlichen Ermächtigung[29] und die Bindung an die materiellen Grundrechte der Bundes- und Landesverfassung steht auch für sie außer Frage. Mit der 1994 in das Grundgesetz eingefügten Staatszielbestimmung Umweltschutz (Art. 20a GG) hat sich an diesen Feststellungen nichts Wesentliches geändert.

Ein prominentes Beispiel kommunaler Umweltschutzpolitik, bei dem das Erfordernis einer gesetzlichen Grundlage eine Rolle spielte, stellte die Satzung der Landeshauptstadt München vom 26. September 1989 über die Entsorgung von Gewerbe- und Baustellenabfällen dar.[30] Diese zielte auf die Vermeidung von Abfällen ab und regelte u.a. in ihrem § 3 Abs. 2:

„Die Stadt kann die gewerbliche Abgabe von Einwegerzeugnissen an den Endverbraucher verbieten oder einschränken, soweit die Verwendung

---

[22] BVerfGE 98, 106.

[23] Vgl. BVerwG, DVBl. 1994, 820; DVBl. 1996, 44; VGH BW, DVBl. 1995, 247.

[24] Vgl. BVerwGE 90, 359; BayVGH, DVBl. 1992, 717.

[25] Vgl. § 38 Krw-/AbfG, Art. 3 Abs. 4 S. 2 BayAbfG, § 3 Abs. 1 NW AbfG.

[26] Vgl. dazu auch *Papier*, VerwArch. 84 (1993), 417ff.

[27] Vgl. dazu BVerwG, DVBl. 1990, 376; vgl. dazu *Ehlers*, JZ 1990, 591.

[28] Vgl. *Dreier*, in: ders. (Hrsg.), Grundgesetz Kommentar, Bd. II, 1998, Art. 28 Rdnr. 140.

[29] Vgl. BVerwGE 90, 359, 360ff.; BayVGH, BayVbl. 1992, 337ff.; OVG Schleswig, NVwZ 1996, 1034; *Papier*, VerwArch. 84 (1993), 417, 428f.

[30] Vgl. dazu die Entscheidungen des BayVGH vom 22. Januar 1992, DVBl. 1992, 717, und des BVerwG vom 7. September 1992, BVerwGE 90, 359.

von Mehrwegerzeugnissen für den jeweiligen Zweck möglich und zumutbar ist und wenn anderenfalls

a) die Abfallmenge vergrößert würde, die von der Stadt beseitigt werden muß, oder

b) eine erhebliche Verunreinigung von öffentlichen Straßen oder Grünanlagen zu besorgen wäre."[31]

Auf die von Einzelhändlern erhobenen Normenkontrollanträge nach § 47 VwGO erklärte der BayVGH u. a. das in § 3 Abs. 2 der Satzung enthaltene Einwegverbot mangels ausreichender gesetzlicher Satzungsermächtigung für nichtig.[32] Allein die allgemeine Satzungsautonomie hielt der BayVGH im Anschluß an die in der Literatur überwiegend vertretene Auffassung[33] für nicht ausreichend, ohne besondere Rechtsgrundlage in die Grundrechte der Bürger einzugreifen.[34] Auch die Argumentation, mit der Satzung werde von dem der Gemeinde zustehenden Recht Gebrauch gemacht, die Benutzung ihrer öffentlichen Einrichtung zu regeln (vgl. Art. 24 Abs. 1 Nr. 1 GO), wies der BayVGH zurück, da bei der getroffenen Regelung auch bei weitester Auslegung nicht mehr von einem Benutzungsvorgang der kommunalen Abfallentsorgungseinrichtungen gesprochen werden könne.[35] Da es sich allenfalls um das Vorfeld eines Benutzungsvorgangs handele, sei nach dem Rechtsstaatsprinzip eine besondere Rechtsgrundlage erforderlich, da das „Vorfeld der Benutzung" seiner Art nach uferlos und ohne klar abgrenzbare Konturen sei.[36]

Die gegen die Entscheidung des BayVGH zum BVerwG erhobene Nichtvorlagebeschwerde nach § 47 Abs. 5 S. Nr. 1 VwGO a. F.[37] blieb ohne Erfolg. Die Beschwerde machte geltend, daß sich eine Rechtsetzungsbefugnis der Gemeinde unmittelbar aus der Gewährleistung der gemeindlichen Selbstverwaltung in Art. 28 Abs. 2 S. 1 GG herleiten lasse. Da die Entsorgung von Abfällen eine Selbstverwaltungsaufgabe der Gemeinden sei, könne sie aufgrund der von der kommunalen Selbstverwaltungsgarantie umfaßten Satzungsautonomie auch ohne spezialgesetzliche Ermächtigung Gegenstand von Satzungsregelungen sein.[38]

---

[31]   Abgedruckt bei BayVGH, DVBl. 1992, 717f.
[32]   BayVGH, DVBl. 1992, 717, 718 ff.
[33]   Vgl. *Schmidt-Aßmann*, Kommunalrecht, in: ders. (Hrsg.), Besonderes Verwaltungsrecht, 11. Aufl. 1999, 1. Abschn. Rdnr. 96.
[34]   BayVGH, DVBl. 1992, 717, 718 m. w. Nachw.
[35]   BayVGH, DVBl. 1992, 717, 719.
[36]   BayVGH, DVBl. 1992, 717, 720.
[37]   Mittlerweile ist durch Gesetz vom 1. 11. 1996 (BGBl. I S. 1626) die Nichtvorlagebeschwerde aufgehoben und gegen Entscheidungen des OVG bzw. VGH nach § 47 VwGO allgemein die zulassungsbedürftige Revision zum BVerwG eingeführt worden, vgl. §§ 49 Nr. 1, 132 Abs. 1 VwGO.
[38]   Vgl. BVerwGE 90, 359, 361.

Das BVerwG unterstellte zugunsten der Beschwerdeführerin, daß der Erlaß von Regelungen über das Verbot von Einwegerzeugnissen noch zu den Angelegenheiten der örtlichen Gemeinschaft gehören, bestätigte aber die Nichtigerklärung von § 3 Abs. 2 der Satzung durch den BayVGH mit dem Argument, daß die in Art. 28 Abs. 2 S. 1 GG gewährleistete Satzungsautonomie den Gemeinden noch nicht die Befugnis verleiht, durch Satzung in das Grundrecht der Berufsfreiheit einzugreifen.[39] Hierzu bedarf es einer dem Regelungsvorbehalt des Art. 12 Abs. 1 S. 2 GG genügenden Ermächtigung des staatlichen Gesetzgebers. Zwar gebiete Art. 12 Abs. 1 S. 2 GG nicht, daß Einschränkungen der Berufsfreiheit stets unmittelbar durch den staatlichen Gesetzgeber angeordnet werden, vielmehr seien solche Regelungen auch in Gestalt von Satzungen zulässig, die von einer mit Autonomie ausgestatteten Körperschaft erlassen werden. Die grundlegende Entscheidung darüber, ob und welche Gemeinschaftsinteressen so gewichtig sind, daß das Freiheitsrecht des Einzelnen zurücktreten muß, fällt indes in den alleinigen Verantwortungsbereich des staatlichen Gesetzgebers.[40] Daher genügt allein die Gewährleistung der gemeindliches Satzungsautonomie in Art. 28 Abs. 2 S. 1 GG nicht als Ermächtigung.

In der Literatur wird an diesen im Einklang mit der herrschenden Lehre stehenden Entscheidungen von BayVGH und BVerwG kritisiert, daß damit die verfassungsrechtlich grundsätzlich gewährleistete Satzungsautonomie weitgehend inhaltsleer bliebe, was nur schwerlich mit Art. 28 Abs. 2 S. 1 GG zu vereinbaren sei.[41] Der Kritik ist aber entgegenzuhalten, daß auch im Selbstverwaltungsbereich die Ordnungsfunktionen des parlamentarischen Gesetzgebers unverzichtbar sind.[42] Die Gemeinden sind um ihres Selbstverwaltungsrechts willen insoweit freier gestellt als die Staatsverwaltung, als etwa der für Verordnungen geltende Art. 80 Abs. 1 S. 2 GG nicht, auch nicht analog auf Satzungen angewandt werden kann.[43] Dies läßt sich auch mit der direkten Legitimationsbasis des von den Bürgern gewählten Gemeinderats begründen.[44] Allerdings ist der Gemeinderat – wie auch das BVerwG in seiner Entscheidung zum satzungsrechtlichen Einwegverbot betont hat[45] – kein Parlament, so daß der rechtsstaatlich notwendige Schutz der Bürger durch das parlamentarische Gesetz auch gegenüber dem Sat-

---

[39]   BVerwGE 90, 359, 361 ff.

[40]   BVerwGE 90, 359, 363 unter Hinweis auf BVerfGE 33, 125, 158 f.; 76, 171, 184.

[41]   *Böhm*, Autonomes kommunales Satzungsrecht, in: Lübbe-Wolff (Hrsg.), Umweltschutz durch kommunales Satzungsrecht, 2. Aufl. 1997, Rdnr. 694.

[42]   *Schmidt-Aßmann*, Kommunalrecht, in: ders. (Hrsg.), Besonderes Verwaltungsrecht, 11. Aufl. 1999, 1. Abschn. Rdnr. 95.

[43]   *Schmidt-Aßmann*, Kommunalrecht, in: ders. (Hrsg.), Besonderes Verwaltungsrecht, 11. Aufl. 1999, 1. Abschn. Rdnr. 95.

[44]   *Schmidt-Aßmann*, Kommunalrecht, in: ders. (Hrsg.), Besonderes Verwaltungsrecht, 11. Aufl. 1999, 1. Abschn. Rdnr. 95.

[45]   BVerwGE 90, 359, 362.

zungsgeber gesichert werden muß.[46] Insbesondere bei Satzungen, die selbst in Freiheit und Eigentum der Bürger eingreifen oder zu solchen Eingriffen ermächtigen, gilt der klassische Eingriffsvorbehalt, der eine gesetzliche Basis verlangt, die Art und Richtung des Eingriffs bezeichnet.[47] Der kommunalen Selbstverwaltungsgarantie kann – in Anlehnung an die Rechtsprechung zur berufsständischen Selbstverwaltung[48] – in diesem Zusammenhang über die Anforderungen an den Grad der Bestimmtheit der gesetzlichen Ermächtigung Rechnung getragen werden.[49]

Unter Zugrundelegung der herrschenden Ansicht folgt für die Umweltpolitik der Gemeinden, die über verwaltungsinterne Regelungen oder die Erbringung von Leistungen hinausgeht, wegen der regelmäßig festzustellenden Eingriffswirkung kommunaler Maßnahmen in grundrechtlich geschützte Bereiche das Erfordernis einer speziellen gesetzlichen Ermächtigungsgrundlage und schon deswegen eine relativ enge Grenze der gemeindlichen Eigenständigkeit.[50]

2. Die Staatszielbestimmung Umweltschutz, Art. 20a GG

Durch das Gesetz vom 27. Oktober 1994[51] ist auf Vorschlag der Gemeinsamen Verfassungskommission Art. 20a GG in das GG aufgenommen worden. Danach schützt der Staat auch in Verantwortung für die künftigen Generationen die natürlichen Lebensgrundlagen im Rahmen der verfassungsmäßigen Ordnung durch die Gesetzgebung und nach Maßgabe von Gesetz und Recht durch die vollziehende Gewalt und die Rechtsprechung. Art. 20a GG normiert damit die Staatszielbestimmung Umweltschutz. Der Begriff der natürlichen Lebensgrundlagen ist dabei bedeutungsgleich mit dem Begriff der Umwelt und stellt lediglich klar, daß nur die natürliche Umwelt, nicht aber die psycho-soziale Umwelt gemeint ist.[52] Bei der Staatszielbestimmung handelt es sich im Unterschied zu einem Grundrecht nicht um einen subjektiven Anspruch des Einzelnen, sondern

---

46 *Schmidt-Aßmann*, Kommunalrecht, in: ders. (Hrsg.), Besonderes Verwaltungsrecht, 11. Aufl. 1999, 1. Abschn. Rdnr. 95.

47 *Schmidt-Aßmann*, Kommunalrecht, in: ders. (Hrsg.), Besonderes Verwaltungsrecht, 11. Aufl. 1999, 1. Abschn. Rdnr. 96.

48 BVerfGE 71, 162, 172.

49 Vgl. BVerwGE 90, 359, 363.

50 Vgl. *Czybulka/Rodi*, LKV 1995, 377, 378; vgl. auch *Haaß*, Handlungsspielräume gemeindlicher Umweltpolitik am Beispiel des Abfallrechts, 1992, S. 184; *Dippel*, Die Kommunen im Recht des Umweltschutzes, 1994, S. 97.

51 BGBl. I S. 3146.

52 Vgl. *Murswiek*, in: Sachs (Hrsg.), Grundgesetz, 2. Aufl. 1999, Art. 20a Rdnr. 27; vgl. auch Bericht der Gemeinsamen Verfassungskommission, BT-Drs. 12/6000, S. 65 ff.

um eine objektive Verpflichtung des Staates, die damit aber über einen lediglich unverbindlichen Programmsatz hinausgeht.[53] Staatszielbestimmungen lassen sich in Anlehnung an die Begriffsbildung durch die Sachverständigenkommission „Staatszielbestimmungen / Gesetzgebungsaufträge"[54] dahingehend umschreiben, daß sie Verfassungsnormen mit rechtlich bindender Wirkung sind, die der Staatstätigkeit die fortdauernde Beachtung oder Erfüllung bestimmter Aufgaben – sachlich umschriebener Ziele – vorschreiben.[55] Sie umreißen ein bestimmtes Programm der Staatstätigkeit und sind dadurch eine Richtlinie oder Direktive für das staatliche Handeln, auch für die Auslegung von Gesetzen und sonstigen Rechtsvorschriften.

Art. 20a GG bekräftigt die besondere Verantwortung der staatlichen Gemeinschaft, Umwelt und Natur zu schonen und zu schützen und gebietet damit, die natürlichen Lebensgrundlagen nicht durch staatliches Handeln zu schädigen sowie die Abwehr von Schädigungen durch Dritte.[56]

Adressat des Schutzauftrags ist zunächst der „Staat", der im weiteren Verfassungstext in die drei Staatsgewalten Gesetzgebung, vollziehende Gewalt und Rechtsprechung ausdifferenziert wird.[57] Dabei ist in erster Linie die Gesetzgebung berufen, dem konkretisierungsbedürftigen Umweltschutz durch den Erlaß geeigneter Vorschriften Rechnung zu tragen.[58] Erst in zweiter Linie sind die vollziehende Gewalt und die Rechtsprechung „nach Maßgabe von Gesetz und Recht" zum Umweltschutz verpflichtet.

Die Staatszielbestimmung erfaßt mit ihrer umfassenden, nicht zwischen Bundes- und Länderebene differenzierenden Formulierung „Staat" nicht nur den Bund, sondern auch die Länder.[59] Aus diesem Grund wurde auch auf eine zusätzliche Einfügung der Staatszielbestimmung in Art. 28 Abs. 1 GG verzichtet.[60]

Über diese Bindung der Länder an die Staatszielbestimmung werden ohne Zweifel – dem Grundsatz der Zweistufigkeit des Bundesstaates folgend – auch die Kommunen in Pflicht genommen. Damit normiert Art. 20a GG eine an alle

---

[53] *Murswiek*, in: Sachs (Hrsg.), Grundgesetz, 2. Aufl. 1999, Art. 20a Rdnr. 12.

[54] BMJ/BMI (Hrsg.), Bericht der Sachverständigenkommission „Staatszielbestimmungen/Gesetzgebungsaufträge", 1983, Rdnr. 7.

[55] *Badura*, Staatsrecht, 2. Aufl. 1996, D Rdnr. 42; *Hoppe/Beckmann/Kauch*, Umweltrecht, 2. Aufl. 2000, § 4 Rdnr. 9.

[56] *Badura*, Staatsrecht, 2. Aufl. 1996, D Rdnr. 44; *Murswiek*, in: Sachs (Hrsg.), Grundgesetz, 2. Aufl. 1999, Art. 20a Rdnr. 12.

[57] Vgl. *Scholz*, in: Maunz/Dürig, Art. 20a Rdnr. 44.

[58] *Hoppe/Beckmann/Kauch*, Umweltrecht, 2. Aufl. 2000, § 4 Rdnr. 26; *Scholz*, in: Maunz/Dürig, Art. 20a Rdnr. 46.

[59] *Scholz*, in: Maunz/Dürig, Art. 20a Rdnr. 44.

[60] Vgl. *Scholz*, in: Maunz/Dürig, Art. 20a Rdnr. 44 m.w.Nachw.

Staatsorgane in Bund, Ländern und Gemeinden adressierte Pflicht, die von diesen allerdings nur im Rahmen ihrer jeweiligen Kompetenzen wahrzunehmen ist.[61] An der durch die Rechtsordnung vorgegebenen Kompetenzordnung ändert der Umweltschutzauftrag des Art. 20a GG damit nichts.[62] Für die Exekutive – und dieser sind die Kommunen zuzurechnen – hat Art. 20a GG daher nur dort eine eigenständige Bedeutung, wo das Gesetz ihr Entscheidungsspielräume offen läßt.[63] Damit entfaltet die Staatszielbestimmung Umweltschutz ihre Wirkung für die vollziehende Gewalt vor allem im Bereich der gesetzesfreien Leistungsverwaltung oder im Rahmen von Ermessens- und Beurteilungsspielräumen sowie bei Planungsentscheidungen.[64] Das Schutzgebot des Art. 20a GG ist vor allem bei der Konkretisierung unbestimmter Rechtsbegriffe und bei der Betätigung von Ermessen Auslegungs- und Abwägungsdirektive für die vollziehende Gewalt.[65]

In keinem Fall kann unter Berufung auf Art. 20a GG eine gesetzliche Regelung überspielt werden.[66] So haben sich die Verwaltung allgemein und die kommunalen Verwaltungsträger im besonderen bei der Ermessensausübung gem. § 40 VwVfG bzw. den entsprechenden Bestimmungen der Landesverwaltungsverfahrensgesetze am Zweck der Ermessensermächtigung zu orientieren. Sofern eine solche Ermächtigung in einem dem Umweltschutz dienenden Gesetz enthalten ist, kann sich die Behörde ohne weiteres vom Gedanken des Umweltschutzes leiten lassen.[67] In einem solchen Fall bringt Art. 20a GG aber eigentlich nichts Neues und dürften seine Auswirkungen relativ gering sein.[68]

Beim Vollzug von Gesetzen, die andere Zwecke als den Umweltschutz verfolgen, kann dagegen unter Umständen gerade und erst der an die Verwaltung adressierte Auftrag, die natürlichen Lebensgrundlagen zu schützen, es gestatten, in die Ermessensentscheidung Aspekte des Umweltschutzes einzustellen.[69] Voraussetzung hierfür ist jedoch, daß der Gesetzgeber die ermessensleitenden Ge-

---

[61]   *Murswiek*, in: Sachs (Hrsg.), Grundgesetz, 2. Aufl. 1999, Art. 20a Rdnr. 57.

[62]   *Murswiek*, in: Sachs (Hrsg.), Grundgesetz, 2. Aufl. 1999, Art. 20a Rdnr. 57.

[63]   *Murswiek*, in: Sachs (Hrsg.), Grundgesetz, 2. Aufl. 1999, Art. 20a Rdnr. 61.

[64]   *Murswiek*, in: Sachs (Hrsg.), Grundgesetz, 2. Aufl. 1999, Art. 20a Rdnr. 61; *Hoppe/Beckmann/ Kauch*, Umweltrecht, 2. Aufl. 2000, § 4 Rdnr. 29; *Scholz*, in: Maunz/Dürig, Art. 20a Rdnr. 57.

[65]   Vgl. BVerwG, NVwZ 1998, 1080, 1081; vgl. auch *Hömig*, in: Seifert/Hömig, GG, 5. Aufl. 1995, Art. 20a Rdnr. 5.

[66]   *Murswiek*, in: Sachs (Hrsg.), Grundgesetz, 2. Aufl. 1999, Art. 20a Rdnr. 61.

[67]   *Hoppe/Beckmann/Kauch*, Umweltrecht, 2. Aufl. 2000, § 4 Rdnr. 30.

[68]   *Hoppe/Beckmann/Kauch*, Umweltrecht, 2. Aufl. 2000, § 4 Rdnr. 30; *Murswiek*, in: Sachs (Hrsg.), Grundgesetz, 2. Aufl. 1999, Art. 20a Rdnr. 69.

[69]   *Hoppe/Beckmann/Kauch*, Umweltrecht, 2. Aufl. 2000, § 4 Rdnr. 30; *Murswiek*, in: Sachs (Hrsg.), Grundgesetz, 2. Aufl. 1999, Art. 20a Rdnr. 69.

sichtspunke nicht abschließend und unter Ausschluß des Umweltschutzes festgelegt hat.[70] Insoweit ist zu beachten, daß zwar Art. 20a GG die Adressatenschaft der Exekutive verfassungsunmittelbar festgelegt ist, dies aber nicht zu einer im Verhältnis zur Legislative eigenständigen oder unabhängigen Umweltschutzverantwortung der Exekutive führt.[71] Aufgrund der Formel „nach Maßgabe von Gesetz und Recht" in Art. 20a GG fällt ihr eine verfassungsrechtliche Verantwortung für den Umweltschutz nur im Rahmen dessen zu, was von der Gesetzgebung in Konkretisierung und Aktualisierung des Staatsziels aus Art. 20a GG im einzelnen vorgegeben worden ist.[72] Daher ist zunächst zu überprüfen, ob der Gesetzgeber die ermessensleitenden Gesichtspunkte abschließend festgelegt hat, oder ob Raum für eine Orientierung an Umweltschutzaspekten verblieben ist.

So besteht etwa nach der Rechtsprechung des BVerwG im Rahmen der Erteilung einer straßen- und wegerechtlichen Sondernutzungserlaubnis, die im Ermessen regelmäßig der Kommune steht und damit grundsätzlich der Verfügung von Nebenbestimmungen zugänglich ist, kein Raum für die Beifügung einer Auflage, wonach zum Zwecke der Abfallvermeidung nur Mehrweggeschirr und -besteck verwendet werden darf.[73] Das BVerwG folgerte dies aus der abschließenden Regelung der Vermeidung von Verpackungsabfall im damals noch geltenden Abfallgesetz vom 27. August 1986 und der Verpackungsverordnung vom 12. Juni 1991.[74] Aber auch ohne Berücksichtigung der bundesrechtlich abschließenden Regelung dürfte die Anordnung der fraglichen Nebenbestimmung ermessensfehlerhaft sein. Die inneren Grenzen des Ermessens bei der Erteilung einer Sondernutzungserlaubnis ergeben sich aus der wegehoheitlichen Funktion des Straßenbaulastträgers oder der Straßenbaubehörde.[75] Daher ist die Entscheidung über die Erteilung oder Nichterteilung der Erlaubnis ermessensmißbräuchlich, wenn sie weder aus Gründen eines Schutzes der Straßensubstanz, noch der Aufrechterhaltung eines störungsfreien Gemeingebrauchs für alle, noch des Schutzes der Sicherheit und Leichtigkeit des Straßenverkehrs gerechtfertigt ist.[76] Nicht alle beliebigen öffentlichen Interessen können also eine Erlaubnisversagung sowie die Erteilung von Nebenbestimmungen rechtfertigen.[77]

---

[70] *Hoppe/Beckmann/Kauch*, Umweltrecht, 2. Aufl. 2000, § 4 Rdnr. 30; *Murswiek*, in: Sachs (Hrsg.), Grundgesetz, 2. Aufl. 1999, Art. 20a Rdnr. 69.
[71] *Scholz*, in: Maunz/Dürig, Art. 20a Rdnr. 54.
[72] *Scholz*, in: Maunz/Dürig, Art. 20a Rdnr. 54.
[73] Vgl. BVerwGE 104, 331, 334.
[74] Vgl. BVerwGE 104, 334.
[75] Vgl. *Papier*, Recht der öffentlichen Sachen, 3. Aufl. 1998, S. 121.
[76] *Papier*, Recht der öffentlichen Sachen, 3. Aufl. 1998, S. 121 f. m. w. Nachw.
[77] *Papier*, Recht der öffentlichen Sachen, 3. Aufl. 1998, S. 122.

Ebensowenig wie Art. 20a GG es rechtfertigt, gesetzliche Regelungen zu überspielen, begründet diese Verfassungsnorm eine Ermächtigung für den Erlaß belastender Verwaltungsakte bzw. die Vornahme von sonstigen Grundrechtseingriffen.[78] Das Staatsziel Umweltschutz vermag zwar als verfassungsimmanente Schranke Eingriffe des Gesetzgebers in vorbehaltlos gewährte Grundrechte zu legitimieren,[79] es ersetzt aber nicht die nach dem Grundsatz vom Vorbehalt des Gesetzes für exekutivische Grundrechtseingriffe erforderliche einfachgesetzliche Grundlage.

Von Bedeutung kann dies sogar bei der von Kommunen etwa im Bereich des Abfallrechts durchgeführten Öffentlichkeitsarbeit sein. Solange sich diese auf eine sachliche und ausgewogene Wiedergabe von Argumenten pro und contra bestimmter Produkte beschränkt, dürfte dies von den abfallrechtlichen Vorschriften über die Umweltberatung gedeckt sein. Möglicherweise anders sind aber z.B. sog. Mehrwegkampagnen gegen den Kauf von Getränken in Kartonverpackungen zu beurteilen, wo ohne sachliche und ausgewogene Information einseitig und plakativ Mehrwegsysteme beworben werden.[80] Abgesehen von der umstrittenen Frage, welchen Produkten die bessere Ökobilanz zu bescheinigen ist,[81] können derartige Mehrwegkampagnen Eingriffe in die Grundrechte der Hersteller von Kartonverpackungen, namentlich das Grundrecht der Berufsfreiheit aus Art. 12 Abs. 1 GG, darstellen. Art. 12 Abs. 1 GG gewährt dem Einzelnen das Recht, jede Tätigkeit, für die er sich geeignet glaubt, als Beruf zu ergreifen und zur Grundlage seiner Lebensführung zu machen.[82] Das Grundrecht zielt auf eine möglichst unreglementierte berufliche Betätigung ab.[83] Erfaßt wird auch das Recht der freien Gründung und Führung von Unternehmen, mit anderen Worten die Erwerbszwecken dienende freie unternehmerische Betätigung, die Unternehmerfreiheit.[84] Schließlich umschließt das Grundrecht der Berufsfreiheit als Ausfluß oder Bestandteil der Unternehmerfreiheit die sog. Wettbewerbsfreiheit,[85]

---

[78] *Scholz*, in: Maunz/Dürig, Art. 20a Rdnr. 57 m.w.Nachw.
[79] Vgl. BVerwG, NJW 1995, 2648ff.; BVerwG, NJW 1996, 1163; BVerwG, NuR 1997, 440f.
[80] Vgl. dazu die anschauliche Darstellung bei *Papier*, VerwArch. 84 (1993), 417f.
[81] Vgl. dazu *Papier*, VerwArch. 84 (1993), 417, 432f. m. zahlr. Nachw.; vgl. jüngst Umweltbundesamt, Hintergrundpapier: Ökobilanz Getränkeverpackungen für alkoholfreie Getränke und Wein, August 2000.
[82] BVerfGE 7, 377, 397; 54, 301, 313; 59, 302, 315.
[83] BVerfGE 75, 284, 292; BVerwGE 87, 37, 39.
[84] Siehe BVerwGE 71, 183, 189; vgl. auch BVerfGE 32, 311, 317; 46, 120, 137; BVerwG, DVBl. 1993, 153, 154.
[85] *Papier*, Grundgesetz und Wirtschaftsordnung, in: Bends/Maihofer/Vogel (Hrsg.), Handbuch des Verfassungsrechts, 2. Aufl. 1995, § 18 Rdnr. 78; *ders.*, VerwArch. 84 (1993), 417, 419; BVerwGE 71, 183, 189; 87, 37, 39.

d. h. das Recht des Unternehmers, im Wettbewerb mit anderen Wirtschaftssubjekten ohne staatlich bewirkte Wettbewerbsnachteile, -behinderungen und -verzerrungen tätig zu werden. Mit derartigen Kampagnen öffentlicher Verwaltungsträger werden die erwähnten Aspekte des Schutzbereichs der Berufsfreiheit zu Lasten bestimmter Produzentengruppen berührt. Erfahrungsgemäß zeigen derartige Aufrufe staatlicher oder kommunaler Stellen größere Wirkungen als Werbeaktionen Privater, weil ihnen in der Öffentlichkeit eine höhere „Dignität" und ein größerer Wahrheitgehalt beigemessen werden. Damit wird zum Nachteil der Branche der Hersteller und Vertreiber der inkriminierten Produkte in den Wettbewerbsprozess verzerrend eingewirkt.[86] Fraglich ist indes, ob solche Kampagnen einen Grundrechtseingriff darstellen. Das wäre zu verneinen, wenn unter einem Grundrechtseingriff nur der finale, zielgerichtet gegen das Grundrecht gewendete Rechtsakt der öffentlichen Gewalt verstanden werden könnte.[87] Da es sich bei derartigen bildlich und verbal an die Verbraucher gerichteten Empfehlungen aber um bloße Realakte handelt, die zudem nur mittelbar – über die Reaktion der angesprochenen Verbraucher – auf die Berufsfreiheit der Hersteller und Vertreiber einwirken, läge nach diesem klassischen Verständnis mangels Rechtsakt und Unmittelbarkeit kein Grundrechtseingriff vor.[88]

Ihrer Funktion nach schützen die Freiheitsrechte des Grundgesetzes den jeweiligen Grundrechtsträger vor Beeinträchtigungen des gewährleisteten Schutzbereichs durch die Träger hoheitlicher Gewalt, die nicht aufgrund entsprechender Gesetzesvorbehalte oder immanenter Grundrechtsschranken verfassungsrechtlich gerechtfertigt sind. Weil die moderne öffentliche Gewalt auf die freiheitsrechtlichen Schutzbereiche nicht nur durch rechtförmige und gezielte Eingriffe, sondern in zunehmendem Maße auch durch faktische und mittelbare Maßnahmen einwirkt, kann der umfassenden Schutzfunktion der Grundrechte nach verbreiteter Auffassung nur ein weiter Eingriffsbegriff entsprechen.[89] Gerade im Umweltrecht wird verstärkt auf sog. informales Verwaltungshandeln als Substitut für die klassischen Instrumente des Eingriffs- bzw. Ordnungsrechts zurückgegriffen, was diesen Befund belegt. Daher gehen das BVerwG[90] und die wohl

---

[86]   *Papier*, VerwArch. 84 (1993), 417, 423.

[87]   Zum „klassischen" Eingriffsbegriff vgl. *Pieroth/Schlink*, Grundrechte, Staatsrecht II, 15. Aufl. 1999, Rdnr. 238.

[88]   Vgl. *Papier*, VerwArch. 84 (1993), 417, 422; vgl. auch *Pieroth/Schlink*, Grundrechte, Staatsrecht II, 15. Aufl. 1999, Rdnr. 239 f.

[89]   *Papier*, VerwArch. 84 (1993), 417, 422.

[90]   BVerwGE 71, 183, 191 – Arzneimittel Transparenzlisten; 82, 76, 79 – Jugendsekten; 87, 37, 42 – Glykolwein.

herrschende Lehre[91] von einem weiten Begriff des Grundrechtseingriffs aus, wonach dazu jedes staatliche Handeln zählt, das dem Einzelnen ein grundrechtlich geschütztes Verhalten unmöglich macht oder wesentlich erschwert, unabhängig davon, ob diese Wirkung gezielt (final) oder unbeabsichtigt, unmittelbar oder mittelbar, rechtsförmig oder faktisch durch Realakte erfolgt. Ausreichend aber auch notwendig ist, daß die Beeinträchtigung von einem zurechenbaren Verhalten der öffentlichen Gewalt ausgeht, sie also zumindest voraussehbar ist und in Kauf genommen wird.[92]

Bei der Durchführung von Mehrwegkampagnen sind die damit einhergehenden Wirkungen zu Lasten der beruflichen Betätigungsfreiheit der Hersteller und Vertreiber „inkriminierter" Produkte in jedem Fall voraussehbar und mindestens in Kauf genommen, wenn nicht sogar beabsichtigt.[93] Derartige Werbekampagnen bedürften – legt man den erweiterten Grundrechtseingriffsbegriff zu Grunde – gem. Art. 12 Abs. 1 S. 2 GG einer gesetzlichen Grundlage bzw. Ermächtigung.[94] Hierfür reichten weder die allgemeine verfassungsrechtliche Gewährleistung der kommunalen Selbstverwaltung[95] noch die Staatszielbestimmung Umweltschutz[96] aus. Für grundrechtsbeeinträchtigende Öffentlichkeitsarbeit der Kommunen wäre daher, folgte man den genannten Grundannahmen, eine Rechtsgrundlage im Gesetz erforderlich, die nicht unter Rückgriff auf Art. 28 Abs. 2 S. 1 GG und Art. 20a GG substituiert werden kann.

II. Die kommunale Verpackungssteuer

1. Mit seinem Urteil vom 7. Mai 1998[97] erklärte der Zweite Senat des BVerfG die von der Stadt Kassel erlassene Satzung über die Erhebung einer Verpackungsteuer für mit Art. 12 Abs. 1 GG i. V. mit Art. 74 Abs. 1 Nr. 24, 105 Abs. 2a GG und dem Rechtsstaatsprinzip des GG unvereinbar und nichtig. Das BVerfG sah in der auf der Grundlage der gemeindlichen Satzung erhobenen Verpackung-

---

[91] *Pieroth/Schlink*, Grundrechte, Staatsrecht II, 15. Aufl. 1999, Rdnr. 240; *Bleckmann/Eckhoff*, DVBl. 1988, 373; *Philipp*, Staatliche Verbraucherinformation im Umwelt- und Gesundheitsrecht, 1989, S. 88 ff.; *Ossenbühl*, Umweltpflege durch behördliche Warnungen und Empfehlungen, 1986, S. 15 ff.; *Papier*, VerwArch. 84 (1993), 417, 422; *ders.*, DVBl. 1984, 801, 805.

[92] Vgl. BVerwGE 87, 37, 43 f.; vgl. auch *Pieroth/Schlink*, Grundrechte, Staatsrecht II, 15. Aufl. 1999, Rdnr. 240.

[93] *Papier*, VerwArch. 84 (1993), 417, 423.

[94] *Papier*, VerwArch. 84 (1993), 417, 428.

[95] Vgl. BayVGH, BayVBl. 1992, 337 ff.; vgl. auch *Czybulka/Rodi*, LKV 1995, 377, 378.

[96] *Scholz*, in: Maunz/Dürig, Art. 20a Rdnr. 57 m. w. Nachw.

[97] BVerfGE 98, 106.

steuer eine Verletzung der Berufsfreiheit aus Art. 12 Abs. 1 GG. Zwar wurde die Verpackungsteuer – wie schon in der vorhergehenden Entscheidung des BVerwG[98] – als örtliche Verbrauchsteuer im Sinne des Art. 105 Abs. 2a GG qualifiziert, die bundesgesetzlich geregelten Steuern nicht gleichartig ist.[99] Gleichwohl wurde die mit der Verpackungsteuer erreichte und bezweckte abfallwirtschaftliche Lenkung als dem Abfallrecht des Bundes widersprechend angesehen, weshalb die Wahrnehmung der – vom Land auf die Gemeinden übertragenen – Zuständigkeit aus Art. 105 Abs. 2a GG die rechtsstaatlichen Grenzen der Kompetenzausübung überschritten habe und damit einer ausreichenden Grundlage entbehre.[100]

In der Entscheidung wird zunächst die bis dato umstrittene Frage, ob bei sog. Lenkungsabgaben eine zur Steuergesetzgebungskompetenz hinzutretende Sachkompetenz erforderlich ist, verneint.[101] Da das GG die Steuer- und die Sachkompetenz als jeweils eigenständige Regelungsbereiche trennt und auch die Lenkungsteuer wegen ihres verbleibenden Finanzierungszwecks und der ausschließlichen Verbindlichkeit ihrer Steuerrechtsfolgen in die Zuständigkeit des Steuergesetzgebers verweist, ist dieser – d. h. der zur jeweiligen Steuerrechtsetzung kompetente Gesetzgeber – unabhängig davon, ob die Lenkung Haupt- oder Nebenzweck darstellt, zur Regelung von Lenkungsteuern zuständig.[102] Die Besteuerungskompetenz würde erst dann keine ausreichende Rechtsgrundlage mehr bieten, wenn die mit der Steuer bezweckte Lenkung nach Gewicht und Auswirkung einer verbindlichen Verhaltensregel nahekommt, die Finanzfunktion der Steuer also durch eine Verwaltungsfunktion mit Verbotscharakter verdrängt wird.[103]

Die Ausübung der Steuergesetzgebungskompetenz zur Lenkung in einem anderweit geregelten Sachbereich ist jedoch nach Ansicht des Zweiten Senats nur dann zulässig, wenn dadurch die Rechtsordnung nicht widersprüchlich wird.[104] Aus dem Rechtsstaatsprinzip folge der Grundsatz der Widerspruchsfreiheit der Rechtsordnung, der alle Organe des Bundes und der Länder verpflichte, ihre Regelungen jeweils so aufeinander abzustimmen, daß den Normadressaten nicht gegenläufige Regelungen erreichen, die die Rechtsordnung widersprüchlich ma-

---

[98]   BVerwGE 96, 272, 277 ff.
[99]   BVerfGE 98, 106, 123 ff.
[100] BVerfGE 98, 106, 125 ff.
[101] BVerfGE 98, 106, 117 f.
[102] BVerfGE 98, 106, 118.
[103] BVerfGE 98, 106, 118.
[104] BVerfGE 98.106, 118.

chen.[105] Im Falle eines Widerspruchs bestimmt sich die Frage, welche der einander widerstreitenden Regelungen zu weichen hat, nach dem Rang, der Zeitenfolge und der Spezialität der Regelungen.[106] Das Verhältnis von Steuerkompetenz und Sachkompetenz ist grundsätzlich in der Weise aufeinander abgestimmt, daß die erste zur Begründung von Zahlungspflichten, die zweite zur Normierung von Verhaltenspflichten ermächtigt.[107] Die mit einer Lenkungsteuer erreichten Wirkungen können aber den vom zuständigen Sachgesetzgeber getroffenen Regelungen widersprechen, weshalb der Steuergesetzgeber nur insoweit lenkend und damit mittelbar gestaltend in den Kompetenzbereich eines Sachgesetzgebers übergreifen darf, als die Lenkung weder der Gesamtkonzeption der sachlichen Regelung noch konkreten Einzelregelungen zuwiderläuft.[108]

Der Zweite Senat sieht in diesen rechtsstaatlichen Vorgaben im Rahmen der bundesstaatlichen Ordnung der Gesetzgebungskompetenzen zugleich Schranken der Kompetenzausübung. Der Steuergesetzgeber darf die vom Sachgesetzgeber getroffenen Entscheidungen nicht durch Lenkungsregelungen verfälschen, deren verhaltensbestimmende Wirkungen dem Regelungskonzept des Sachgesetzgebers zuwiderlaufen. Sobald der Sachgesetzgeber für einen Sachgegenstand Regelungen trifft, muß der Steuergesetzgeber diese bei steuerlichen Lenkungen beachten.[109]

Mit dieser neuartigen Kompetenzausübungsschranke, abgeleitet aus dem Rechtsstaatsprinzip, war die kommunale Verpackungsteuersatzung der Stadt Kassel unvereinbar, welche auf die Landesgesetzgebungskompetenz aus Art. 105 Abs. 2a GG gestützt worden war. Sie lief nach Ansicht des Zweiten Senats in ihrer Ausgestaltung als Lenkungsteuer den bundesrechtlichen Vorgaben des Abfallrechts zuwider. Die Steuergesetzgebungskompetenz des Art. 105 Abs. 2a GG durfte nicht in der Weise ausgeübt werden, daß die Lenkungswirkungen der Abgabe den rechtsverbindlichen Vorgaben des Bundesgesetzes widersprachen.[110]

Der Zweite Senat stellte eine kooperativ ausgestaltete abfallwirtschaftsrechtliche Konzeption des Bundesgesetzgebers fest, die im Abfallgesetz 1986 niedergelegt und auch im Kreislaufwirtschafts- und Abfallgesetz beibehalten worden ist.[111] Danach werden die abfallwirtschaftlichen Ziele der Vermeidung und Verwer-

---

[105] BVerfGE 98, 106, 118f.
[106] BVerfGE 98, 106, 119.
[107] BVerfGE 98, 106, 119.
[108] BVerfGE 98, 106, 119.
[109] BVerfGE 98, 106, 119.
[110] BVerfGE 98, 106, 125.
[111] BVerfGE 98, 106, 126ff.

tung von Einwegverpackungen nach dem Kooperationsprinzip verfolgt.[112] Insbesondere § 14 Abs. 2 AbfG 1986 und die darauf gestützte Verpackungsverordnung[113] der Bundesregierung belegen nach Ansicht des Zweiten Senats die kooperationsspezifische Ausgestaltung des Bundesabfallrechts in Bezug auf Verpackungsabfälle.[114]

Nach Ansicht des BVerfG lief die steuerliche Lenkung durch die Verpackungsteuer dem insoweit bundesgesetzlich niedergelegten Kooperationsprinzip im wesentlichen unter drei Gesichtspunkten zuwider:[115]

– Die steuerliche Lenkung ist danach schon mit der Offenheit der Handlungsmittel, die das Kooperationskonzept des Abfallgesetzes prägt, grundsätzlich unvereinbar.[116] Mit ihrer konkreten, sanktionsbewehrten Verhaltenslenkung widerspreche sie der Entscheidung des Bundesgesetzgebers, die Konkretisierung des Ziels, Verpackungsabfälle zu vermeiden, und die Auswahl der dafür geeigneten Mittel den „beteiligten Kreisen" mit ihrer besonderen Sachkenntnis und -nähe zu überlassen.[117]

– In ähnlicher Weise soll die steuerliche Lenkung der abfallrechtlichen Konzeption der Erfolgsverantwortung der beteiligten Kreise als Kooperationspartner widersprechen.[118] Während die Besteuerung des Unterlassens des gewünschten Verhaltens auch dann erfolge, wenn das abfallwirtschaftliche Ziel durch die Nutzung anderer Alternativen in gleicher oder besserer Weise gefördert würde und diese im konkreten Fall ökonomisch und ökologisch sinnvoller wären, gebe das abfallrechtliche Prinzip kooperativer Verantwortung lediglich den Vermeidungserfolg als Ziel vor, überlasse den Weg zu diesem Ziel aber dem sachkundigen Einvernehmen.[119] Auch erfasse die Lenkungsteuer nur einen kleinen Teil der nach dem Bundesabfallgesetz für das Ziel der Vermeidung von Verpackungsabfällen Verantwortlichen, während die abfallgesetzlich vorgesehene Kooperation darauf gerichtet sei, möglichst alle Verantwortlichen innerhalb der Produktions- und Handelskette mit ihren fachlichen, technischen und ökonomischen Handlungsmitteln zu einer gemeinsamen und koordinierten Vermeidung von Verpackungsabfällen in Pflicht zu nehmen.[120]

---

[112] BVerfGE 98, 106, 126 ff.
[113] Vom 12. 7. 1991, BGBl. I S. 1234.
[114] BVerfGE 98, 106, 129 f.
[115] BVerfGE 98, 106, 130 ff.
[116] BVerfGE 98, 106, 130.
[117] BVerfGE 98, 106, 130 f.
[118] BVerfGE 98, 106, 131.
[119] BVerfGE 98, 106, 131.
[120] BVerfGE 98, 106, 131.

– Schließlich soll die Zielbestimmung der Verpackungsteuer im Widerspruch zur relativen Zielgebundenheit der abfallgesetzlichen Konzeption stehen, da die steuerliche Lenkung generell auf Vermeidung hinwirkt, ohne zu unterscheiden, ob im konkreten Fall die Einführung von Ein- oder Mehrwegsystemen ökonomisch und ökologisch sinnvoll ist oder sonstigen erheblichen Belangen, z.B. der Sicherstellung einer ausreichenden Versorgung oder Hygiene, widerspricht.[121] Demgegenüber würden die abfallwirtschaftlichen Ziele der Vermeidung und Verwertung von Abfällen (§ 1a AbfG 1986) nicht um jeden Preis verwirklicht, sondern unter Berücksichtigung der jeweiligen ökonomischen und ökologischen Auswirkungen gewichtet. Um eine sachgerechte Abwägung dieser Belange sicherzustellen, setzt der Gesetzgeber in besonderer Weise auf die Kooperation mit den Abfallverursachern und weist im Rahmen des § 14 Abs. 2 AbfG 1986 dem Verordnungsgeber und den beteiligten Kreisen die Aufgabe dieser vergleichenden Risikobewertung zu.[122]

2. Zum Selbstverwaltungsrecht im Sinne des Art. 28 Abs. 2 GG gehört auch die kommunale Finanzhoheit. Diese umfaßt die Befugnis zu einer eigenverantwortlichen Einnahmen- und Ausgabenwirtschaft, also die eigenverantwortliche Regelung der Finanzen im Rahmen eines gesetzlich geordneten Haushaltswesens.[123] Nach Art. 106 Abs. 6 S. 1 GG steht den Gemeinden hinsichtlich der örtlichen Verbrauchsteuern zwar nur die Ertragshoheit zu, so daß das GG angesichts der abschließenden Steuerkompetenzverteilung in Art. 105 GG den Gemeinden keine originäre Normsetzungskompetenz für bestimmte Steuerarten garantiert.[124] Gleichwohl ist im Grundsatz anerkannt, daß, wenn den Gemeinden vom Land das Recht, Abgabensatzungen zu erlassen, übertragen worden ist, dessen Wahrnehmung zum Kernbereich der Selbstverwaltung gehört.[125] Zum wesentlichen Inhalt des Selbstverwaltungsrechts gehört damit die sog. Steuer- oder Abgabenhoheit.[126] In der Entscheidung des Zweiten Senats des BVerfG zur kommunalen Verpackungssteuer wird indes auf das kommunale Selbstverwaltungsrecht mit keinem Wort eingegangen.

---

[121] BVerfGE 98, 106, 131 f.

[122] BVerfGE 98, 106, 132.

[123] Vgl. BVerfGE 23, 353, 371; 26, 228, 244; 52, 95, 117; 71, 25, 36 f.; vgl. auch BayVerfGH, NVwZ 1993, 163, 164.

[124] Vgl. BayVerfGH, NVwZ 1993, 163, 165; *Gern*, Deutsches Kommunalrecht, 2. Aufl. 1997, Rdnr. 1047; *Steiner*, in: Berg/Knemeyer/Papier/Steiner, Staats- und Verwaltungsrecht in Bayern, 6. Aufl. 1996, Teil C Rdnr. 160.

[125] Vgl. BayVerfGH, NVwZ 1993, 163, 164 unter Hinweis auf BVerfGE 23, 353, 365, 369; vgl. auch *Meder*, Die Verfassung des Freistaates Bayern, 4. Aufl. 1992, Art. 83 Rdnr. 4.

[126] *Henneke*, Öffentliches Finanzwesen, Finanzverfassung, 2. Aufl. 2000, Rdnr. 845; *Tettinger*, in: v. Mangoldt/Klein/Starck, GG, Bd. 2, 4. Aufl. 2000, Art. 28 Rdnr. 183.

Die Annahme, die kommunale Abgabensatzung für Einwegverpackungen widerspreche dem bundesrechtlich geregelten, kooperativ ausgestalteten Abfallvermeidungskonzept des Abfallgesetzes sowie des Kreislaufwirtschafts- und Abfallgesetzes, könnte bei einer angemessenen Berücksichtigung der Selbstverwaltungsgarantie des Art. 28 Abs. 2 S. 1 GG kritisch hinterfragt werden. Selbst ein festgestellter Widerspruch könnte wegen der verfassungsrechtlichen Gewährleistung der gemeindlichen Selbstverwaltung gerechtfertigt sein. In der bundesstaatlichen Ordnung des Grundgesetzes und vor allem auch im Hinblick auf die grundgesetzliche Selbstverwaltungsgarantie zu Gunsten der Kommunen ist grundsätzlich eine gewisse „Uneinheitlichkeit" der Rechtsordnung von Verfassungs wegen vorgezeichnet. Echte Normwidersprüche werden von Art. 31 GG dahingehend gelöst, daß dem Bundesrecht Vorrang vor dem Landesrecht – und zu letzterem ist das Recht der Kommunen zu rechnen – zukommt. Ob es angesichts der für die bundesstaatliche Ordnung der Bundesrepublik Deutschland grundlegenden „Kollisionsnorm" des Art. 31 GG noch eines Rückgriffs auf das Rechtsstaatsprinzip in seiner Ausprägung als „Normwiderspruchsverbot" bedurfte, erscheint fraglich. Hinzu kommt, daß an sich eine Zielkonformität zwischen der bundesrechtlichen Regelung im Abfallrecht und der Verpackungssteuerersatzung vorlag. Beide verfolgten das Ziel der Vermeidung oder Verringerung von Verpackungsabfällen. Lediglich der Weg, wie das Ziel zu erreichen sei, das „Regelungskonzept", waren unterschiedlich. Wird nun ein derartiger „Konzeptwiderspruch" über die Argumentationsfigur der Schranken der Kompetenzausübung auf die Ebene der Gesetzgebungskompetenz gehoben, so wird der ohnehin praktisch nahezu leerlaufende Anwendungsbereich des Art. 31 GG nochmals reduziert, da diese Kollisionsnorm bekanntlich nur bei Regelungswidersprüchen kompetenzgemäß erlassener Normen des Bundes- und Landesrechts anwendbar ist.

Die Figur der Konzeptwidrigkeit greift weit über die in Art. 31 GG vorausgesetzte Normenkollision hinaus, die nach der Rechtsprechung des BVerfG dann vorliegt, wenn zwei Normen auf einen Sachverhalt anwendbar sind und bei ihrer Anwendung zu verschiedenen Ergebnissen führen können.[127] Zudem wirft die Bestimmung, welche Regelungskonzepte jeweils verfolgt werden und ob sich diese widersprechen, erhebliche Schwierigkeiten und Unsicherheiten auf.[128] Offen bleibt in der Entscheidung des Zweiten Senats des BVerfG, ob schon geringfügige oder erst wesentliche Widersprüchlichkeiten relevant sind. Angesichts der grundlegenden Bestimmung in Art. 31 GG bietet es sich an, das Verdikt der

---

[127]   BVerfGE 36, 342, 363; 26, 116, 135f.; BVerfG, NVwZ 1990, 356, 357.
[128]   Vgl. *Fischer*, JuS 1998, 1096, 1099f.

Verfassungswidrigkeit erst bei solchen Widersprüchen konzeptioneller Art auszusprechen, die der direkten Normenkollision des Art. 31 GG gleichkommen, was bei der Zielkonformität der Regelungen aber erst dann der Fall sein dürfte, wenn die landes- bzw. kommunalrechtliche Regelung die bundesrechtliche Konzeption durchkreuzt, d. h. zum scheitern bringt oder in der Realisation erheblich behindert, was man im entschieden Fall in Zweifel ziehen kann.

In jedem Fall ist das Votum einer dem Rechtsstaatsprinzip widersprechenden Konzeptwidrigkeit landeshoheitlicher Regelungswahrnehmung ohne Heranziehung der Garantie der kommunalen Selbstverwaltung zustande gekommen. An diese Gewährleistung ist aber auch der Bundesgesetzgeber gebunden, wenn er sich anschickt, Regelungskonzepte zu entwickeln; werden solche (erst) durch Auslegung zu entwickeln versucht, bildet Art. 28 Abs. 2 GG eine beachtliche Interpretations- und ggf. Reduktionsdirektive. Es wäre m. a. W. in jedem Fall zu prüfen, ob der Bundesgesetzgeber sein Regelungssystem so ausgefeilt und engmaschig ausgestallten wollte bzw. ausgestaltet hat, daß auf dem betreffenden Feld kommunale Eigenständigkeit und Eigenverantwortung im örtlichen Wirkungskreis ausgeschlossen werden sollte. Erst wenn eine solche bundesgesetzliche Beschränkung der kommunalen Selbstverwaltung auszumachen wäre, stellte sich die weitere Frage, ob dies vor Art. 28 Abs. 2 GG gerechtfertigt ist.

III. Der Anspruch auf eine angemessene Finanzausstattung

Eine optimale Realisierung kommunaler Umweltpolitik wird häufig auch durch die finanzielle Situation der Städte und Gemeinden behindert.[129] Kommunaler Umweltschutz erfordert regelmäßig einen großen finanziellen Aufwand, der vor allem bei kleineren Gemeinden deren Finanzkraft übersteigt, so daß hier eine effektive Umweltpolitik nicht ohne finanzielle Zuwendung des Bundes und der Länder möglich ist.[130] Insoweit ist zu beachten, daß eine finanzielle Mindestausstattung der Kommunen zum unantastbaren Kerbereich der kommunalen Selbstverwaltung gehört, die durch Einräumung eigener Einnahmenquellen oder durch Finanzzuweisungen des Staates bzw. eine Kombination beider Gestaltungen erfolgen kann.[131] Nur auf der Grundlage ausreichender Finanzmittel kann sich eine kommunale Selbstverwaltung überhaupt wirksam entfalten. Fehlen genügende Mittel zur eigenverantwortlichen Verfügung, ist die kommunale Selbstverant-

---

[129]   Vgl. *Hoppe*, DVBl. 1990, 609, 619.
[130]   *Hoppe*, DVBl. 1990, 609, 619.
[131]   *Papier*, BayVBl. 1994, 737, 741.

wortung zu einem „kraftlosen Schattendasein verdammt"[132], sie denaturierte zu einer inhaltslosen Hülle, ohne wirkliche Effizienz und Bedeutung.[133] Zum Wesensgehalt des kommunalen Selbstverwaltungsrechts gehört mithin die Finanzhoheit im Sinne einer Ausgabenhoheit auf der Grundlage einer angemessenen Finanzausstattung.[134]

Der untrennbare Zusammenhang der Garantie der kommunalen Selbstverwaltung und einer Sicherung der angemessenen Finanzausstattung der Kommunen wird auch durch die auf Vorschlag der Gemeinsamen Verfassungskommission 1994 erfolgte Ergänzung des Art. 28 Abs. 2 GG um den Satz 3 anerkannt: „Die Gewährleistung der Selbstverwaltung umfaßt auch die Grundlagen finanzieller Eigenverantwortung".[135] Diese Ergänzung erfolgte m.E. als bloße Klarstellung, da Art. 28 Abs. 2 GG bereits nach seiner ursprünglichen Fassung eine Gewährleistung der finanziellen Grundlagen einer substantiellen kommunalen Selbstverwaltung enthalten hatte.[136] Mit der Verfassungsänderung sollte nach deren Urhebern der Aspekt der finanziellen Eigenverantwortung „stärker als bisher zum Ausdruck gebracht werden".[137] Insofern würde sogar das Recht auf aufgabenadäquate Finanzausstattung nicht nur deklaratorisch bestätigt, sondern auch materiell-rechtlich verstärkt.[138]

Die verfassungsrechtliche Gewährleistung einer angemessenen Finanzausstattung der Kommunen zur Erfüllung aller ihrer Aufgaben bezieht sich allerdings nur auf das Gesamtvolumen der finanziellen Ausstattung.[139] Die im Rahmen der 1997 erfolgten Verfassungsnovelle[140] eingefügte Ergänzung des Art. 28 Abs. 2 S. 3 GG um den 2. Halbsatz, wonach zu den Grundlagen der finanziellen Eigenverantwortung eine den Gemeinden mit Hebesatzrecht zustehende wirtschaftskraftbezogene Steuerquelle gehört, begründet ebenfalls keinen neuen finanzverfassungsrechtlichen Tatbestand, sondern knüpft an die allgemeinen Regelungen

---

[132] Vgl. BVerfGE 1, 167, 175; VerfGH Rh.-Pf., DVBl. 1978, 802.
[133] *Papier*, BayVBl. 1994, 737, 741.
[134] *Papier*, BayVBl. 1994, 737, 741; vgl. auch *Löwer*, in: v. Münch/Kunig, Grundgesetz-Kommentar, Bd. II, 3. Aufl. 1995, Art. 28 Rdnr. 89 m.w.Nachw.
[135] Gesetz vom 27.10.1994, BGBl. I S. 3146; vgl. dazu *Scholz*, in: Maunz/Dürig, GG, Art. 28 Rdnr. 84a.
[136] Vgl. BT-Drs. 12/6633, S. 7: „keine konstitutive Neuerung"; vgl. auch *Dreier*, in: ders. (Hrsg.), Grundgesetz Kommentar, Bd. II, 1998, Art. 28 Rdnr. 25; *Löwer*, in: v. Münch/Kunig (Hrsg.), Grundgesetz-Kommentar, Bd. 2, 3. Aufl. 1995, Art. 28 Rdnr. 88; *Papier*, BayVBl. 1994, 737, 741; *Scholz*, in: Maunz/Dürig, GG, Art. 28 Rdnr. 84a.
[137] BT-Drs. 12/6000, S. 48.
[138] *Scholz*, in: Maunz/Dürig, GG, Art. 28 Rdnr. 84b.
[139] *Papier*, BayVBl. 1994, 737, 741; siehe auch VerfGH NRW, NVwZ 1985, 820, 821.
[140] BGBl. I S. 2470.

der bestehenden Finanzverfassung an.[141] Für den Staat besteht nach wie vor ein weiter Gestaltungsspielraum, wie er den Anspruch der Kommunen auf angemessene Finanzausstattung erfüllen will. Er hat aber sicherzustellen, daß die Gemeinden und Gemeindeverbände im Rahmen und nach Maßgabe der Gesetze die zur Deckung ihres Bedarfs erforderlichen Mittel sich möglichst eigenverantwortlich durch Erhebung öffentlicher Abgaben (Steuern, Gebühren, Beiträge) beschaffen können. Wo ein Steuererhebungsrecht nicht besteht, erfüllt der Staat seine finanzielle Sicherstellungsverpflichtung grundsätzlich auch dadurch, daß er diesen Körperschaften – etwa Landkreisen oder Bezirken – das Recht einräumt, ihren durch sonstige Einnahmen nicht gedeckten Bedarf durch Umlagen zu befriedigen.[142] Reichen die eigenen Einnahmen der Gemeinden und Gemeindeverbände bei zumutbarer und rechtlich zulässiger Abschöpfung aller Quellen nicht aus, bleibt der Staat ergänzend verpflichtet, über Finanzzuweisungen einzugreifen.[143]

Unter Berücksichtigung des verfassungsrechtlich gewährleisteten Selbstverwaltungsrechts der Gemeinden und Gemeindeverbände und der finanziellen Leistungsfähigkeit des Staates wird die verfassungsrechtlich sanktionierte Grenze (noch) zureichender Finanzausstattung unterschritten, wenn die Gemeinden und Gemeindeverbände ihre verfassungsrechtlich oder einfach-gesetzlich obliegenden bzw. eingeräumten Aufgaben nicht mehr erfüllen können. Das bedeutet aber auch, daß sichergestellt sein muß, daß Selbstverwaltungsaufgaben überhaupt und überdies in eigenverantwortlicher Weise wahrgenommen werden können. Die untere Grenze liegt also nicht erst bei der Wahrnehmung der Pflichtaufgaben.[144] Denn sonst wäre jeder Spielraum der Gemeinden und Gemeindeverbände, über das für die jeweilige Gebietseinheit Notwendige selbst und eigenverantwortlich zu bestimmen, ausgeschaltet. Für die Wahrnehmung freiwilliger Selbstverwaltungsaufgaben muß mit anderen Worten ein substantieller Rahmen und ein wirklicher Gestaltungsspielraum auch in finanzieller Hinsicht eröffnet sein.[145] In der Literatur wird versucht, diese verfassungsrechtlichen Vorgaben dahingehend zu quantifizieren, daß eine Finanzausstattung einer Kommune den Anforderungen aus Art. 28 Abs. 2 GG nicht genügt, wenn nicht wenigstens

---

[141]   *Scholz*, in: Maunz/Dürig, GG, Art. 28 Rdnr. 84d; *Tettinger*, in: v. Mangoldt/Klein/Starck, GG, Bd. 2, 4. Aufl. 2000, Art. 28 Rdnr. 249.

[142]   BayVerfGHE 12, 48, 56; vgl. auch *Papier*, BayVBl. 1994, 737, 742.

[143]   BayVerfGHE 12, 48, 56; vgl. auch *Papier*, BayVBl. 1994, 737, 742.

[144]   Ebenso *Grawert*, VVDStRL 36 (1978), S. 277, 300.

[145]   *Papier*, BayVBl. 1994, 737, 742.

5–10 v. H. der insgesamt zur Verfügung stehenden Finanzmittel auf freiwillige Selbstverwaltungsaufgaben verwandt werden können.[146]

IV. Schlußbemerkung

Ich komme zurück zu den Anfängen meiner Ausführungen: Die Weltgemeinschaft der berufenen und möglicherweise auch selbst berufenen Vertreter des Umweltschutzes hat die Kommunen entdeckt und – wie vor allem die sog. Agenda 21 beweist – fest in ihr Herz geschlossen. Dies ist an sich zu begrüßen, werden doch damit die Kommunen immer stärker aus der „Täterrolle" befreit, in die sie lange Zeit hineingedrängt waren. Man erinnere sich noch an die Zeiten, als in Deutschland, speziell in einigen Bundesländern, die Staatsanwaltschaften sich anschickten, das Regiment im Umweltschutz, hier vor allem im Gewässerschutz, zu übernehmen und mittels strafprozessualer Ermittlungsverfahren gegen Bürgermeister, Gemeinderäte, Gemeindedirektoren etc. vorschreiben zu wollen, wo es im kommunalen Umweltschutz langzugehen habe. Für einen wirklichen substantiellen, eigenständigen Beitrag der Gemeinden im Umweltschutz ist allerdings eine finanzielle Mindestausstattung erforderlich, die eben nicht nur die mehr oder weniger zufriedenstellende Erfüllung der pflichtigen Vollzugsaufgaben in bezug auf das staatliche und gemeinschaftsrechtliche Recht gestattet. Anderenfalls sind die Gemeinden als Selbstverwaltungsträger auch im Umweltschutz zu einem mehr oder weniger kraftlosen Schattendasein verdammt, schicksalhaft eingeklemmt von der Fülle gesetzesakzessorischer Vollzugsaufgaben einerseits und einer unvorstellbaren Finanznot andererseits – verschärft durch die Welle materieller, d.h. echter Privatisierung bislang kommunaler Wirtschaftstätigkeit. Ehe man sich an den Kommunen und der kommunalen Selbstverwaltung als der neuentdeckten Ebene oder Säule des Umweltschutzes „berauscht", sollte man diese Faktizitäten zur Kenntnis nehmen.

---

[146] Vgl. *Henneke*, Öffentliches Finanzwesen, Finanzverfassung, 2. Aufl. 2000, Rdnr. 842 m. w. Nachw.

Möglichkeiten und Grenzen gemeindlichen Umweltschutzes im Bereich des Baurechts

Ulrich Battis

Bauen beeinträchtigt dauerhaft die Umweltmedien Boden, Luft und Wasser sowie Flora und Fauna. Zwischen Bauen und Umweltschutz besteht ein unauflösliches Spannungsverhältnis. Auch ökologisches Bauen[1] kann ebenso wie andere Verfahren und Produkte immer nur in bestimmter Hinsicht umweltfreundlich sein, nicht insgesamt.[2]

Anschauliche Beispiele für das Verhältnis von Ökologie und deutschem Baurecht bietet die Expo in Hannover. Pavillons aus Holz und Papier aus Asien und Südamerika fanden in ihrer traditionellen Ausführung keine Gnade vor den deutschen Anforderungen an Standsicherheit, Brand- und Schallschutz. Das umweltfreundliche Reispapier beispielsweise mußte durch Kunststoffplanen ersetzt, Bambusschäfte mußten mit Beton ausgegossen werden. Trotz zunehmender ökologischer Anforderungen an die Bautätigkeit und die Bauwerke läßt sich überspitzt sagen: Deutsche Rechtsnormen, vor allem aber deutsche und europäische technische Normen, erschweren ökologisches Bauen mehr, als daß sie es erleichtern.

Im Abschlußbericht der Enquetekommission „Schutz des Menschen und der Umwelt" des 13. Deutschen Bundestages spielen Vorschläge zum ressourcensparenden Bauen und Wohnen sowie zur Reduktion von Baustoffströmen und Energieeinsparung eine Schlüsselrolle.[3]

Da aber mein Thema „Gemeindlicher Umweltschutz im Bereich des Baurechts" lautet, werde ich das Bauordnungsrecht, das den Gemeinden entweder gar nicht oder aber nicht als Selbstverwaltungsaufgabe im eigentlichen Sinne obliegt, im folgenden jedoch ausklammern und mich auf das Städtebaurecht konzentrieren.

---

[1] Dazu *Battis*, NuR 1993, 1; *Ortloff,* in: Handbuch des Umweltrechts II, 2. Aufl. 1994, Sp. 1512.
[2] Siehe *Kloepfer/Rehbinder/Schmidt-Aßmann/Kunig,* UGB-AT 1990, S. 411.
[3] Konzept Nachhaltigkeit, Zur Sache 4/1998.

Gemeindlicher Umweltschutz im Städtebaurecht hat z.Z. Konjunktur. Erst Anfang September hat das Zentralinstitut für Raumplanung in Münster ein Symposium zum Thema „Bauleitplanung und Umweltschutz" veranstaltet. Die Kaiserslauterner Tagung zur „Nachhaltigen städtebaulichen Entwicklung: Anforderungen an die gemeindliche Bauleitplanung" ist unlängst veröffentlicht worden.[4] Das Münchener Institut für Städtebau und Wohnungswesen hat in diesem Jahr eine Tagung zu „Naturschutz und Stadtplanung" durchgeführt. Vom Berliner Institut für Städtebau wird noch in diesem Monat eine Tagung zu „Naturschutz und Baurecht" stattfinden. Weitere Tagungen behandeln: Stadt- und Landschaftspflege, Biotopschutzplan, UVP, Fauna-Flora-Habitat- und Vogelschutzrichtlinie „Natura 2000", aber auch klassische Themen, wie Bodenschutz, Gewässerschutz, Immissionsschutz und Bauleitplanung. Zur Anwendung der naturschutzrechtlichen Eingriffsregelung in der Bauleitplanung hat die Bundesregierung erst kürzlich dem Bundestag einen Bericht vorgelegt.[5] Nach dem Scheitern des UGB I wird von der Bundesregierung ein Gesetz zur Umsetzung der UVP-Änderungsrichtlinie, der IVU-Richtlinie und weiterer EG-Richtlinien zum Umweltschutz vorbereitet. Allein neun Vorschriften des BauGB sollen geändert oder neu gefaßt und zwei neu eingefügt werden.

Darauf werde ich im Teil III eingehen. Zuvor sollen nach einer kritischen Bestandsaufnahme (Teil I) Möglichkeiten und Grenzen aufgezeigt und sodann auch mögliche Entwicklungspfade skizziert werden (Teil II).

I.

„Umweltrecht wird heute weitgehend in Europa gemacht." Diese Feststellung *Stüers*[6] veranschaulicht, daß das deutsche Umweltrecht eine nationale und eine europarechtliche, aber auch eine internationale Ebene kennt.[7] Die Umweltmedien Luft und Wasser sind nicht national begrenzbar, die mit ihnen transportierten Schadstoffe nicht national beherrschbar, um von den souveränitätsfreien globalen Gütern Hohe See, Weltraum, Atmosphäre, Antarktis ganz zu schweigen.[8]

---

4   *Spannowsky/Mitschang* (Hrsg.), Nachhaltige städtebauliche Entwicklung, 2000.
5   BT-Drs. 14/3652.
6   *Stüer*, DVBl 2000, S. 250.
7   Siehe *Schmidt-Preuß*, JZ 2000, 581.
8   Siehe *Koepfer*, in: Achterberg/Püttner/Würtenberger, Besonderes Verwaltungsrecht, 2. Aufl. 2000, Rn. 553.

Art. 28 Abs. 2 Satz 1 GG hingegen räumt den Gemeinden nur die Kompetenz ein, alle Angelegenheiten der örtlichen Gemeinschaft im Rahmen der Gesetze in eigener Verantwortung zu regeln. § 1 Abs. 1 BauGB begrenzt die kommunale Planungskompetenz zudem auf die Erfüllung städtebaulicher Aufgaben. Die Planungskompetenz endet an der mehr oder weniger engen Gemeindegrenze. Der Gesetzesvorbehalt des Art. 28 Abs. 2 Satz 1 GG kann dazu führen, daß mehr als die Hälfte des Gebiets einer Gemeinde einschließlich des überwiegenden Teils der Ortslage durch die Anordnung eines Wasserschutzgebietes erfaßt und damit der kommunalen Planungshoheit entzogen wird.[9] Überhaupt schließt der Staatsvorrang des Wasser- und Gewässerrechts eine kommunale Wasserwirtschaft der örtlichen Gemeinschaft aus.[10] Vergleichbar einschneidend kann sich der flächendeckende Einsatz des Denkmalschutzes auf eine historisch gewachsene Stadt auswirken. Auch wenn aus der Planungshoheit Mitwirkungsrechte an vorrangigen Fach-[11] und höherrangigen Gesamtplanungen erwachsen, die Bindungswirkung von § 38, § 1 Abs. 4 BauGB und § 4 Abs. 1 Satz 1 ROG entfallen damit nicht.

Infolge der nicht seltenen skandalösen Nicht- oder Schlechtleistung der Gesetzgeber von Bund und Ländern bei der Umsetzung von Richtlinien des Gemeinschaftsrechts kommt es zunehmend zur Drittwirkung der Richtlinien, teilweise gerichtlich lanciert, wie bei der Vogelschutzrichtlinie[12] oder der Fauna-Flora-Habitat-Richtlinie,[13] teilweise, wie bei der UVP-Änderungsrichtlinie, durch eine sog. „Heiße-Nadel-Erlaßpraxis" der Exekutive.[14] Beides führt zu ganz erheblicher Rechtsunsicherheit für die Gemeinde und die auf ihrem Gebiet tätigen Privaten.

Hans Peter Ipsen hat schon früh wegen des Integrationsauftrages Planung als ein Strukturelement der EG klassifiziert.[15] Vieles von dem, was in *Joseph H. Kaisers* erstem Planungsband mit Emphase – „Planung ist der große Zug unserer Zeit" – prognostiziert worden ist, hat sich nicht realisiert. Aber die Behauptung von *Ophüls,*[16] die europäischen Verträge seien Planungsverfassungen, die von den staatlichen Verfassungen abgehoben seien, erscheint zutreffend, wenn man an

---

9   OVG Koblenz, NuR 2000, 387.

10 So *Salzwedel,* in: Spannowsky/Mitschang (Fn. 4), S. 105 u. S. 114.

11 Dazu *Dornies,* Das Verhältnis von Bauleitplanung zur raumbeanspruchenden Fachplanung, 2000.

12 BVerwGE 107, 1; BVerwG, DÖV 2000, 687; OVG Münster, NVwZ 2000, 490.

13 BVerwG, ZfBR 2000, 343.

14 Dazu *Staupe,* NVwZ 2000, 508; *Peters,* UPR 2000, 172; *Otto,* NVwZ 2000, 531.

15 *Ipsen,* Europäisches Gemeinschaftsrecht, 1972, S. 65; dazu *Rengeling,* in: FS für Hoppe, 2000, S. 883/886.

16 *Ophüls,* in: Kaiser (Hrsg.), Planung I, 1965, S. 229.

die strikten gemeinschaftsrechtlichen Vorgaben an die Ausweisung von EU-Vogelschutzgebieten denkt. Die Anforderungen der Fauna-Flora-Habitat-Richtlinie eröffnen Bund und Ländern zwar etwas mehr Handlungs- und Ermessensspielräume, die Folgen für die eigenständige Ausübung der kommunalen Planungshoheit können jedoch in beiden Fällen einschneidend sein.[17] „Der europäische Staat besitzt kein Monopol auf Planung mehr." Diese allgemeine Feststellung *Kadelbachs*[18] läßt sich, bezogen auf die Planung, dahin präzisieren, daß die austarierte Stufenfolge innerstaatlicher Planungen – sei es der Gesamt-, sei es der Fachplanungen – einzustürzen droht. Tendenziell verengen sich die Grenzen der städtebaulichen Planung. Von den Auswirkungen auf Fachplanungen, wie sie etwa *Salzwedel* anhand der unterschiedlichen Konzepte von deutschem und europäischem Wasserrecht dargestellt hat, ganz zu schweigen.[19] Nur angemerkt sei noch, daß der Einsatz der EG-Regionalpolitik für den Umweltschutz[20] zumindest in der Vergangenheit überwiegend nicht zur Stärkung des Umweltschutzes durch kommunale Städtebaupolitik geführt hat.

Die Grenzen gemeindlichen Umweltschutzes im Bereich des Baurechts treten nicht minder deutlich zutage, wenn man statt der gemeinschaftsrechtlichen die innerstaatliche Perspektive wählt. Die Grundentscheidung des Bundesgesetzgebers, gem. § 35 BauGB den Außenbereich grundsätzlich von der Bebauung freizuhalten, kann als Grundentscheidung des Städtebaurechts für den Schutz und die Entwicklung der natürlichen Lebensgrundlagen, insbesondere für den Schutz von Natur und Landschaft, verstanden werden. Eine als „Toskanaisierung" schöngeredete Zersiedlung der Landschaft soll ausgeschlossen sein. Diese Grundentscheidung wird jedoch zunehmend dadurch gefährdet, daß seit 1960 im Vorfeld jeder Novelle zum Städtebaurecht unter dem Druck hartnäckiger und einflußreicher Interessen versucht wird, die als Ausnahmen konzipierten baulichen Nutzungen des Außenbereichs auszuweiten.[21] Im ausufernden, eher an Verwaltungserlasse oder gar Kommentierungen erinnernden Gesetzestext schlagen sich der Strukturwandel der Landwirtschaft, aber auch Bestandsschutz für Gewerbe

---

[17] Siehe *Spannowsky,* UPR 2000, 41; *Schink,* in: FS für Hoppe, 2000, S. 589; *Schrödter,* in: Spannowsky/Mitschang (Fn. 4), S. 59; *Gellermann,* NdsVBl 2000, 157; *Jarass* (Hrsg.), EG-Naturschutzrecht und räumliche Gesamtplanung, 2000.

[18] *Kadelbach,* in: FS für Hoppe, 2000, S. 897.

[19] *Salzwedel,* in: Spannowsky/Mitschang (Fn. 4), S. 105; siehe auch Umweltrechtstage 2000, „Umweltschutz im Widerstreit differierender Konzepte", 22. /23. August 2000, veranstaltet vom Institut für das Recht der Wasser- und Entsorgungswirtschaft an der Universität Bonn.

[20] Dazu *Spannowsky,* in: Rengeling (Hrsg.), Handbuch zum europäischen und deutschen Umweltrecht II, 1998, § 87.

[21] Siehe auch *Koch,* Die Verwaltung 1998, 505.

und Konflikte des Umweltschutzes (Wind- und Wasserenergie – § 35 Abs. 1 Nr. 6 BauGB) nieder.

Symptomatisch ist die zwiespältige Novellierung durch das BauROG: Einerseits wird der Außenbereichsschutz durch die Außenbereichssatzung in § 35 Abs. 6 BauGB aufgeweicht.[22] Andererseits findet sich in § 35 Abs. 5 Satz 1 BauGB eine erweiterte Neufassung der Bodenschutzklausel. Das BauGB enthält von Anfang an, also seit dem 1. 7. 1987, in § 1 Abs. 5 Satz 3 BauGB eine eigene Bodenschutzklausel für die Bauleitplanung. Das BauROG hat diese Bodenschutzklausel in § 1a Abs. 1 BauGB neu gefaßt und um den Halbsatz erweitert, daß Bodenversiegelungen auf das notwendige Maß zu begrenzen sind. Die Bodenschutzklausel wird in Darstellungen des Umweltrechts ausführlich und an prominenter Stelle als Instrument für eine Politik des „Bodenschutzes vor Bodenverbrauch" angeführt.[23] Daran hat auch das Bundesbodenschutzgesetz nichts geändert, denn dem Flächenverbrauch soll das BauGB, nicht das Bundesbodenschutzgesetz entgegenwirken.[24] Das auf die nachhaltige Sicherung und Wiederherstellung von Bodenfunktionen gerichtete Bundesbodenschutzgesetz hat im Verhältnis zum BauGB nur eine ergänzende lückenfüllende Funktion, die sich etwa bei Altlasten, bei Reduzierung des Schadstoffeintrags durchaus auf die Bauleitplanung auswirkt.[25] Zutreffend heißt es bei Kloepfer: „Die Bodenschutzklausel stellt eine Verpflichtung dar, welche die Gemeinden in ihrem Planungsermessen anspricht. Ihre Wirksamkeit hängt daher maßgeblich von den Gemeinden ab."[26]

Wie sieht es nun mit der Wirksamkeit aus? Im Raumordnungsbericht 2000 wird festgestellt, daß der Suburbanisierungsprozeß sich ungehemmt fortsetzt. Die Rede ist von einer stetigen Radiuserweiterung und zunehmender Siedlungsdispersion.[27] In ihrer Stellungnahme zum Raumordnungsbericht 2000 verweist die Bundesregierung schlicht – ohne die schlimmen Daten zu bestreiten – auf die Koordinierung der Flächenausweisung durch Regionalplanung und kommunale Bauleitplanung. Zunehmend wird eine Verbesserung der Koordination empfohlen, einschließlich des neuen, aber überaus schwerfälligen Instruments des regionalen Flächennutzungsplans. Abschließend heißt es: „Insbesondere die Länder sind gefordert, Umsetzungsschritte einzuleiten."[28]

---

[22] Kritisch *Ergbuth,* VR 1999, 119/125.

[23] *Kloepfer* (Fn. 8), Rn. 391; *Hoppe/Beckmann/Kauch,* Umweltrecht, 2. Aufl. 2000, § 7 Rn. 72.

[24] Siehe *Schink,* in: Spannowsky/Mitschang (Fn. 4), S. 81/85; *Tomerius,* ZUR 1999, 83.

[25] Siehe *Schink,* in: Spannowsky/Mitschang (Fn. 4), S. 81/99 ff.; siehe auch *Kutzschbach/Pohl,* Jura 2000, 225.

[26] *Kloepfer* (Fn. 8), Rn. 391.

[27] Raumordnungsbericht 2000 des Bundesamtes für Bauwesen und Raumordnung, 2000, S. 52.

[28] Stellungnahme, S. 5.

Eine jüngst erschienene Studie des Dresdener Instituts für ökologische Raument-
wicklung über die Siedlungsentwicklung in sechs Stadtregionen (Berlin, Dresden, Frankfurt am Main, Hannover, Köln und München) dokumentiert den steigenden Flächenverbrauch noch präziser. Dort heißt es: „Suburbanisierungspro-
zesse prägen seit den 60er Jahren in Westdeutschland und seit den 90er Jahren in
Ostdeutschland die siedlungsräumliche Entwicklung der Stadtregionen [...]. In
allen Regionen, vor allem in Köln und München, zeigten Gemeinden in periphe-
rer Lage besonders hohe Wachstumsraten der Siedlungs- und Verkehrsfläche
[...] Eine ‚Trendwende‘ beim Landverbrauch, wie sie die Bundesregierung bereits Mitte der 80er Jahre einforderte (Deutscher Bundestag 1985), ist auch in
den 90er Jahren nicht eingetreten. Im Gegenteil, der Freiraumverlust schreitet
auf hohem Niveau fort und hat sich in einigen Regionen sogar noch beschleunigt.
Infolge des ungebrochenen Zuwachses der Siedlungs- und Verkehrsfläche
nimmt die durchschnittliche Flächenbeanspruchung je Einwohner weiter zu [...]
Statistische Anhaltspunkte für eine alsbaldige Sättigung der individuellen Flä-
chenkonsumtion gibt es nicht, im Gegenteil, bei einer zu erwartenden stagnieren-
den Bevölkerungsentwicklung und einer gleichzeitigen Ausweitung der Sied-
lungsfläche wird die Nutzungsdichte des Siedlungsraums weiter sinken. [...] Von
den aktuellen planungs- und steuerrechtlichen Rahmenbedingungen gehen nur
geringe Anreize für eine Trendwende aus. Eine am Leitbild der nachhaltigen
Entwicklung orientierte Raumordnungs- und Städtebaupolitik muß stärker an
den ‚Triebkräften‘ der Siedlungsflächennachfrage ansetzen. In erster Linie betrifft dies die finanzpolitischen Rahmenbedingungen, unter denen private Haus-
halte und Kommunen operieren."[29]

Dieser Befund ist um so niederschmetternder, wenn man bedenkt, daß die Enquetekommission „Schutz des Menschen und der Umwelt" des 13. Deutschen
Bundestages das größte Handlungspotential beim Flächenverbrauch sah und sich
schon in ihrem Zwischenbericht darauf einigte, bis zum Jahre 2010 die Um-
wandlungsrate von unbebauten Flächen in Siedlungs- und Verkehrsflächen auf
10 Prozent der Rate aus den Jahren 1993 bis 1995 zu verringern. Dieser radikale
Vorschlag ist kontrovers aufgenommen worden. Der Bodenverbrauch ist überhaupt nicht eingeschränkt worden. Er hat vielmehr noch weiter zugenommen.

Die Gründe für diese Fehlentwicklung können natürlich nicht allein bei den Gemeinden gesucht werden, auch wenn sie für die Flächenausweisungen verant-

---

[29]   *Einig/Gössel/Siedentop*, in: Jahresbericht 1999, 2000, S. 15/16 ff. (Klammerzusätze d. d. Verf.);
siehe auch *Kraft*, in: Spannowsky/Mitschang (Fn. 4), S. 41/42 f.; *Koch,* Die Verwaltung 1998,
505/542; *Franz,* Freiraumschutz und Innenentwicklung, 2000; siehe auch Podiumsdiskussion,
in: *Hendler/Marburger/Reinhardt/Schröder* (Hrsg.), Bodenschutz und Umweltrecht, 2000.

wortlich sind. Die Dresdener Studie nennt an erster Stelle die finanzpolitischen Rahmenbedingungen. Nur hingewiesen sei darauf, daß die Versuche, durch eine dezidiert ökologische Grundsteuer zumindest zusätzlichen Baulandausweisungen entgegenzuwirken, am Widerstand der Finanzseite gescheitert sind. Mehr als eine modifizierte Grundsteuer mit möglicherweise höherer Besteuerung unbebauter Grundstücke wird es nicht geben. Das Steuerrecht bleibt also eine wesentliche offene Flanke jeder baurechtlichen und damit kommunalen Bodenschutzpolitik.[30]

Es soll hier keine Jeremiade angestimmt werden. Aber der ungebrochene Flächenverbrauch, der mit wachsender individueller Mobilität einhergeht, hat gesellschaftliche Ursachen, die die nationale Politik bisher nicht hat verändern können: Das (vorläufige) Scheitern des UGB I hat viele Gründe. Nicht zuletzt ging es um die Wahrung von Ressortinteressen, also um Macht. Aber das Scheitern ist auch ein Indiz für den sinkenden Stellenwert des Umweltschutzes in Deutschland. Gleiches gilt für die notorisch schleppende Umsetzung gemeinschaftsrechtlicher Richtlinien. Der Präsident des Bundesverwaltungsgerichts hat dazu aus gegebenem Anlaß im Hinblick auf die FFH- und die Vogelschutzrichtlinie ungewöhnlich deutliche Worte gefunden.[31] Wahl spricht vom Umsetzungsdesaster der IVU-Richtlinie: Bei den jetzt anstehenden Lösungen obsiege nicht der Realitätssinn über zu anspruchsvolle Entwürfe, sondern es werde das Jahrfünft einer von einem breiten Konsens getragenen Reformpolitik abgebrochen.[32] Ins trübe Bild paßt schließlich das glücklose Taktieren bei der Vorbereitung neuer gemeinschaftsrechtlicher Richtlinien. Schmidt-Eichstaedt hat die weitgehende Isolierung Deutschlands bei der Plan-UVP dokumentiert.[33] Zu der den Schaden für den Wirtschaftsstandort Deutschland beschwörenden Stellungnahme des Bundesrates[34] bemerkt Steinberg: „Die vorgebrachten Einwände sind insgesamt kaum ernst zu nehmen. Sie lassen den Willen zu einer Auseinandersetzung mit dem vorgeschlagenen Konzept völlig vermissen und beschränken sich auf ein kategorisches ‚Nein'."[35]

---

[30] Siehe auch *Krautzberger,* in: Spannowsky/Mitschang (Fn. 4), S. 1/13.

[31] *Franßen,* FAZ v. 12. 3. 1999, S. 23.

[32] *Wahl,* NVwZ 2000, 502; siehe auch *Aertker,* Europäisches Zulassungsrecht für Industrieanlagen, 2000.

[33] *Schmidt-Eichstaedt,* BMVBW-Forschungsvorhaben: „Praxisuntersuchung zur Umsetzung der europarechtlichen Umweltverträglichkeitsrichtlinien in das Planungsrecht", November 1999.

[34] BR-Drs. 277/97; siehe auch Beschluß des Europaausschusses des Bundesrates v. 9. 12. 1999, NVwZ 2000, 537.

[35] *Steinberg,* in: FS für Hoppe, 2000, S. 493/503; siehe auch *Spannowsky,* UPR 2000, 201.

Wie kann man bei diesem Umfeld von den Gemeinden erwarten, daß sie von dem in Politik und Gesellschaft vorherrschenden Trend[36] signifikant abweichen, zumal sie für die unterste Ebene zuständig und gesetzlich weitgehend fremdbestimmt sind, insbesondere bei den für den Umweltschutz so gewichtigen Fachplanungen, aber auch bei den vielfach überfrachteten Landesentwicklungs- und Regionalplänen.[37]

II.

Es erscheint daher fast schon wie ein Wunder, daß es gelungen ist, zu Zeiten, in denen der Umweltschutz anhaltendem steifen Gegenwind ausgesetzt war,[38] mit dem BauROG Normen zu schaffen, die den gemeindlichen Umweltschutz im Bereich des Baurechts aufwerten. Die die Novelle vorbereitende Expertenkommission war in erster Linie dazu berufen worden, das Baurecht zu vereinfachen.[39] Es ist daher nicht selbstverständlich, daß die Kommission an die erste Stelle ihres Berichts den Abschnitt „Umweltschutz" gesetzt hat. Eingangs heißt es dort, durchaus programmatisch: „Die Koordinations- und Integrationsfunktion der Bauleitplanung als lokaler, die kommunale Selbstverwaltung (Art. 28 Abs. 2 GG) verwirklichender, durch ein eigenes demokratisches Subsystem legitimierter Gesamtplanung kann im innerstaatlichen Wettbewerb mit anderen Regelungswerken nur gehalten werden, wenn die umweltschützende Kompetenz der Bauleitplanung verbessert wird [...] Bei der Novellierung des Baugesetzbuchs auf die Stärkung seiner umweltschützenden Kompetenz zu verzichten, hieße die Steuerungsfähigkeit der kommunalen Bauleitplanung erheblich zu schwächen."[40]

Die Konkurrenz zu anderen Planungen wird also ausdrücklich angesprochen. Der vom BauROG eingefügte § 1a BauGB verfolgt das Ziel, „Umweltschutz unmittelbar und innerhalb der städtebaulichen Rechtsordnung zu verwirklichen (Integrationsansatz), um damit einen denkbaren zweiten Pfad mit umweltrechtlicher Prägung zu vermeiden".[41] Das zielt klar auf das Konzept einer Umwelt-

---

36   Siehe auch *Albers,* Die alte Stadt, 1997, 293; *Mitschang,* in: Spannowsky/Mitschang (Fn. 4), S. 17/39; *Stüer/Rude,* DVBl 2000, 250/254.

37   Dazu *Spannowsky,* UPR 2000, 201/210.

38   *Erbguth,* JZ 1994, 477; siehe auch *Lübbe-Wolff,* in: Dally (Hrsg.), Wirtschaftsförderung per Umweltrecht?, 1997, S. 88.

39   Siehe Bericht der Kommission, 1995, Vorwort Töpfer.

40   Bericht der Kommission, Rn. 010 (Klammerzusatz d. d. Verf.).

41   So *Krautzberger,* in: Battis/Krautzberger/Löhr (Hrsg.), BauGB, 7. Aufl. 1999, § 1a Rn. 1.

leitplanung[42] im Sinne des Professorenentwurfs zum UGB, aber auch auf eine Umweltgrundlagenplanung[43] im Sinne des UGB-AT. Nicht zufällig ist im Entwurf des UGB I von beidem nicht mehr die Rede.[44] Wichtiger jedoch ist, daß § 1a BauGB bewußt eine Verbesserung des Umweltschutzes in der Bauleitplanung erreichen soll. Die in § 1a BauGB aufgeführten Fachplanungen haben ihren spezifischen Schutzauftrag zu verwirklichen und setzen dadurch Daten für die Bauleitplanung. Die Integrationsentscheidung des § 1a Abs. 2 BauGB bedeutet, daß z. B. die Daten der Landschaftsplanung innerhalb der Bauleitplanung aufgewertet werden. Das OVG Koblenz hat dazu erst kürzlich deutliche Ausführungen gemacht.[45] Zugleich aber wird dem Konzept der „Landesplanung als Umweltleitplanung"[46] eine Absage erteilt. Sehr anschaulich spricht Brohm im Hinblick auf § 1a Abs. 3 BauGB von der Inpflichtnahme der Bauleitplanung für Naturschutz und Landschaftspflege.[47]

Die zweite grundlegende Bedeutung von § 1a BauGB besteht darin, daß sich mit dessen Absatz 2 Nummern 3 und 4 BauGB das Städtebaurecht dem Prozeß der Europäisierung des deutschen Verwaltungsrechts bewußt öffnet. Hinsichtlich der Integration der europarechtlich vorgegebenen UVP beendet die Vorschrift die wenig ruhmreiche ursprüngliche Vermeidungsstrategie des deutschen Städtebaurechts. § 1a Abs. 2 BauGB ist gerade auch als Schnittstelle für künftiges Gemeinschaftsrecht konzipiert.

Ich weiß, daß dieser Ansatz nicht unumstritten ist. *Tettinger* sieht gar die Skepsis überwiegen und bescheinigt dem baurechtlichen Schrifttum zuviel Emphase.[48] Ich hoffe, mir wird nicht auch diese Emphase vorgeworfen, zumindest bemühe ich mich um eine „rechtsrealistische Betrachtung"[49] des umweltpolitischen Potentials der Bauleitplanung. *Erbguth* bewertet § 1a Abs. 2 BauGB als vornehmlich edukatorisch. Auf dieser Linie liegt auch die Einordnung des Begriffs der „Nachhaltigkeit" in § 1 Abs. 5 Satz 1 BauGB und in § 1 Abs. 2 Satz 1 ROG als Euphemismus,[50] oder wenn die Frage, welche Konsequenzen die Vorgabe der „nachhaltigen städtebaulichen Entwicklung" für die gerichtliche Überprüfung

---

[42] Dagegen *Hoppe,* in: Koch (Hrsg.), Auf dem Weg zum Umweltgesetzbuch, 1992, S. 46.
[43] Dagegen *Hoppe,* in: FS für Blümel, 1999, S. 177; Gegenposition: *Hendler/Heimlich,* Jahrbuch UTR 2000, 7/13.
[44] Siehe *Feldmann,* in: Oldiges (Hrsg.), Immissionsschutz zwischen Integrationskonzept und Verfahrensbeschleunigung, 1999, S. 46.
[45] OVG Koblenz, NuR 2000, 384.
[46] So *Erbguth/Wiegand,* Landesplanung als Umweltleitplanung, 1994.
[47] *Brohm,* in: FS für Hoppe, 2000, S. 511.
[48] *Tettinger,* WiVerw 2000, 1/3 f.; kritisch auch *Hendler/Heimlich,* Jahrbuch UTR 2000, 7/13.
[49] Dazu *Schulte,* in: FS für Hoppe, 2000, S. 153/160.
[50] So *Kraft,* in: Spannowsky/Mitschang (Fn. 4), S. 41/42.

der Bauleitplanung habe, mit zwei Worten beantwortet wird: „Praktisch keine."[51]

Letzteres muß allerdings im Kontext gesehen werden. *Kuschnerus* legt überzeugend dar, daß auch nach der Neufassung durch das BauROG, abgesehen von zwingendem Recht, die Planungsentscheidung durch die Bauleitplanung unverändert vom Abwägungsgebot gesteuert wird.[52] Die viel strapazierten Optimierungsgebote als privilegierte Steuerungselemente sind also schlicht entbehrlich.[53] Zugleich stellt *Kuschnerus* aber fest: „Je gravierender die zurückzusetzenden Belange betroffen sind, um so mehr muß der Plangeber gewichtige Gründe für das Zurücksetzen anführen. Dies gilt in besonderem Maße, wenn der zurückzusetzende Belang im Abwägungsprogramm besonders hervorgehoben – ‚auf der Checkliste rot markiert' – ist."

Zu den rot markierten Belangen zählt *Kuschnerus* gerade die dem Nachhaltigkeitsprinzip zuzuordnenden ökologischen Belange. Die Entzauberung der Optimierungsgebote dürfte zum Teil auch ein Grund dafür sein, daß mancher Kritiker enttäuscht die Neuregelung eher zwiespältig bewertet. Dabei hatte so mancher Umweltschützer schon zuvor sein Damaskus-Erlebnis. Der heftige Streit um die Regelung der Windenergie im BauGB hat in bis dahin nicht erlebter Deutlichkeit kontroverse Einzelziele des Umweltschutzes aufbrechen lassen, nämlich Landschafts- und Vogelschutz versus regenerierbare Energien.[54] Diese kontroversen Belange des Umweltschutzes sind von der Gemeinde abwägend für ihren Planungsraum zu entscheiden, ggf. nach Maßgabe einer raumordnerischen Festlegung eines Eignungsgebietes gem. § 7 Abs. 4 Satz 1 Nr. 3 ROG. Angesichts dieser Erfahrung ist das böse Wort vom „Wegwägen" ökologischer Belange kaum noch zu hören. Ein auf eine nachhaltige städtebauliche Entwicklung und auf Art. 20a GG verpflichtetes Abwägungsgebot erlaubt solchen Mißbrauch nicht.[55] Vielmehr verpflichtet eine nachhaltige städtebauliche Entwicklung gerade zur Integration der verschiedenen Fachplanungen zur Vernetzung der Umweltmedien in ihren räumlichen Bezug.

Den vom gemeinschaftsrechtlichen Nachhaltigkeitsprinzip intendierten Ausgleich ökonomischer, ökologischer und sozialer Entwicklung[56] übernehmen § 1

---

51   So *Kuschnerus,* in: Spannowsky/Mitschang (Fn. 4), S. 149/164 = ZfBR 2000, 15/20.
52   Siehe auch *Krautzberger,* in: Spannowsky/Mitschang (Fn. 4), S. 1/3.
53   Ausführlich: *Bartlsperger,* in: FS für Hoppe, 2000, S. 127; Gegenposition noch *Koch,* ebenda, S. 549/562 ff.
54   Siehe auch *Krautzberger,* in: Spannowsky/Mitschang (Fn. 4), S. 1/5; siehe auch BVerwG, ZfBR 2000, 428 – Windenergieanlagen im Landschaftsschutzgebiet.
55   Siehe auch *Krautzberger,* in: Spannowsky/Mitschang (Fn. 4), S. 1/5.
56   Dazu *Krautzberger/Stemmler,* in: FS für Hoppe, 2000, S. 317; *Schröder,* NuR 1998, 1.

Abs. 2 Satz 1 ROG und § 1 Abs. 5 BauGB für das deutsche Raumordnungs- und Städtebaurecht. Das mit Rücksicht auf die jeweilige Ebene unterschiedlich akzentuierte Nachhaltigkeitsprinzip steuert die in § 1a Abs. 2 BauGB geschaffene Öffnung zur Übernahme des Gemeinschaftsrechts und zur Integration des Fachplanungsrechts. Die Übernahme des Nachhaltigkeitsprinzips in das BauGB verwirklicht den integrativen Ansatz[57] des EG-Rechts. Der integrative Ansatz bietet die Gewähr für die Zukunftsfähigkeit der Bauleitplanung. So prophezeit *Bohne* in seiner Langzeitvision für das Umweltrecht die weitgehende Integration des Umweltschutzes in die Raumordnung und Bauleitplanung.[58] Das Nachhaltigkeitsprinzip, das die Isolierung des Umweltschutzes überwindet und sich nicht in für Dritte, gelegentlich sektiererisch wirkende Bürokratien einschließt, bietet auch nach Ansicht der Enquetekommission „Schutz des Menschen und der Umwelt" am ehesten Gewähr für eine ertragreiche Umweltpolitik.[59]

Es läßt sich bezweifeln, ob eine solche, in doppelter Weise integrative, durch ein eigenes demokratisches Subsystem legitimierte, von Art. 28 Abs. 2 GG verfassungsrechtlich gewährleistete lokale Gesamtplanung die Bezeichnung „Bauleitplanung" noch verdient. Es geht ja gerade nicht nur ums Bauen. Der Begriff „Flächennutzungsplan" ist zutreffender. Allerdings muß die Bauleitplanung stets städtebaulich gerechtfertigt sein. Festsetzungen im Bebauungsplan dürfen nur gem. § 9 Abs. 1 BauGB aus städtebaulichen Gründen erfolgen, auch wenn ein gemeindlicher Generalverkehrsplan oder ein Freiflächenkonzept aufgestellt werden sollen.

Keinesfalls darf die Bauleitplanung mit einer allgemeinen gesellschaftlichen Planung verwechselt werden. Diese Gefahr kann im Überschwang lokaler Agenda 21-Prozesse[60] entstehen. Die gemeinsame politische Wurzel des Nachhaltigkeitsprinzips und der Agenda 21-Prozesse darf nicht dazu verleiten, die der Gemeinde generell und der Bauleitplanung speziell kraft Gesetzes gezogenen Grenzen zu überschreiten.[61] Gleiches gilt für weitere, durch die UNO-Umwelt-

---

[57]   Dazu *Jarass,* DVBl 2000, S. 945/946; früh schon *Hoppe*, VVDStRL 38 (1980), 211/247.

[58]   *Bohne,* in: Schmidt-Aßmann/Hoffmann-Riem (Hrsg.), Strukturen des europäischen Verwaltungsrechts, 1999, S. 217/277.

[59]   Siehe auch *Krautzberger/Stemmler,* in: FS für Hoppe, 2000, S. 317/326; *Schröder*, NuR 2000, 481.

[60]   Dazu *Brandt,* in: Spannowsky/Mitschang (Fn. 4), S. 167/174; *Mitschang,* ebenda, S. 17/20ff.

[61]   Siehe auch *Mitschang,* in: Spannowsky/Mitschang (Fn. 4), S. 17/31; *Krautzberger,* in: Battis/Krautzberger/Löhr (Fn. 41), § 1 Rn. 45; *Kuschnerus,* in: Spannowsky/Mitschang (Fn. 4), S. 149/150.

konferenz in Rio (1992) und Istanbul (1996) angestoßenen und in Berlin[62] bei URBAN 2000 aufgegriffenen Aktivitäten.

Daß die vom BauROG durchgesetzte Aufwertung des Umweltschutzes nicht bloße symbolische Gesetzgebung ist, läßt sich dem Bericht der Bundesregierung über die Anwendung der naturschutzrechtlichen Eingriffsregelung entnehmen.[63] Der Bericht fußt auf Erfahrungen, die von Schäfer in insgesamt 40 Städten unterschiedlicher Größenordnung gesammelt worden sind sowie auf Erfahrungsberichten der Länder und Stellungnahmen der kommunalen Spitzenverbände. Ebenfalls insgesamt positiv ist ein Erfahrungsbericht von von Heyl zur „Eingriffs- und Ausgleichsregelung in der Stuttgarter Bauleitplanung".[64] Übereinstimmend wird die gestiegene Bedeutung der Landschafts- bzw. Grünflächenplanung als konzeptioneller Grundlage für die Anwendung der Eingriffs- und Ausgleichsregelung betont. Die Aussagen zum Bedeutungszuwachs der Flächennutzungsplanung sind uneinheitlich. Die Weiterentwicklung der Konzepte „Flächenpool" und „Öko-Konto" wird als Ansatz zu einem ausbaufähigen kommunalen Flächenmanagement bewertet. Zurückhaltend sind die Aussagen zu den Auswirkungen auf die Bodenpreise und auf die Begrenzung des Flächenverbrauchs. Die kommunale Handlungsmöglichkeiten werden als deutlich erweitert geschildert. Durchweg wird die Verwendung städtebaulicher Verträge für den Vollzug der Eingriffsregelung, insbesondere für die Refinanzierung, betont.[65] Das hoheitliche Instrumentarium zur Kostenerstattung habe allenfalls die Bedeutung einer „fleet in being". Für Festsetzungen auf privaten Flächen wird ein Vollzugsdefizit konstatiert. Aus dem Bericht von Schäfer sei besonders hervorgehoben das Ausgleichsflächenkonzept im Städtequartett „Damme, Diepholz, Lohne, Vechta", das auf einer informellen gemeindeübergreifenden Planung oberhalb des Flächennutzungsplans beruht. Auch in Sachsen und Bayern wird die Eingriffsregelung des BauGB trotz des „opting outs" freiwillig vielfach praktiziert. Die Abweichungsklausel des § 246 Abs. 6 Satz 1 BauGB soll entfallen. Die gesetzlichen Regelungen zur Eingriffsregelung in der Bauleitplanung sollen unverändert beibehalten werden.

Nur ein Punkt aus dem Bericht sei herausgegriffen, die relativ unbefriedigende Aussage über die Bedeutung des Flächennutzungsplans, der wegen der Entkoppelung von Eingriff und Ausgleich konzeptionell gewonnen hat und insbesondere durch die Integration des Bodenschutzes (§ 5 Abs. 2 Nr. 10 BauGB) und die Darstellungen nach § 5 Abs. 2a BauGB ja auch aufgewertet worden ist. Diese

---

[62]   Siehe jetzt auch Berliner Erklärung zur Zukunft der Städte, Urban 21, in: Informationen aus der Forschung des BBR Nr. 3/2000, Beilage.
[63]   BT-Drs. 14/3652.
[64]   *von Heyl*, VBlBW 2000, 218.
[65]   Dazu auch *Spannowsky*, DÖV 2000, 569.

Änderungen des Gesetzes sind offensichtlich noch nicht befriedigend von der Praxis aufgegriffen worden, obwohl der Flächennutzungsplan wegen seiner großflächigen Ausdehnung für eine nachhaltige Entwicklung ungleich geeigneter ist, als die Bebauungspläne.[66] Der Grund dürfte darin liegen, daß – gestützt auf eine Difu-Untersuchung aus Anlaß der Vorbereitung des BauROG[67] – in jüngster Zeit überzeugend nachgewiesen worden ist, daß die Flächennutzungspläne in großen Teilen veraltet sind und ein „Schattendasein" führen.[68] Das muß anders werden. Gefordert sind hier nicht zuletzt die Aufsichtsbehörden. Dies um so mehr, weil wegen des Wegfalls der Anzeige- und Genehmigungsverfahren bei Bebauungsplänen die Anforderungen an die Steuerungsfunktion des Flächennutzungsplans und damit auch an deren Rechtskontrolle durch die Aufsichtsbehörde ohnehin gewachsen sind. Das Nachhaltigkeitsprinzip verlangt, worauf zu Recht hingewiesen worden ist, eine institutionelle Gewährleistung von Gemeinwohlbelangen.[69] Noch vor den Gerichten sind insoweit die Aufsichtbehörden gefragt. Für die Vergangenheit ist belegt, daß die Vernachlässigung von Umweltbelangen durch die Gemeinden ein Hauptkonfliktfall in den Genehmigungs- und Anzeigeverfahren war.

Eine andere Frage ist die, ob der Flächennutzungsplan im Zuge seiner Aufwertung als Hauptinstrument für eine nachhaltige kommunale Umweltpolitik, insbesondere in den Verdichtungsgebieten, nicht seine Ausrichtung auf eine Kommune verlieren wird. Zwar sind auch nach geltendem Recht bereits gemeinsame Flächennutzungspläne (§ 204 BauGB) möglich – und wie das Beispiel von *Schäfer* zeigt, gibt es auch gerade für den hier interessierenden Bereich freiwillige interkommunale Ansätze. Aber die Frage ist doch, ob nicht eine Regionalisierung der Flächennutzungsplanung, etwa in dem Sinne, wie sie nunmehr in Sachsen-Anhalt[70] aufgrund des letztlich unentschlossenen § 9 Abs. 6 ROG möglich ist, in Zukunft verstärkt erfolgen wird.

Wenn an dieser Stelle die Bedeutung der Aufsichtsbehörde für die Durchsetzung berechtigter ökologischer Belange anläßlich der Genehmigung des Flächennutzungsplans betont wird, so muß eingeräumt werden, daß die weitgehende Abschaffung der Anzeige- und Genehmigungspflicht für Bebauungspläne zu bedauern ist (vgl. § 10 Abs. 2 BauGB).

---

[66] *Schink,* in: FS für Hoppe, 2000, S. 589/606.
[67] Dazu *Löhr,* in: FS für Schlichter, 1995, S. 129; *Bunzel/Meyer,* Die Flächennutzungsplanung, 1996.
[68] Siehe *Schink,* ZfBR 2000, 154; *Mitschang,* in: Spannowsky/Mitschang (Fn. 4), S. 17/34ff.
[69] *Bunzel/Löhr,* ZfBR 2000, 307/315.
[70] *Schmidt-Eichstaedt/Reitzig,* LKV 2000, 273.

Nicht zu leugnen ist auch, daß die Gefahren, die dem Umweltschutz durch eine investorenhörige Bebauungsplanung drohen, durch den Einsatz des vorhabenbezogenen Bebauungsplans oder durch die Kombination eines Bebauungsplans mit städtebaulichen Verträgen zunehmen können (vgl. § 11 und § 12 BauGB).[71] Hier bleiben wieder nur der Appell an die umweltpolitische Vernunft der Kommunen, der Glaube an den umweltpolitischen Druck der Bürgerbeteiligung und das Vertrauen in die Verwaltungsgerichtsbarkeit. Wenn in Planerkreisen teilweise schon anstelle des Konzepts der hoheitlichen Planung eine sogenannte „Verhandlungsplanung" befürwortet wird, so kann dies als Appell für den Einsatz kooperativer Formen der Planung (z. B. Mediation – § 4b BauGB) durchaus sinnvoll sein, aber selbstredend nicht als Aussage zur gegenwärtigen oder künftigen Rechtslage.

Ebenfalls nur stichwortartig soll darauf hingewiesen werden, daß Immissionsschutz in der Bauleitplanung zum Fundus von BBauG und BauGB sowie der BauNVO zählen. Die einschlägigen Instrumentarien sind mit jeder Novelle ausgebaut worden, bis hin zum Stoffverwendungsverbot (§ 9 Abs. 1 Nr. 23 BauGB) und der Festsetzung von Schutzflächen sowie Schutzanlagen und technischen Vorkehrungen (§ 9 Abs. 1 Nr. 24 BauGB).[72] Mit Hilfe dieser und weiterer Festsetzungsmöglichkeiten kann die Gemeinde auf engem Raum hartnäckige Interessenkonflikte entscheiden, und zwar nach einer Abwägung, die ihrerseits vom Erheblichkeitsmaßstab (§ 3 Abs. 1 BImSchG),[73] vom Trennungsgrundsatz (§ 50 BImSchG), aber auch der Gebietstypik der BauNVO, dem Grundsatz der Konfliktbewältigung[74] und der Fülle der immissionsschutzrechtlichen Rechtsverordnungen, Verwaltungsvorschriften und technischen Regelwerke gesteuert werden, z. B. beim Lärmschutz etwa bei Sportanlagen[75]. Wegen der Rechtssetzungskompetenz der Gemeinde wird die Verbindlichkeit dieser immissionsschutzrechtlichen und baurechtlichen Vorgaben häufig eher über- als unterschätzt[76] – und dies nicht zuletzt wegen der Zielkonflikte innerhalb des Immissionsschutzrechts[77] und der von den Gerichten forcierten typisierenden Betrachtungsweise[78]. Diese bisher vornehmlich von deutschem Recht geprägte Problematik

---

71   Kritisch *Erbguth,* VerwArch 1998, 189; siehe auch *Faber,* in: FS für Hoppe, 2000, S. 425; *Battis,* in: FS 100 Jahre Allgemeines Baugesetz Sachsen, 2000, S. 507/513.

72   Vgl. dazu *Dolde/Menke,* NJW 1999, 1070/1079; *Koch,* in: FS für Hoppe, 2000, S. 549/557; *Ziekow,* BayVBl 2000, 325/371 ff.

73   Vgl. dazu BVerwG, DVBl 1989, S. 1050; *Kraft,* in: Spannowsky/Mitschang (Fn. 4), S. 41/45.

74   *Stüer/Schrödter,* BayVBl 2000, 257; *Koch,* in: FS für Hoppe, 2000, S. 549/561 ff.; *Ziekow,* BayVBl 2000, 325/329.

75   Vgl. dazu *Birk,* VBlBW 2000, 97; BVerwGE 109, 246.

76   Vgl. auch *Uechtritz,* in: FS für Hoppe, 2000, S. 567.

77   Vgl. auch *Schink,* ZfBR 2000, 154/159.

78   Zum Beispiel: BVerwG, DÖV 1975, 103; DÖV 1993, 255; BVerwGE 109, 246 u. 314; BVerwG, ZfBR 2000, 419.

wird zunehmend, zumindest mittelbar, durch Änderungen des konzeptionell durchaus unterschiedlichen und nicht einheitlichen Gemeinschaftsrechts verändert.[79] Genannt seien die IVU-Richtlinie, die Luftreinhalte-Richtlinie (96/62 EG v. 27. 9. 1996) mit ihren Tochterrichtlinien oder die Seveso-II-Richtlinie zur Beherrschung der Gefahren bei schweren Unfällen mit gefährlichen Stoffen (96/82 EG).

Die gemeinschaftsrechtlichen und die nationalen Vorgaben wirken sich schließlich in ganzer Breite und Intensität auch beim kommunalen Umweltschutz in nicht-qualifizert beplanten Innenbereichen (§ 34 BauGB) aus und spezfischer noch im Außenbereich (§ 35 BauGB), z. b. bei Geruchsimmissionen mit erheblichen rechtlichen und tatsächlichen Problemen.[80] In beiden Bereichen, insbesondere im Immissionsschutz vermittels der faktischen Gebietskategorien der BauNVO und der Gemengelagenproblematik hat sich eine umfangreiche Kasuistik entwickelt.[81]

III.

Auch darauf kann nicht näher eingegangen werden. Statt dessen soll im Schlußteil der Referentenentwurf zur Umsetzung der UVP-Änd-RL, der IVU-Richtlinie und weiterer Richtlinien zum Umweltschutz angesprochen werden. Die Anhörung der Länder und Verbände zum Entwurf wird zur Zeit ausgewertet. Der Kabinettsentwurf soll im Oktober dieses Jahres verabschiedet werden. Eine Verabschiedung des Gesetzes ist zwar noch für dieses Jahr geplant. Für realistischer halte ich jedoch eine Verabschiedung in der ersten Hälfte des Jahres 2001. Der Referentenentwurf enthält 25 Artikel. Dadurch sollen 16 Gesetze und 6 Verordnungen geändert werden. Die Liste der UVP-pflichtigen Vorhaben wird geändert werden. Für die Bauleitplanung wirken sich auch die Änderungen des UVPG und der 4. BImSchVO aus. Die vorgesehenen Änderungen des BauGB finden sich in Art. 12 des Gesetzentwurfes.

§ 1a BauGB n. F. verweist für die Frage nach dem „Ob" der Durchführung einer Umweltverträglichkeitsprüfung auf § 3 und § 3a UVPG n. F. Eine generelle UVP-Pflicht für Bebauungspläne wird es nicht geben. Es bleibt bei dem bisherigen Listenprinzip. Einschlägig sind insbesondere die Nr. 24 und 25 der Anlage 1

---

[79]   Vgl. dazu *Jarass,* UPR 2000, 241; *Schulte/Schrödter,* DVBl 2000, S. 1085.
[80]   Vgl. *Hansmann,* NVwZ 1999, 1158.
[81]   Siehe nur *Koch,* Die Verwaltung 1998, 505/534.

zu § 3 UVPG. Der neugefaßte § 1a BauGB stellt klar, daß das Ergebnis der Umweltverträglichkeitsprüfung (wie bisher) Teil des Abwägungsmaterials ist.

Gänzlich neu ist § 2a BauGB. Er verpflichtet zur Erstellung eines Umweltbe-
richts bei UVP-pflichtigen Bebauungsplänen. Der Umweltbericht soll Bestandteil der Begründung des Planentwurfs sein und die Angaben enthalten, die für die
Durchführung der UVP im Aufstellungsverfahren erforderlich sind. Dadurch
soll die Verbindung zur Bürgerbeteiligung und zur Beteiligung der Träger öffentlicher Belange gestärkt werden.

Bei der Bekanntmachung der Möglichkeit zur Bürgerbeteiligung nach § 3 Abs. 2
Satz 2 BauGB ist künftig anzugeben, ob eine Umweltverträglichkeitsprüfung
durchgeführt oder nicht durchgeführt werden soll.

Der neugefaßte § 4 Abs. 2 BauGB verpflichtet die Träger öffentlicher Belange,
der Gemeinde vorhandene und für den Umweltbericht wichtige Informationen
zur Verfügung zu stellen.

Dem Entwurf liegt der partizipationsfreundliche, auf weitergehende Öffentlichkeitsbeteiligung zielende „Geist des Europarechts"[82] zugrunde. Diesem Geist
des Referentenentwurfs entspricht es, daß die von manchen zunächst als eher ku-
rios empfundene und etwas zaghaft ausgefallene Vorschrift über die grenzüberschreitende Beteiligung der Bürger und der Träger öffentlicher Belange (§ 4a
BauGB) nunmehr deutlich ausgebaut werden soll. Insbesondere sieht § 4a
Abs. 2 BauGB n.F. die grenzüberschreitende Beteiligung der Gemeinden und
Träger öffentlicher Belange sowie der Öffentlichkeit entsprechend den Vorgaben der UVP-Änderungsrichtlinie vor. Gerade diese Vorschrift ist vor dem Hintergrund zu sehen, daß das Europäische Raumentwicklungskonzept (EUREK)
nicht nur in den Grenzregionen, sondern auf allen drei Achsen des INTERREG
III-Programms transnationale Kooperationen, grenzüberschreitende Projekte
und interregionale Projekte fördert. Das EUREK enthält politische Optionen zur
Ausgestaltung der künftigen Stadt- und Siedlungsentwicklung, die Projekte der
transnationalen Zusammenarbeit zwischen Kommunen fördert. Der Beirat für
Raumordnung hat soeben der Bundesregierung empfohlen, die Nutzung von Interreg III für die Anwendung des EUREK auf kommunaler und regionaler Ebene
aktiv zu begleiten.[83]

---

[82] Dazu *Pieroth*, in: FS für Hoppe, 2000, S. 195; zum Entwurf s.a. *Krautzberger*, UPR 2001, 1.
[83] Empfehlung des Beirats für Raumordnung „Konkretisierung und Anwendung des Europäischen
      Entwicklungskonzepts (EUREK)" v. 5. 9. 2000; siehe auch Bundesraumordnungsbericht 2000,
      S. 213 ff.; sowie Informationen zur Raumordnung, 3/4, 2000.

Die Erweiterung der Einschaltung Dritter in das Bauleitplanverfahren gem. § 4b BauGB n. F. erfolgt, um auch die nach § 2a BauGB n. F. erforderliche Umwelterklärung zu erfassen. Die Änderung des § 10 BauGB stellt sicher, daß bei grenzüberschreitender Beteiligung nach § 4a BauGB n. F. eine Übermittlung des Bebauungsplans mit Begründung erfolgt. Anpassungen in § 11 und § 12 BauGB verdeutlichen, daß die Angaben für den Umweltbericht von dem privaten Kooperationspartner erbracht werden können bzw. erbracht werden sollen.

§ 214 BauGB wird dahin ergänzt, daß bestimmte im Zusammenhang mit der Umweltverträglichkeitsprüfung begangene Verfahrensfehler unbeachtlich sind. Auch dies ist gegenüber der bisherigen Rechtslage nur eine Klarstellung. Sie hat jedoch besonderes Gewicht, da in der Literatur[84] behauptet wird, daß die einschlägige Rechtsprechung des BVerwG europarechtswidrig sei. Gerade die Untersuchung von *Schmidt-Eichstaedt* zur doch recht unterschiedlichen Umsetzung der UVP-Richtlinie in den anderen Mitgliedstaaten legt m. E. den Schluß nahe, daß der Einbezug in § 214 BauGB als Notlösung für ein selbstgeschaffenes deutsches Problem vom EuGH eher ignoriert denn sanktioniert werden wird.

Schließlich soll eine neue Überleitungsvorschrift (§ 245c BauGB) aus dem Desaster der unterschiedlichen Stadien der Nichtumsetzung herausführen. Dies ist erst recht ein deutscher „Helden-Notausgang" aus einer selbstgeschaffenen Notlage.

Die Neuregelungen in § 1a, § 2a, § 3, § 4 und § 4a BauGB veranschaulichen in eindrucksvollerweise, wie im Zuge der Europäisierung und Ökologisierung des Rechts der Bauleitplanung sich das deutsche Baurecht in besonderer Weise zur Stärkung des integrativen Nachhaltigkeitsprinzips gegenüber dem demokratischen Prinzip öffnet. Als in den 70er Jahren in Deutschland, nicht zuletzt anhand des Städtebaurechts, die Partizipationsdebatte auch die Juristen erreichte,[85] wurde die demokratische Funktion der Partizipation überwiegend abgelehnt. Auch die angelsächsische Präferenz der Kontrolle durch Verfahren statt möglichst umfassender verwaltungsgerichtlicher Kontrolle konnte sich nicht durchsetzen. Das Institut der Umweltverträglichkeitsprüfung wurde in Deutschland verworfen, ebenso die Aufgabe des rechtsstaatlichen Grundsatzes des Amtsgeheimnisses und der Akteneinsicht durch ein demokratisches Recht der Informationsfreiheit. Erst in den letzten Jahren führt das Gemeinschaftsrecht all das ein,

---

[84]   Siehe *Koch,* Die Verwaltung 1998, 505; dazu krit. *Schladebach,* ZfBR 2000, 94; *Hoppe/ Deutsch,* in: Rengeling (Hrsg.), EUDUR II, 1998, § 88, Rn. 72.

[85]   Siehe *Schmitt Glaeser,* VVDStRL 31, 214/227; *Battis,* Partizipation im Städtebaurecht, 1976; *Hendler,* Die bürgerschaftliche Mitwirkung an der städtebaulichen Planung, 1977.

was aufgrund der spezifisch rechtsstaatlichen und gerichtsorientierten deutschen Tradition abgelehnt worden war.[86] Die bisherige „minimalistische Umsetzungsstrategie"[87] gegenüber allen Formen der Umweltverträglichkeitsprüfung oder die „deutschen Geheimniskrämereien" bei der Umsetzung des UIG[88] sind Belege dafür, wie schwer der Umdenkungsprozeß in Deutschland fällt. Das Recht der Bauleitplanung bot und bietet m. E. die besondere Chance, die auf Integration und Öffentlichkeitsbeteiligung setzende Politik der Europäischen Kommission ohne Systembrüche in das deutsche Recht umzusetzen. Deutschland hat sogar den besonderen Vorteil, daß seine kommunale Bauleitplanung in einzigartiger Weise verfassungsrechtlich, aber auch einfachgesetzlich demokratisch legitimiert ist.[89]

Erlauben Sie mir bitte noch eine allerletzte Bemerkung zur Rolle der Verwaltungsgerichtsbarkeit in unserer, dank europäischer Einflüsse, sich wandelnden Verwaltungskultur. Die 6. VwGO-Änderungsnovelle wird gemeinhin, und wohl nicht zu Unrecht, als Beleg dafür angeführt, daß die Macht der Exekutive wächst und der Einfluß der Verwaltungsgerichtsbarkeit sinkt.[90] Gleichwohl wird man sagen können, daß in Deutschland noch ein gerichtsgeprägtes Verständnis der Gewaltenteilung vorherrscht, während – worauf *Wahl* zu Recht hinweist – in Frankreich und England die Funktionsfähigkeit der Verwaltung deutlicher betont wird als die Funktionsfähigkeit des Rechtsschutzes. Pointiert stellt *Wahl* fest, daß in „Deutschland der Gedanke der Funktionsfähigkeit der Verwaltung nie einen eindeutig geklärten und legitimen Platz zur Dogmatik erhalten" hat.[91] Dafür gibt es historische Gründe sowohl in Deutschland – Art. 19 Abs. 4 GG nicht zuletzt als Reaktion auf die Nazi-Zeit – wie in Frankreich, wo seit 1789 die gerichtliche Kontrolle der Verwaltung als Problem der Gewaltenteilung gesehen wird.[92] Festzuhalten ist, daß der EuGH, der nicht nur sprachlich durch französische Tradition geprägt ist, schon manche materielle wie prozessuale Wohltat des Wohlstandsrechts der alten Bundesrepublik zurückgestutzt hat.

Als Beleg dafür, daß diese Entwicklung auch an der deutschen Verwaltungsgerichtsbarkeit nicht spurlos vorbeigeht, sei eine Entscheidung des BVerwG ange-

---

[86] Siehe auch *Jarass*, DVBl 2000, S. 945/952; *Erichsen*, in: FS für Hoppe, 2000, S. 927.
[87] So *Gaßner*, BayVBl 2000, 289/300 – zum bayerischen UVP-Richtlinien-UmsetzungsG.
[88] So *Wegener*, EuZW 2000, 227.
[89] Dazu *Knemeyer*, DVBl. 2000, 876.
[90] Siehe *Schultze-Fielitz*, in: FS für Hoppe, 2000, S. 997; krit. zur Novelle auch *Stüer/Herrmanns*, VBlBW 2000, 256.
[91] *Wahl*, Der Staat 1999, 495/511.
[92] *Hirsch*, VBlBW 2000, 71/74.

führt, die auf den ersten Blick wie ein Schlag ins Gesicht des Gesetzgebers des 6. VwGO-ÄndG erscheinen mag. Obwohl das 6. VwGO-ÄndG die Zulässigkeit von Normenkontrollklagen nach § 47 VwGO ausdrücklich verschärft hat, hat das BVerwG danach die prozeßrechtliche Intervention des Gesetzgebers durch eine extensive Auslegung des materiellen Baurechts konterkariert: Ich meine die Anerkennung des Rechts auf Abwägung aus § 1 Abs. 5 BauGB.[93] Gleichwohl sehe ich in dieser Entscheidung einen wichtigen Beitrag zum Wandel der Verwaltungskultur und zur Stärkung der Stellung der Verwaltung gegenüber den Verwaltungsgerichten. Die Erweiterung der Zulässigkeit der Klage entspricht europäischem Standard. Europäischem Standard entspricht aber auch, daß mit der erweiterten Zulässigkeit eine eher enger begrenzte Begründetheitsprüfung erfolgt. Das muß nicht gleich eine bloße Evidenzkontrolle von Verfahren sein, wie tendenziell im angloamerikanischen Rechtskreis und wird es auch wohl nie werden. Schließlich gestaltet die Bauleitplanung Inhalt und Schranken des Eigentums aus. Verwaltungsrechtsschutz gegen Bauleitplanung ist also stets auch Eigentumsschutz.[94] Aber ein Recht auf Abwägung, also auf verfahrensrechtliche Behandlung, jedoch ohne Anspruch auf ein bestimmtes Ergebnis, tendiert in diese Richtung und, wie ich meine, auch nicht zufällig. Diese m.E. zu begrüßende Neuorientierung des verwaltungsgerichtlichen Rechtsschutzes könnte der Anfang für eine Neukonstituierung des Verhältnisses von Verwaltung und Verwaltungsgerichtsbarkeit sein.

---

[93] BVerwGE 107, 215; ebenso BVerwG, NVwZ 1999, 987; dazu überwiegend kritisch *Stüer,* BauR 1999, 1221; *Schütz,* NVwZ 1999, 929; ders., Die Antragsbefugnis bei der Normenkontrolle von Bebauungsplänen nach dem 6. VwGOÄndG, 2000; *Muckel,* NVwZ 1999, 963; weiterer Nachweis bei *Löhr,* in: Battis/Krautzberger/Löhr (Fn. 41), § 10 Rn. 16.

[94] Dazu zuletzt *Papier,* in: FS für Hoppe, 2000, S. 213; speziell zu Folgen für Vorgaben nach § 9 Abs. 1 Nr. 20 BauGB: OVG Münster, NuR 2000, 208.

Abfallentsorgung zwischen kommunaler und privater Trägerschaft

Peter J. Tettinger

Übersicht

b) Zur berufsgrundrechtlichen Abwehr kommunaler
abfallwirtschaftlicher Betätigung
IV. Hinweise zu Konsequenzen in weiteren Rechtsbereichen
1. Kommunalrecht
2. Kommunalabgabenrecht
3. Vergaberecht
4. Prozeßrecht

Unser Abfall ist zum Objekt der Begierde geworden. Grund dafür ist ein Wandel der Marktlage: Wurde bis Mitte der neunziger Jahre noch der Entsorgungsnotstand beschworen, so werden heutzutage bereits mangelnde Auslastung und Kostenunterdeckungen für Deponien sowie überdimensionierte Verbrennungsanlagen beklagt.[1] Eine Änderung zeichnet sich nun allerdings für den Zeitpunkt der vollständigen Verbindlichkeit der TA Siedlungsabfall zum Jahre 2005[2] ab, denn spätestens ab dann dürfen auf den Deponien nur noch vorbehandelte Abfälle deponiert werden, was deren Verfüllungszeiträume weiter strecken, die Verbrennungsanlagen aber stärker auslasten wird.[3]

Der Kampf um jede einzelne Tonne ist längst entbrannt. Auf der einen Seite müssen Städte und Kreise ihre Verbrennungsanlagen auslasten und ihre Deponien füllen, um kostendeckend wirtschaften zu können. Das erforderliche Material wird ihnen aber von den privaten Entsorgern streitig gemacht, die in der jüngsten Vergangenheit vor allem in Sortier- und Verwertungsanlagen investiert haben und nun die Abfälle für eine Amortisierung des eingesetzten Kapitals benötigen. So verwundert es nicht, wenn der Konflikt zwischen Kommunen und privaten Entsorgern vor allem in denjenigen Müllsegmenten ausgetragen wird, die vom Kreislaufwirtschafts- und Abfallgesetz nicht eindeutig einem der Kontrahenten zugewiesen sind, wie es insbesondere mit Blick auf die gemischten Gewerbeabfälle der Fall ist.

Diese Ausgangslage hat, wie es angesichts der wirtschaftlichen Dimension des Problems nicht anders zu erwarten war, längst auch die Juristen wachgeküßt: War es zu Beginn der neunziger Jahre noch ein handverlesener, eher wissen-

---

[1] Vorausschauend allerdings bereits der *Sachverständigenrat für Umweltfragen*, Umweltgutachten 1996, BT-Drucks. 13/4108, S. 27 (Tz. 69) und S. 168 (Tz. 394).

[2] Dritte Allgemeine Verwaltungsvorschrift zum Abfallgesetz (TA Siedlungsabfall) vom 14. 5. 1993 (BAnz. Nr. 99a). Gem. Nr. 12.1 der TA Siedlungsabfall können die Behörden bis zum 1. Juni 2005 noch Ausnahmen von den Anforderungen an die Beschaffenheit der abzulagernden Abfälle zulassen.

[3] Zu dem sich aus der Frist ergebenden Problem für die Abfallbeseitigung durch die öffentlich-rechtlichen Entsorgungsträger vgl. Petersen, MuA 1998, 560 ff.

schaftlich-kontemplativ ausgerichteter Kreis, der sich mit den Fragestellungen des Abfallrechts beschäftigte, so hat sich spätestens mit dem Übergang zum Kreislaufwirtschaftsrecht hier vor allem ein lukrativer Anwaltsmarkt etabliert, von dem viele sich ihr Stückchen abschneiden wollen. Daß nunmehr vor allem in den strittigen Schnittbereichen von kommunaler und privater Entsorgungsverantwortung auch die Gutachtenschlacht entbrannt ist, kann daher kaum mehr verwundern. Auch die Auswirkungen auf das allgemeine juristische Schrifttum sind nicht zu verkennen. Erinnert sei nur an die frappant angestiegene Präsenz von Urteilsabdrucken und Aufsätzen zum Entsorgungsrecht in allgemein verwaltungsrechtlich ausgerichteten Zeitschriften und daran, daß auch das Kreislaufwirtschafts- und Abfallgesetz selbst inzwischen zum Gegenstand nicht nur von Leitfäden und Erläuterungsbüchlein,[4] sondern auch von sechs Kommentaren, darunter zwei Großkommentaren,[5] geworden ist, was ihm eine Aufmerksamkeit zuteil werden läßt, die bei einfachen verwaltungsrechtlichen Fachgesetzen eher selten ist und wohl nur noch durch das Kommentarangebot zur VwGO und zum Grundgesetz überboten wird.

Ich will im folgenden nun das mir vorgegebene Thema „Abfallentsorgung zwischen kommunaler und privater Trägerschaft" dazu nutzen, zu diversen Teilbereichen, in denen der soeben skizzierte Verteilungskampf ausgetragen wird, Stellung zu beziehen. Näherer Betrachtung wert wären auch Rechtsgebiete wie das Vergaberecht oder das kommunale Wirtschaftsrecht, die aber jeweils Stoff für eigenständige Referate bieten. Wichtig erscheint mir hier vor allem, Detailfragen in ihren Gesamtzusammenhang zu stellen, also Kohärenzen aufzuzeigen, die sich vor dem Hintergrund der massiven gemeinschaftsrechtlichen Vorprägung des deutschen Entsorgungsrechts, seinen aus der Verfassung in Ansehung der geschichtlichen Entwicklung hierzulande ableitbaren wirkkräftigen Koordinaten und seiner Zielkonzeption ergeben.

---

[4] *v. Köller*, KrW-/AbfG, 2. Aufl. 1996; *Queitsch*, KrW-/AbfG, 2. Aufl. 1999; *Fritsch*, Das neue Kreislaufwirtschafts- und Abfallrecht, 1996; *Birn* (Hrsg.), Praxishandbuch plus KrW-/AbfG in der betrieblichen Praxis, Loseblattwerk, Stand: März 2000; *Kibat/ Meißner*, KrW-/AbfG, 1995; *Fischer/Lacher*, Das KrW-/AbfG, 3. Aufl. 1996.

[5] *Brandt/Ruchay/Weidemann* (Hrsg.), KrW-/AbfG, Loseblattkommentar, Stand: August 1999; *Fluck* (Hrsg.), KrW-/AbfG und Bodenschutzrecht, Loseblattkommentar, Stand: Juni 2000; *v. Lersner/ Wendenburg*, Recht der Abfallbeseitigung, Loseblattkommentar, Stand: Dezember 1999; *Kunig/Paetow/Versteyl*, KrW-/AbfG, 1998; *Beckmann/Kersting*, in: v. Landmann/Rohmer, Umweltrecht, Band III, Loseblattkommentar, Stand: Mai 2000; *Frenz*, KrW-/AbfG, 2. Aufl. 1998.

I. Dichotomie von Abfällen zur Beseitigung und Abfällen zur Verwertung

Wenn wir den Ausgangspunkt im Entsorgungsrecht selbst suchen, so möchte ich kurz noch einmal an die Diskussionen erinnern, die im Vorfeld des Kreislaufwirtschafts- und Abfallgesetzes (KrW-/AbfG) um die Kompatibilität des für diese Gesetzgebung ursprünglich vorgesehenen[6] Rückstandsbegriffs mit dem Abfallbegriff des EG-Rechts geführt worden sind.[7] Die angestrebte Begriffstrilogie „Rückstand – Sekundärrohstoff – Abfall" wurde nach der Kritik des Bundesrates[8] aufgegeben. Vor dem Hintergrund der europarechtlichen Vorgaben erwies sich im Vermittlungsausschuß allein eine Textfassung des § 3 Abs. 1 KrW-/AbfG als konsensfähig, die den Begriff des „Abfall" nun in wortgleicher Übereinstimmung mit Art. 1 a) der Richtlinie 75/442/EWG über Abfälle[9] definiert und im übrigen nur zwischen Abfällen zur Verwertung und Abfällen zur Beseitigung differenziert.

Diese Unterscheidung zwischen Abfällen zur Verwertung einerseits und solchen zur Beseitigung andererseits hat sich in der Folgezeit als eine der zentralen Fragen des KrW-/AbfG erwiesen. Sie bildet die rechtlich oftmals vorentscheidende Weichenstellung für die Abschichtung des öffentlich-rechtlichen Beseitigungsregimes von dem der Privatwirtschaft eröffneten Tätigkeitsfeld, das primär der grundsätzlich die Abfallerzeuger und -besitzer treffenden Verwertungspflicht folgt.[10]

1. Die Entsorgungszuständigkeiten nach dem KrW-/AbfG

Im den §§ 5 Abs. 2, 11 Abs. 1 KrW-/AbfG wird die Regel aufgestellt, daß alle Erzeuger und Besitzer von Abfällen selbst zur Verwertung oder Beseitigung von Abfällen verpflichtet sind. Mit der Erfüllung dieser Pflicht können sie dann private Entsorger (§ 16 Abs. 1 KrW-/AbfG), private Verbände (§ 17 Abs. 1 KrW-/

---

6   Vgl. § 3 Abs. 1-3 des Regierungsentwurfs, BT-Drucks. 12/5672, S. 9 und § 3 Abs. 1 der vom BT beschlossenen Gesetzesfassung, BR-Drucks. 335/94, S. 2.

7   Vgl. etwa *Fluck*, Zum Abfallbegriff im europäischen, im geltenden und im werdenden deutschen Abfallrecht, DVBl. 1993, 590 (597ff.); *Rebentisch*, Aktuelle Fragen der Kreislaufwirtschaft, RdE 1994, 92 (93f.).

8   BR-Drucks. 335/94 (Beschluß), S. 2.

9   Richtlinie 75/442/EWG des Rates über Abfälle vom 15. 7. 1975 (ABl. EG Nr. L 194, S. 39), zul. geänd. d. Entsch. 96/350/EG der Kommission vom 24. 5. 1996 (ABl. EG Nr. L 135, S. 32).

10   Soweit die Abfälle aus privaten Haushaltungen stammen, besteht allerdings eine Überlassungspflicht der Erzeuger und Besitzer nach Maßgabe des § 13 I 1 KrW-/AbfG.

AbfG) oder Einrichtungen der Selbstverwaltungskörperschaften der Wirtschaft (§ 18 Abs. 1 KrW-/AbfG) beauftragen. Die Pflicht zur Beseitigung gem. § 11 Abs. 1 KrW-/AbfG besteht allerdings nur, „soweit in den §§ 13 bis 18 nichts anderes geregelt ist". Im vorliegenden Kontext besondere Bedeutung erlangt damit § 13 Abs. 1 KrW-/AbfG, dessen Satz 1 zunächst eine Überlassungspflicht für die Verwertung und Beseitigung von Abfällen aus privaten Haushaltungen statuiert und damit in Kooperation mit § 15 Abs. 1 KrW-/AbfG[11] praktisch den gesamten Hausmüllbereich dem Regime der öffentlich-rechtlichen Entsorgungsträger zuweist. Mit Blick auf andere Herkunftsbereiche, insbesondere also in Ansehung des Gewerbemülls, wird durch Satz 2 eine Überlassungspflicht für Abfälle zur Beseitigung vorgesehen, wenn die jeweiligen Erzeuger und Besitzer nicht zu einer Beseitigung in eigenen Anlagen in der Lage sind oder überwiegende öffentliche Interessen eine Überlassung erfordern. Vorentscheidend ist es insoweit aber, daß es sich um „Abfälle zur Beseitigung" handeln muß, „Abfälle zur Verwertung" unterliegen demnach de lege lata eindeutig nicht der Überlassungspflicht nach § 13 Abs. 1 S. 2 KrW-/AbfG.

2.   Interessengeleitete „Interpretationshilfen"

Ein wesentliches Schlachtfeld im Verteilungskampf zwischen den öffentlich-rechtlichen Entsorgungsträgern und der privaten Entsorgungswirtschaft ist somit die Frage, ob es sich im konkreten Fall um Abfälle zur Verwertung oder um solche zur Beseitigung handelt. Die vom Gesetz präsentierte Abgrenzungsformel entfaltet mit Blick auf konkrete Zuordnungsfragen der Praxis oftmals nur eine geringe Separierungskraft: Gemäß der Negativdefinition in § 3 Abs. 1 S. 2 KrW-/AbfG sind schließlich Abfälle zur Beseitigung solche Abfälle, die nicht verwertet werden. Diese Formulierung stellt zumindest klar, daß es nicht auf die potentielle Verwertbarkeit oder eine bloße Verwertungsabsicht, sondern vielmehr darauf ankommt, ob die Abfälle tatsächlich einer Verwertung zugeführt werden.[12] Wann aber eine Verwertung anzunehmen ist, bleibt zunächst offen. Getrennt nach den Untergruppen der stofflichen und der energetischen Verwertung enthalten die Absätze 3 und 4 des § 4 KrW-/AbfG allerdings Umschreibungsversu-

---

[11]   § 15 KrW-/AbfG regelt die Entsorgungsverpflichtung der öffentlich-rechtlichen Entsorgungsträger und ergänzt § 13 KrW-/AbfG, indem er sicherstellt, daß die Abfälle, die der Überlassungspflicht unterliegen, in Übereinstimmung mit dem KrW-/AbfG verwertet oder beseitigt werden, vgl. näher *Weidemann*, in: Brandt/ Ruchay/Weidemann, KrW-/AbfG, § 15 Rn. 1.

[12]   So zu Recht OVG NRW, NVwZ 1998, 1207 (1208); OVG NRW, NWVBl. 1999, 50; VGH Bd.-Wtt., NVwZ 1999, 1243 (1244).

che, die freilich ihrerseits wiederum nur eine eher grobe Orientierung vermitteln können und auf einzelfallbezogene Bewertungen (wirtschaftliche Betrachtungsweise, Hauptzweck) verweisen müssen.

So verwundert es nicht, daß interessengeleitete Expertisen der beteiligten Entsorgungsakteure nicht lange auf sich warten ließen. Einem zur Abgrenzungsfrage von der Länderarbeitsgemeinschaft Abfall erarbeiteten Arbeitspapier,[13] das die abfallpolitische Tendenz beinhaltete, den Anteil beseitigungspflichtiger Abfälle durch hohe Anforderungen an Verwertungshandlungen auszudehnen,[14] folgten unmittelbar eine kritische Stellungnahme der Wirtschaftsministerkonferenz[15] sowie ein Diskussionspapier des Bundesumweltministeriums, das auf eine eher großzügigere Interpretation der Verwertungsrechte und -pflichten hinauslief.[16] Die vom Bundesumweltministerium zwischenzeitlich angekündigte und von kommunaler Seite massiv kritisierte Verwaltungsvorschrift zur Auslegung des Kreislaufwirtschafts- und Abfallgesetzes – TA Verwertung –, die dem Vernehmen nach u. a. eine Weichenstellung für einen Wettbewerb auch in der Hausmüllentsorgung enthalten sollte, wird nach jüngsten Meldungen nun offenbar doch nicht mehr weiter verfolgt.[17] Auf der anderen Seite arbeiten derzeit einige Länder an Vorschlägen, durch die über eine Bundesratsinitiative eine Änderung des KrW-/AbfG dahingehend erreicht werden soll, daß künftig auch alle hausmüllähnlichen Gewerbeabfälle unabhängig von ihrer Verwertbarkeit unter das kommunale Entsorgungsregime zurückbeordert werden sollen.[18] Es ist unnötig zu betonen, daß diese Pläne sich wiederum harscher Kritik von Seiten des Bundesverbandes der Deutschen Entsorgungswirtschaft (BDE) ausgesetzt sehen.[19]

---

13 „Definition und Abgrenzung von Abfallverwertung und Abfallbeseitigung sowie von Abfall und Produkt nach dem KrW-/AbfG", beschlossen am 17. /18. 3. 1997, abgedruckt bei *Brandt/ Ruchay/Weidemann*, KrW-/AbfG, Kz. 100.1 D.

14 Vgl. im einzelnen die Kritik bei *Weidemann*, in: Brandt/Ruchay/Weidemann, KrW-/AbfG, Vorbemerkung zu Kz. 100.1 D.

15 Vgl. den Beschluß der Wirtschaftsministerkonferenz vom 20./21. 3. 1997, abgedruckt bei Brandt/Ruchay/Weidemann, KrW-/AbfG, Kz. 100.1a.

16 Vgl. auch den von der 49. Umweltministerkonferenz am 5. /6. 11. 1997 gebilligten Bund-/Länder-AG-Entwurf „Abfallbegriff, Abfallverwertung und Abfallbeseitigung nach dem KrW-/ AbfG", abgedruckt bei Brandt/Ruchay/Weidemann, KrW-/AbfG, Kz. 100.1b.

17 Kenntnisnahme durch die 54. Umweltministerkonferenz am 6. /7. 4. 2000, Beschluß 4 zu TOP 4.31.4; vgl. auch ZfK 7/2000, S. 15.

18 Vgl. *M. Dieckmann*, FAZ v. 12. 7. 2000, S. 27 sowie den ebenfalls in diese Richtung zielenden Beschluß der 54. Umweltministerkonferenz unter TOP 4.31.4, Nr. 5.

19 Vgl. FAZ v. 11. 7. 2000 (Nr. 158), S. 19.

3. Das spezielle Problem der Abfallgemische

Kontroverse Diskussionen galten bis vor kurzem der durch solche Gesetzgebung freilich obsolet werdenden Auslegungsfrage, ob auch Abfallgemische, die nur zum Teil verwertbar sind und verwertet werden, als Abfälle zur Beseitigung angesehen werden können und somit möglicherweise dem kommunalen Zugriff im Wege der Überlassungspflicht nach § 13 Abs. 1 S. 2 KrW-/AbfG offenstehen.[20] Eine ausdrücklich kategoriale Zuordnung solcher Abfallgemische trifft das Kreislaufwirtschaftsgesetz nicht. Nach mehreren Oberverwaltungsgerichten[21] hatte sich nun kürzlich auch das Bundesverwaltungsgericht[22] mit genau dieser Frage zu beschäftigen. Es ging konkret um in einem Betrieb anfallende hausmüllähnliche Gewerbeabfälle – Glas, Pappe, Folie, Plastikbecher, Trinkbehältnisse, Kantinenabfälle, Putz/Reinigungsmittel –, welche zunächst in Papierkörben und Mülleimern gesammelt und dann täglich in einem Container für hausmüllähnliche Gewerbeabfälle zusammengeführt wurden. Das Unternehmen verbrachte diesen vermischten Containerinhalt nun nicht mehr zur Kreismülldeponie, sondern überließ ihn einer Entsorgungsfirma, die rund 75 % dieser Abfälle stofflich verwertete und den Rest einer in einem anderen Landkreis gelegenen Müllverbrennungsanlage zuführte. Das örtlich zuständige Landratsamt verpflichtete das Unternehmen, den gesamten Abfall der Kreismülldeponie zuzuführen, da es sich um Abfall zur Beseitigung aus anderen Herkunftsbereichen handele und somit eine Überlassungspflicht gem. § 13 Abs. 1 S. 2 KrW-/AbfG bestehe. Die hiergegen gerichtete Klage des Unternehmens hatte Erfolg.

In Übereinstimmung mit der Vorinstanz[23] stellte das BVerwG fest, daß Abfälle, die ohne Verstoß gegen Trennungsgebote vermischt worden sind, jedenfalls dann keine „Abfälle zur Beseitigung" im Sinne des § 13 Abs. 1 S. 2 KrW-/AbfG darstellen, wenn sie überwiegend verwertbar sind und auch tatsächlich einer Verwertung zugeführt werden. Der von kommunaler Seite geführten Argumentation, Abfallgemische, die sowohl Abfälle zur Beseitigung wie auch solche zur Verwertung enthalten, seien generell als Abfälle zur Beseitigung zu behandeln, erteilte das BVerwG damit eine Absage. Zur Begründung verwies es auf die in

---

[20] So etwa *Dolde/Vetter*, Abgrenzung von Abfallverwertung und Abfallbeseitigung nach dem KrW-/AbfG, 1997, S. 76: Schon die Sortierung vermischter Abfälle sei als „Behandlung" des im Abfallgemisch enthaltenen Abfalls zur Beseitigung anzusehen und obliege daher gem. §§ 10 II, 13 I, 15 I KrW-/AbfG ausschließlich der öffentlichen Hand. Anders demgegenüber *Frenz*, KrW-/AbfG, 2. Aufl. 1998, § 3 Rn. 30: Einzelfallbetrachtung erforderlich.

[21] VGH Bd.-Wtt., NVwZ 1999, 1243 ff.; OVG NRW, NVwZ 1999, 1246 ff.; Bay. VGH, BayVBl. 2000, 176 ff.

[22] BVerwG, Urteil v. 15. 6. 2000 – BVerwG 3 C 4.00 – noch unveröff.

[23] BayVGH, BayVBl. 2000, 176 ff.

§ 4 Abs. 1 KrW-/AbfG niedergelegte abfallwirtschaftliche Zielhierarchie, nach der Abfälle in erster Linie zu vermeiden, in zweiter Linie (stofflich oder energetisch) zu verwerten und erst in dritter Linie zu beseitigen seien.[24] Auf der Basis der Annahme, daß auch ein Gemisch aus verwertbaren und nicht verwertbaren Stoffen insgesamt „einzelner Abfall" i.S. des § 4 Abs. 3 KrW-/AbfG sein kann,[25] billigt das BVerwG im Ergebnis auch die Auffassung der Vorinstanz (BayVGH), die das konkrete Abfallgemisch unter Zugrundelegung der „Hauptzweckklausel" in § 4 Abs. 3 S. 2 KrW-/AbfG mit Blick auf die ausgesprochen hohe Verwertungsquote von 75 % insgesamt als Abfall zur Verwertung angesehen hatte.[26]

4. Konsequente Akzentuierungen in der höchstrichterlichen Rechtsprechung

Das von der höchstrichterlichen Rechtsprechung gefundene Ergebnis ist ausdrücklich zu begrüßen. Neben der Überzeugungskraft seiner gesetzessystematischen Argumentation ist es vor allem auch der Telos des KrW-/AbfG, der für die vom BVerwG gefundene Lösung spricht. Es ist immerhin erklärtes Ziel der Kreislaufwirtschaftsgesetzgebung, Abfälle nach Möglichkeit zu nutzen, bevor sie unter Beseitigung ihres Schadstoffpotentials auf Dauer von der Kreislaufwirtschaft ausgeschlossen werden.[27]

Neben der bereits angesprochenen Relevanz der abfallwirtschaftlichen Zielhierarchie ist aber auch darauf hinzuweisen, daß dem Abfallbesitzer durch § 5 Abs. 2 S. 1 KrW-/AbfG ja ausdrücklich die Pflicht auferlegt wird, Abfälle zu verwerten, und zwar selbst dann, wenn die Kosten der Verwertung diejenigen der Beseitigung übersteigen. § 5 Abs. 4 S. 3 KrW-/AbfG zieht die Grenze der wirtschaftlichen Zumutbarkeit erst dort, wo die Gesamtkosten der Verwertung „außer Verhältnis" zu denen der Beseitigung stehen. Das Gesetz grenzt Verwertung und Beseitigung mithin nicht nach dem Kriterium einer Wirtschaftlichkeit im strengen

---

24 Das Verhältnis der Beseitigung zur Verwertung erschließt sich nicht unmittelbar aus § 4 I KrW-/AbfG, sondern erst aus § 5 II 2 KrW-/AbfG.

25 So auch OVG NRW, NWVBl. 1999, 50f.; VGH Bd.-Wtt., NVwZ 1999, 1243 (1244); Nds. OVG, NVwZ 1998, 1202 (1204); VG Regensburg, NVwZ 1998, 431 (432f.); *Weidemann*, Kreislaufwirtschaft contra dezentrale Verwaltungswirtschaft, GewArch 1997, 311 (315f.).

26 Zur Notwendigkeit einer konkreten Betrachtungsweise in Ansehung des jeweiligen Abfallgemisches vgl. OVG NW, NWVBl. 1999, 50 (51); Nds. OVG, NVwZ 1998, 1202 (1204, zur energetischen Verwertung).

27 Vgl. den Regierungsentwurf, BT-Drucks. 12/5672, S. 31f. und die Beschlußempfehlung, BT-Drucks. 12/7240, S. 1.

ökonomischen Sinn voneinander ab, sondern erfordert eine durch den Telos der Kreislaufwirtschaft bedingte, ergänzende Zumutbarkeitsprüfung.[28] So gesehen ist es geradezu die Pflicht des gewerblichen Abfallbesitzers, auch bei Abfallgemischen vorrangige Verwertungsmöglichkeiten zu nutzen und sich nicht seiner Verantwortung dadurch zu entziehen, daß er die Abfallgemische als einheitlichen „Abfall zur Beseitigung" deklariert und der entsorgungspflichtigen Körperschaft überläßt. Hierin spiegelt sich die dem KrW-/AbfG inhärente, von *Schmidt-Preuß*[29] als „Auslegungsmaxime funktionsgerechter Verteilung dualer Verantwortung" bezeichnete Regel: „So viel private Verantwortung wie möglich, so viel öffentliche Entsorgungszuständigkeit wie nötig".

Wenn durch diese Auslegung letztlich der private Entsorgungssektor auf Kosten der öffentlich-rechtlichen Entsorgungsträger gestärkt wird, so ist das auch rechtspolitisch durchaus konsequent. Der Paradigmenwechsel vom Abfallregime zur Kreislaufwirtschaft ist der vorläufig letzte Schritt in der Geschichte der Abfallgesetzgebung in Deutschland, die in ihrer Abfolge vom Abfallbeseitigungsgesetz 1972 über das Abfallgesetz (1986) bis hin zum heute gültigen Kreislaufwirtschafts- und Abfallgesetz (1994) geprägt ist von der Überführung einer ursprünglich rein polizei- und ordnungsrechtlich strukturierten Sachmaterie in ein zunächst weiterhin von öffentlich-rechtlichen Akteuren dominiertes umweltrechtliches Regelungsgeflecht, zu dem bereits Ende der 80er Jahre festgestellt werden konnte, daß eine Zuordnung dieser Materie auch zum Wirtschaftsverwaltungsrecht naheliege, eine Einsicht, die nicht nur unter rechtssystematischen Gesichtspunkten von Belang sei, sondern sich auch als auslegungsrelevant erweise,[30] und das sich in seiner heutigen Ausprägung noch stärker mit wirtschaftsverwaltungsrechtlichen Komponenten durchsetzt sieht.[31] Daher ist es nur als systemkonform zu begrüßen, wenn Rechtsprechung und Schrifttum den beteiligten Wirtschaftsteilnehmern zu erweiterten Aktionsfeldern verhelfen und

---

[28] Näher zu diesem Merkmal *Weidemann*, in: Brandt/Ruchay/ Weidemann, KrW-/AbfG, § 5 Rn. 43 f. und eingehend bereits *Tettinger/ Asbeck-Schröder/Mann*, Vorrang der Abfallverwertung, 1993, S. 150 ff.

[29] *Schmidt-Preuß*, Duale Entsorgungs-Systeme als Spiegelbild dualer Verantwortung: Von der Verpackungsverordnung zum Kreislaufwirtschaftsgesetz, in: Schuppert (Hrsg.), Jenseits von Privatisierung und „schlankem" Staat, 1999, S. 195 (214 f.).

[30] Siehe *Tettinger*, Randnotizen zum neuen Recht der Abfallwirtschaft, GewArch 1988, 41 (42).

[31] Vgl. *Mann*, Liberalisierung des deutschen Entsorgungsrechts – Vom Sonderordnungsrecht zum Wirtschaftsverwaltungsrecht, in: Ders. (Hrsg.), Servicio público und Daseinsvorsorge – Grundstrukturen der Versorgung und Entsorgung in Spanien und Deutschland, 1997, S. 95 ff. In diesem Sinne nun auch BVerfGE 98, 106 (120). Zum Konzept einer marktorientierten Abfallwirtschaft vgl. auch *Sachverständigenrat für Umweltfragen*, ZAU 1998, 153 ff. und *Hecht*, Perspektiven der Abfallwirtschaft, ZAU 1998, 161 ff.

den öffentlich-rechtlichen Entsorgungsträgern eine sekundäre Ergänzungs- und Auffangfunktion zuweisen.

Selbstverständlich muß auf der anderen Seite verhindert werden, daß die erweiterten Aktionsfelder zu Aktionsfreiräumen mutieren, in denen sich die privaten Wirtschaftssubjekte einer behördlichen Überwachung entziehen können. In dieser Hinsicht flankiert das KrW-/AbfG die gesetzliche Privatisierungsstrategie für die Abfallverwertung jedoch mit im Vergleich zur Rechtslage nach dem AbfG erweiterten behördlichen Überwachungsaufgaben und -befugnissen: Neben der Generalklausel des § 21 Abs. 1 KrW-/AbfG, die eine Überwachung der Einhaltung aller für die Abfallentsorgung maßgeblicher Bestimmungen ermöglicht,[32] läßt § 45 Abs. 2 S. 1 KrW-/AbfG es gewissermaßen als Ausnahme zur Systementscheidung zugunsten einer marktoffenen Abfallverwertung darüber hinaus sogar zu, daß ein Verwertungsnachweis ausnahmsweise auch für an sich nicht überwachungsbedürftige Abfälle gefordert werden kann.[33]

II. Gemeinschaftsrechtliche Impulse

Eine Bekräftigung erhält die vorangehend getroffene Bewertung durch einen Blick auf die Vorgaben des europäischen Gemeinschaftsrechts, das bekanntlich den Anstoß für die Liberalisierung des deutschen Entsorgungsrechts gegeben hatte.[34]

1. System der Entsorgung nach europäischem Sekundärrecht

So ist die das deutsche Recht strukturierende Dichotomie von Abfällen zur Verwertung und Abfällen zur Beseitigung bereits durch das europäische Abfallrecht deutlich vorgezeichnet. Zwar enthalten die relevanten Richtlinien keine eindeutige definitorische Abschichtung der Abfälle zur Verwertung von Abfällen zur Beseitigung, wodurch sich überhaupt erst ein gewisser Spielraum für Konkreti-

---

[32] *Paetow*, in: Kunig/Paetow/Versteyl, KrW-/AbfG, 1998, § 40 Rn. 2, 11; *Frenz*, KrW-/AbfG, 2. Aufl. 1998, § 21 Rn. 3; einschränkend *Weidemann*, in: Brandt/Ruchay/Weidemann, KrW-/AbfG, § 21 Rn. 24ff. (keine Anordnungen zur Durchsetzung von Vermeidungspflichten).

[33] *Donner/Smeddinck*, in: Brandt/Ruchay/Weidemann, KrW-/AbfG, § 45 Rn. 10; *Paetow*, in: Kunig/Paetow/Versteyl, KrW-/AbfG, § 45 Rn. 4.

[34] Zum europäischen Abfallrecht vgl. *Dieckmann*, Das Abfallrecht der Europäischen Gemeinschaft, 1994 (zugl. iur. Diss. Hamburg 1993), passim; *Frenz*, Europäisches Umweltrecht, 1997, S. 94ff.; *Epiney*, Umweltrecht in der Europäischen Union, 1997, S. 272ff. *Frenz*, Europäisches Umweltrecht, Rn. 271ff.

sierungen durch nationales Recht eröffnet, doch ist bei solchen Begriffsdefiniti-
onen im Recht einzelner Mitgliedstaaten eine gemeinschaftsrechskonforme Interpretation geboten, damit nicht die einheitliche Geltung des Gemeinschaftsrechts in Frage gestellt wird.

Die Abschichtung zwischen Verwertung und Beseitigung erfolgt im Gemeinschaftsrecht anhand der in den Anhängen II A und II B der Rahmenrichtlinie
über Abfälle aufgeführten Verfahren (vgl. Art. 1 lit. e und f der Richtlinie). Diese
im Ansatz schematische und daher grundsätzlich problematische Regelungs-
technik wird in Zweifelsfällen erst dadurch operationalisierbar, daß sich ihre
Auslegung an den grundlegenden Zielvorstellungen des europäischen Abfallrechts ausrichtet. Wie *Michael Bothe*[35] unlängst aufgezeigt hat, handelt es sich
hierbei primär um die Ziele der Ressourcenschonung, verstanden als Bemühen
um eine vorrangig anzustrebende Kreislaufführung der Abfälle (Vorrang der
Verwertung), und der – bei Verwertung und Beseitigung gleichermaßen zu be-
achtenden – Umweltverträglichkeit des Entsorgungsvorgangs.

Aufbauend auf diesen Zielvorstellungen läßt sich im Gemeinschaftsrecht dann
auch ein unterschiedliches Sytemverständnis hinsichtlich der beiden Abfallkate-
gorien erkennen.

Die Abfallbeseitigung ist nach Art. 5 der Abfallrahmenrichtlinie vor allem durch
den Grundsatz der Entsorgungsautarkie (Abs. 1) und das Näheprinzip (Abs. 2)
geprägt. Entsorgungsautarkie bedeutet, daß im Verkehr der Mitgliedstaaten primär der einzelne Mitgliedstaat für die Entsorgung seiner und im Verhältnis zu
Drittstaaten auch die Gemeinschaft insgesamt für die Entsorgung ihrer Abfälle
verantwortlich ist: Die Mitgliedstaaten haben Maßnahmen zu treffen, um ein „integriertes und angemessenes Netz von Beseitigungsanlagen" zu errichten, welches ihnen ermöglichen soll, Entsorgungsautarkie anzustreben. Dieses Netz von
Beseitigungsanlagen muß zudem in der Lage sein, eine Abfallbeseitigung auf
hohem Niveau „in einer der am nächsten gelegenen geeigneten Entsorgungsan-
lagen" zu gewährleisten. Damit ist das Näheprinzip angesprochen, demzufolge
die Abfälle möglichst in der Nähe ihres Anfalls entsorgt werden sollen. Diese
Maßgaben der Rahmenrichtlinie erweisen sich mithin als abfallrechtliche Konkretisierung des umweltrechtlichen Ursprungsprinzips, das seine primärrechtliche Verankerung in Art. 174 Abs. 2 S. 2 EG(V) findet. Um ein entsprechend ge-
ordnetes Netz von Beseitigungsanlagen zu installieren, erscheint eine zentrale
Planung und Regulierung nahezu unverzichtbar. Dies wiederum spricht bereits

---

[35]   *Bothe*, Die rechtliche Steuerung von Abfallströmen nach europäischem und deutschem Recht,
Rechtsgutachten, Mai 2000, passim.

für eine primäre Kompetenz der öffentlich-rechtlichen Entsorgungsträger auf dem Gebiet der Abfallbeseitigung.

Demgegenüber statuiert die Abfallrahmenrichtlinie für die Abfallverwertung weder einen Grundsatz der Entsorgungsautarkie noch ein Näheprinzip. Im Gegenteil laufen diese Grundsätze dem Stellenwert, den die Abfallverwertung im System der gemeinschaftlichen Umweltpolitik einnimmt, eher entgegen: Der in Art. 3 Abs. 1 der Rahmenrichtlinie festgelegte und in Art. 4 Abs. 3 der Verbringungsverordnung[36] sowie Art. 3 der Altölrichtlinie[37] aufgegriffene Vorrang der Verwertung wird durch einen freien zwischenstaatlichen Verkehr der verwertungsfähigen Abfälle unter Einhaltung der europäischen Wettbewerbsregeln sogar noch gefördert, sofern in einem anderen Mitgliedstaat ein vergleichbares Entsorgungsniveau gewährleistet ist.[38] Ausgehend von diesem gemeinschaftsrechtlichen Koordinatensystem ist es also ebenfalls nur konsequent, verwertungsfähige Abfallgemische keiner Überlassungspflicht zu unterwerfen, sondern sie vielmehr den Marktmechanismen zu öffnen.

2.　Rechtsprechung des EuGH

Der EuGH hat dieses Koordinatensystem des europäischen Abfallrechts immerhin bereits in einigen Judikaten näher präzisiert.

a)　Rechtssache „Wallonische Abfälle"

So hat er in der Entscheidung „Wallonische Abfälle" klargestellt, daß es geboten sei, Abfälle möglichst nahe am Ort ihrer Entstehung zu beseitigen und eine Verbringung so weit wie möglich einzuschränken. Das im konkreten Fall zu überprüfende Verbot der Einfuhr von Abfällen in die Region Wallonien sei nicht diskriminierend, vielmehr mit Blick auf den freien Warenverkehr gem. Art. 28 EG(V) aufgrund zwingender Erfordernisse des Umweltschutzes gerechtfertigt,

---

[36]　Verordnung (EWG) Nr. 259/93 des Rates zur Überwachung und Kontrolle der Verbringung von Abfällen in der, in die und aus der Europäischen Gemeinschaft vom 1. 2. 1993 (ABl. EG Nr. L 30, S. 1), zul. geänd. d. VO (EG) Nr. 2408/98 vom 6. 11. 1998 (ABl. EG Nr. L 298, S. 19).

[37]　Richtlinie 75/439/EWG des Rates vom 16. 6. 1975 über die Altölbeseitigung (ABl. EG Nr. L 194, S. 31) zul. geänd. d. Richtlinie 91/692/EWG v. 23. 12. 1991 (ABl. EG Nr. L 377, S. 48).

[38]　Vgl. EuGH, Slg. 1998, I-4075 (4124), Tz. 33 (Dusseldorp).

wenn die Kapazität der Region zur Ablagerung eingeführter Abfälle nicht aus-
reiche.[39]

b) Rechtssache „Dusseldorp"

In der Rechtssache „Dusseldorp" hatte die Sechste Kammer des EuGH Gelegenheit, sich im Urteil vom 25. 6. 1998[40] zu Fragen der Abfallverwertung ausführli-
cher zu äußern. Anläßlich einer verweigerten Ausfuhrgenehmigung für zur Verwertung bestimmte Abfälle (hauptsächlich Ölfilter) stellte sich u. a. die Frage, ob
der niederländische Staat einem von der öffentlichen Hand dominierten ge-
mischtwirtschaftlichen Unternehmen ein ausschließliches Recht für die Verbrennung gefährlicher Abfälle gewähren durfte oder ob hierin ein Verstoß gegen
Art. 86 Abs. 1 und 2 (ex Art. 90) EG(V) i. V. m. Art 82 (ex Art. 86) EG(V) zu sehen sei. Der EuGH hat die Zuweisung einer exklusiven Entsorgerstellung an das
Unternehmen als Gewährung eines ausschließliches Rechts i. S. des Art. 86 I
EG(V) angesehen und die Verpflichtung anderer Unternehmen, ihre Abfälle diesem privilegierten Unternehmen zu überlassen, anstatt sie zu exportieren, als
eine gem. Art. 86 I EG(V) i. V. m. Art. 82 EG(V) unzulässige Veranlassung zum
Mißbrauch einer beherrschenden Stellung eingestuft.[41] Er hat sich die Frage gestellt, ob nicht eine Bereichsausnahme nach Art. 86 Abs. 2 EG(V) anzunehmen
sei, was u. a. voraussetzen würde, daß die Anwendung der Vertragsbestimmun-
gen die Erfüllung der dem Unternehmen übertragenen besonderen Aufgaben
rechtlich oder tatsächlich verhindern würde. Die Begründung, es sollten die Kosten des mit der Verbrennung gefährlicher Abfälle betrauten Unternehmens ge-
senkt und damit dessen wirtschaftliche Existenzfähigkeit gesichert werden, hielt
der EuGH allerdings nicht für ausreichend.[42] Damit bestätigt diese Entscheidung
nicht nur die Erkenntnis, daß Einschränkungen der Warenverkehrsfreiheit nur
aus zwingenden Erfordernissen des Umweltschutzes, nicht aber aus wirtschaftlichen Erwägungen möglich sind,[43] sondern akzentuiert auch den hohen gemeinschaftsrechtlichen Stellenwert der gerade hier bei Abfällen zur Verwertung
grundsätzlich bestehenden Warenverkehrsfreiheit, die eben durch allein wirt-

---

[39] EuGH, Slg. 1992, I-4431 (4479f.), Tz. 29ff. (Wallonische Abfälle). Näher hierzu v. Wil-
      mowsky, in: UTR-Jahrbuch 1999, S. 291ff.
[40] EuGH, Slg. 1998, I-4075ff.
[41] EuGH, Slg. 1998, I-4075 (4131), Tz. 61ff. – Dusseldorp.
[42] EuGH, Slg. 1998, I-4075 (4132), Tz. 66f. – Dusseldorp.
[43] Vgl. EuGH, Slg. 1998, I-1831 (1884), Tz. 39 – Decker.

schaftliche Beweggründe, wie das hier verfolgte Motiv einer möglichst rentablen Entsorgung, nicht beschränkt werden kann.[44]

c)   *Rechtssache „Arnhem/BFI Holding"*

Rechtlicher Anknüpfungspunkt der „Arnhem/BFI Holding"-Entscheidung des EuGH vom 10. 11. 1998[45] war primär die Vergaberichtlinie für öffentliche Dienstleistungsaufträge von 1992[46] und die Frage, ob die Vergabe eines Auftrags zur Sammlung von Abfällen nach dem in dieser Richtlinie vorgesehenen Verfahren erfolgen muß. Im Rahmen seiner Erwägungen zu dem vergaberechtlich relevanten Tatbestandsmerkmal der „im Allgemeininteresse liegenden Aufgaben" (Art. 1 der Richtlinie) führte der EuGH aus, daß das Abholen und die Behandlung von Haushaltsabfällen „unbestreitbar eine im Allgemeininteresse liegende Aufgabe" sei, die möglicherweise durch das Angebot von Dienstleistungen der Müllabfuhr, das zur Gänze oder zum Teil den Bürgern von privaten Unternehmern gemacht wurde, nicht in dem Maße erfüllt werden könne, wie es aus Gründen der öffentlichen Gesundheit und des Umweltschutzes für erforderlich gehalten werde. Sie gehöre daher zu denjenigen Aufgaben, die ein Staat von Behörden wahrnehmen lassen könne oder auf die er einen entscheidenden Einfluß behalten möchte.[47] Mit dieser Entscheidung bestätigt sich somit mittelbar die gemeinschaftsrechtliche Zulässigkeit der nach dem Kreislaufwirtschafts- und Abfallgesetz getroffenen Abgrenzung, nach der die Entsorgung von Hausmüllabfällen den kommunalen Entsorgungsträgern zugewiesen ist.

d)   *Rechtssache „Kopenhagen"*

Als bislang letzte Sentenz ist im vorliegenden Kontext das Urteil des EuGH vom 23. Mai 2000 in Sachen „Kopenhagen" zu nennen,[48] bei dem es um das System der Stadt Kopenhagen für die Einsammlung ungefährlicher Bauabfälle ging. Das im Ausgangsverfahren klagende Unternehmen besaß im Stadtgebiet von Kopenhagen eine Genehmigung zur Verwertung von Bauabfällen, doch wurde ihm die

---

44   EuGH, Slg. 1998, I-4075 (4126 f.), Tz. 40 ff. – Dusseldorp.

45   EuGH, Slg. 1998, I- 6821 ff. – Arnhem/BFI Holding.

46   Richtlinie 92/50/EWG des Rates vom 18. 6. 1992 über die Koordinierung der Verfahren zur Vergabe öffentlicher Dienstleistungsaufträge (ABl. EG Nr. L 209, S. 1).

47   EuGH, Slg. 1998, I-6821 (6866), Tz. 52 – Arnhem/BFI Holding.

48   Rechtssache C 209/98, noch unveröff.

Erlaubnis zur Behandlung von Bauabfällen, die im Gebiet der Stadt Kopenhagen anfallen – sie belaufen sich auf etwa ein Drittel aller dänischen Bauabfälle, was 20 % sämtlicher Abfälle in diesem Mitgliedstaat ausmacht – mit der Begründung versagt, diese erfolge ausschließlich in drei anderen Anlagen und innerhalb dieser primär in einer im Regionalplan vorgesehenen Großanlage für die Zerkleinerung von Bauabfällen. Einer der beiden Aktionäre der Betriebsgesellschaft der Großanlage ist eine rechtsfähige Anstalt des öffentlichen Rechts, in deren Aufsichtsrat die Gemeinde Kopenhagen vertreten ist.

In Anknüpfung an das Dusseldorp-Urteil bestätigt der EuGH, daß der Umweltschutz nicht jede Ausfuhrbeschränkung, insbesondere nicht im Falle verwertbarer Abfälle, rechtfertigen kann.[49] Weiterhin sieht der Gerichtshof die drei Unternehmen, denen die Erlaubnis erteilt wurde, Bauabfälle aus dem Gebiet der Stadt Kopenhagen zur Verwertung anzunehmen, als Unternehmen an, denen ein ausschließliches Recht i. S. des Art. 86 Abs. 1 EG(V) gewährt worden ist. Ob eine eventuell bestehende marktbeherrschende Stellung ausgenutzt worden sei (Art. 82 EG(V)), könne möglicherweise dahinstehen, wenn ein Fall des Art. 86 Abs. 2 EG(V), also eine Betrauung der Unternehmen mit Dienstleistungen von allgemeinem wirtschaftlichen Interesse vorliegt. Hierzu stellt der EuGH fest, daß die Bewirtschaftung bestimmter Abfälle durchaus Gegenstand einer solchen Dienstleistung von allgemeinem wirtschaftlichen Interesse sein kann, insbesondere wenn diese Dienstleistung ein Umweltproblem beseitigen soll (was vorliegend bejaht wird).[50] Die weitere Voraussetzung für das Eingreifen der Bereichsausnahme gem. Art. 86 Abs. 2 EG(V), daß eine Anwendung der Wettbewerbsregeln die Erfüllung der den Unternehmen übertragenen Aufgabe rechtlich oder tatsächlich verhindert, konkretisiert der EuGH mit Blick auf die zweite Variante in Anlehnung an seine Corbeau-Rechtsprechung[51] dahingehend, ob das Ausschließlichkeitsrecht zur Erfüllung der den Unternehmen im allgemeinwirtschaftlichen Interesse liegenden Aufgabe zu wirtschaftlich tragbaren Bedingungen erforderlich ist.[52] Er bejaht diese Frage im vorliegenden Fall mit Blick auf die Sorge der Stadt Kopenhagen, einem ernstlichen Umweltproblem, das durch den Mangel an Behandlungskapazitäten für wiederverwertbare ungefährliche Bauabfälle bedingt ist, anders nicht begegnen zu können als mit der Maßgabe,

---

49 Rechtssache C-209/98, Tz. 48 – Kopenhagen.
50 Rechtssache C-209/98, Tz. 75 f. – Kopenhagen.
51 Seit EuGH, Slg. 1993, I-2533 (2568 f.), Tz. 14 ff. – Corbeau ständige Rspr., vgl. EuGH, Slg. 1994, I-1477 (1520 f.), Tz. 49 – Almelo; Slg. 1997, I-5699 (5783), Tz. 53 – Kommission/ Niederlande; Slg. 1997, I-5789 (5809), Tz. 53 f. – Kommission/Italien; Slg. 1997, I-5815 (5844), Tz. 96 – Kommission/Frankreich.
52 Näher zu dieser Rechtsprechung *Mann*, Die öffentlich-rechtliche Gesellschaft, Habilitationsschrift, Typoskript 2000, S. 45 ff.

daß die in dem betreffenden Gebiet anfallenden Anfälle allein von einer begrenzten Anzahl besonders ausgewählter Unternehmen behandelt werden, um auf solche Weise sicherzustellen, daß diesen Unternehmen hinreichend große Mengen solcher Abfälle geliefert werden.[53]

e) Bewertungen

Angesichts dieser hier nur grob skizzierten Rechtsprechung des EuGH wird zweierlei deutlich. Im Bereich der Abfälle zur Beseitigung sind vor dem Hintergrund des insoweit geltenden Näheprinzips Einschränkungen des freien Warenverkehrs aus kapazitären Erwägungen durchaus als rechtfertigender Gesichtspunkt anerkannt. Hierdurch könnten sich mithin Aktionsfelder für die kommunalen Entsorgungsträger verfestigen, zumal insbesondere die Zuweisung der Hausmüllentsorgung an öffentliche Entsorgungsträger vom EuGH aus Gründen des Gesundheits- und Umweltschutzes ausdrücklich gebilligt wird. Im Bereich der Abfälle zur Verwertung hält es die Rechtsprechung im Ansatz ebenfalls für möglich, daß eine von den Wettbewerbsregeln entbindende Bereichsausnahme nach Art. 86 Abs. 2 EG(V) für Unternehmen, die mit Dienstleistungen von allgemeinem wirtschaftlichen Interesse betraut sind, bestehen kann. Angesichts der prinzipiellen Warenverkehrsfreiheit für Abfälle zur Verwertung ist der Legitimationsdruck hier allerdings höher. Wirtschaftliche Beweggründe, insbesondere das Ziel einer möglichst rentablen Entsorgung, sind nicht ausreichend, hingegen wird eine im Interesse eines möglichst optimalen Umweltschutzes verfolgte Mengensteuerung der Stoffströme in einem konkret belegbaren Defizit entsprechender Verwertungskapazitäten als rechtfertigendes Motiv anerkannt. Hieraus läßt sich folgern, daß immer dann, wenn bei Abfällen zur Verwertung eine ausreichend dimensionierte privatwirtschaftliche Infrastruktur vorhanden ist, diese Möglichkeit zur Rechtfertigung von Wettbewerbsbeschränkungen zu versagen sein wird. Im Ergebnis bestätigt sich damit die prinzipielle Marktunterworfenheit der Abfälle zur Verwertung.

---

[53] Rechtssache C-209/98, Tz. 77 ff. – Kopenhagen.

3. Stärkung kommunaler Initiative durch Art. 16 EG(V)?

Eine Akzentverschiebung könnte sich in Ansehung des durch den Amsterdamer Vertrag neu eingeführten Art. 16 EG(V) ergeben. Wenn als rechtliche Gründe i. S. des Art. 86 Abs. 2 EG(V), die eine Erfüllung der besonderen, den Unternehmen übertragenen Aufgaben zu verhindern geeignet sind, vor allem die Freistellungen angesehen werden müssen, die der Vertrag selbst enthält, so ist dabei in erster Linie an den in Art. 30 und Art. 46 EG(V) niedergelegten Vorbehalt der öffentlichen Ordnung, Sicherheit oder Gesundheit zu denken, doch dürfte Art. 16 EG(V) eine ähnliche Bedeutung zuwachsen, soweit er den Grundsatz akzentuiert, daß ein rechtliches Gleichgewicht zwischen den Wettbewerbsregeln und der Erfüllung öffentlicher Versorgungsaufträge hergestellt werden muß.[54]

a)   *Zur Genese des Art. 16 EG(V)*

Nach der ambivalenten Formulierung der Vorschrift soll einerseits Art. 86 EG(V) unberührt bleiben, andererseits wird die Bedeutung der „Dienste von allgemeinem wirtschaftlichem Interesse" außergewöhnlich deutlich hervorgehoben. Art. 16 EG(V) erweist sich somit als vorläufiger Endpunkt einer in den neunziger Jahren vor allem von französischer Seite vermehrt erhobenen Forderung, die Bedeutung des traditionell vorgefundenen öffentlichen Wirtschaftssektors und insbesondere derjenigen Unternehmen, die Leistungen der Daseinsvorsorge erbringen, als Gegengewicht zum Wettbewerbsmodell im Vertragstext stärker zu berücksichtigen. In mehreren Entschließungen hatte das Europäische Parlament seit 1993 gefordert, der geltend gemachten eigenständigen Relevanz des französischen Service public-Konzepts im Vertragstext deutlichen Ausdruck zu verleihen,[55] ein Ansinnen, das von der Kommission in der Mitteilung „Leis-

---

54   Vgl. in diesem Sinne bereits Kommission, Leistungen der Daseinsvorsorge in Europa, ABl. EG 1996, Nr. C 281 v. 26. 9. 1996, S. 3 (5 f.), Tz. 19-21; Kommission, Entscheidung 97/114/EG v. 27. 11. 1996, ABl. EG 1997, Nr. L 41 v. 12. 2. 1997, S. 8 (12), Tz. 12 ff.; Entscheidung 97/310/ EG v. 12. 2. 1997, ABl. EG NR. L 133 v. 24. 5. 1997, S. 19 (27 f.), Tz. 20.

55   Vgl. Europäisches Parlament, Entschließung B3-0216/93 zur Rolle des öffentlichen Sektors bei der Vollendung des Binnenmarkts, ABl. EG 1993 Nr. C 72 v. 15. 3. 1993, S. 159 f.; Entschließung A3-0254/94 zu den öffentlichen Unternehmen, Privatisierungen und dem öffentlichen Dienst in der Europäischen Gemeinschaft, ABl. EG 1994 Nr. C 205 v. 25. 7. 1994, S. 549 ff.; Entschließung zur Tagesordnung der Regierungskonferenz 1996, ABl. EG 1996 Nr. C 17 v. 22. 1. 1996, S. 149 ff. (Tz. 6); Entschließung zum XXIV. Bericht der Kommission über die Wettbewerbspolitik, ABl. EG 1996 Nr. C 65 v. 4. 3. 1996, S. 90 ff. (Tz. 21); Entschließung ... zur ... Festlegung der politischen Prioritäten des EP im Hinblick auf die Regierungskonferenz, ABl. EG 1996 Nr. C 96 v. 1. 4. 1996, S. 77 ff. (Tz. 11); Entschließung zu dem allgemeinen Rahmen für einen Entwurf zur Revision der Verträge, ABl. EG 1997 Nr. C 33 v. 3. 2. 1997, S. 66 ff. (Tz. 20).

tungen der Daseinsvorsorge in Europa" von 1996 aufgegriffen wurde[56] und das sich Frankreich, Belgien und das ebenfalls mit Vorstellungen eines servicio público vertraute Spanien im Rahmen der Regierungskonferenz von 1996 zu eigen gemacht hatten.[57] In einem konkreten Änderungsentwurf hatte der europäische Zentralverband der öffentlichen Wirtschaft (CEEP) sogar die Einfügung eines eigenen Artikels über Dienstleistungen von allgemeinem wirtschaftlichen Interesse innerhalb der Wettbewerbsregeln des EG(V) vorgeschlagen, der klarstellen sollte, in welchen Bereichen und mit welchen Verpflichtungen die Mitgliedstaaten Unternehmen mit Dienstleistungen von allgemeinem wirtschaftlichen Interesse betrauen könnten.[58]

Art. 16 EG(V) könnte mithin durchaus als Ausdruck einer – maßgeblich von französischer Seite interessengelenkt forcierten – politischen Absicht verstanden werden, den öffentlichen Sektor verstärkt gegen Wettbewerb und Deregulierung abzuschirmen. In der Debatte um die primärrechtliche Verankerung der „öffentlichen Dienste" hätte sich dann die französische Strategie gegenüber der in erster Linie von Deutschland vertretenen ordnungspolitischen Grundposition durchgesetzt, nach der die „öffentlichen Dienste" keine durch eine allgemeine Vorschrift gegenüber den Wettbewerbsregeln herausgehobene Stellung erhalten sollten – ein Vorgang übrigens, der sich bei der in diesen Tagen abschließend beratenen „Charta der Grundrechte der Europäischen Union" zu wiederholen scheint, in der als Art. 34 überraschenderweise auch ein Recht auf Zugang zu Diensten von allgemeinem wirtschaftlichen Interesse Aufnahme finden soll. Ob die Durchsetzung der Einfügung des Art. 16 (ex Art. 7 d) EG(V) tatsächlich dadurch erleichtert wurde, daß im Gegenzug in die Schlußakte des Vertrags von Amsterdam die maßgeblich auf Druck der deutschen Bundesländer formulierte Erklärung Nr. 37 über die öffentlich-rechtlichen Kreditinstitute in Deutschland eingefügt wurde,[59] läßt sich aus heutiger Perspektive nicht objektiv verifizieren. Möglicherweise liegt es aber auch schlicht daran, daß sich in den europapolitischen Auswahl-

---

[56] Kommission, Leistungen der Daseinsvorsorge in Europa, ABl. EG 1996 Nr. C 281 v. 26. 9. 1996, S. 3 ff., Rn. 73 f.

[57] Vgl. näher *Tettinger*, Maastricht II – Vertragsergänzung zur Sicherung der Daseinsvorsorge in Europa?, DVBl. 1997, 341 ff.

[58] Vgl. CEEP, Europa, Wettbewerb und öffentliche Dienstleistungen – Bericht und Vorschläge zur Änderung des EGV sowie für eine Europäische Charta der Dienstleistungen von allgemeinem wirtschaftlichen Interesse, 1996, S. 63 ff., 75 f.; Kurzfassung in ZögU 18 (1995), S. 455 ff. Zu diesen Vorschlägen s. *Tettinger*, Vorüberlegungen zu einer „Charte européenne de service public", RdE 1995, 175 ff.

[59] So *Rodrigues*, Les Services Publics et le Traité d'Amsterdam, in: Revue du Marché commun et de l'Union européenne, 1998/1, 37 (39) in Fn. 17. Näher zu dem deutsch-französischen Gegensatz während der Entstehung des Art. 16 EGV auch *Budäus/Schiller*, Der Amsterdamer Vertrag: Wegbereiter eines europäischen öffentlichen Dienstes?, ZögU 23 (2000), 94 (95 ff.).

mannschaften Frankreichs und Deutschlands wie auf dem Fußballplatz auf der einen Seite Virtuosen wie Zidane, Henry und Anelka, auf der anderen Seite dagegen Akteure wie Nowotny und Babbel gegenüberstanden.

Nach der primärrechtlichen Verankerung der öffentlichen Dienste erscheint es allerdings nicht gänzlich ausgeschlossen, daß sich aus der Wirkkraft des Art. 16 EG(V) eine Positionsverbesserung zugunsten der kommunalen Entsorgungsdienstleistungen ergibt. Die Vorschrift soll daher nachfolgend einer näheren Betrachtung unterzogen werden.

b) Präzisierung und Konkretisierung des Art. 16 EG(V)

Der im Kompromißwege eingefügte Art. 16 EG(V) wurde zwar nicht Bestandteil der Auflistung von Tätigkeiten der Gemeinschaft, gleichwohl aber am Ende des ersten Teils des EG(V) positioniert und somit den „Grundsätzen" dieses Vertragstextes zugeordnet.

Durch diese Verortung erhalten die Dienste im Allgemeininteresse eine hervorgehobene Stellung, die ihnen, ähnlich wie dem Umweltschutz in Art. 6 EG(V), eine bereichsübergreifende, nicht nur auf einen Politikbereich beschränkte Relevanz zuweist. Die Erwähnung ihrer „Bedeutung bei der Förderung des sozialen und territorialen Zusammenhalts" weist auf eine Verortung bei der Gemeinschaftspolitik nach Art. 3 Abs. 1 lit k), Art. 158ff. EG(V) hin, doch zeigt die Bezugnahme auf den Anwendungsbereich des Vertrages, daß die Dienste von allgemeinem wirtschaftlichen Interesse eine allgemeine Berücksichtigung bei der Anwendung des EG(V) erfahren sollen.[60] Diese Dienste werden vom EG(V) somit nicht mehr nur, wie in Art. 86 Abs. 2 EG(V), als Durchbrechung der angestrebten Marktordnung wahrgenommen, sondern erhalten hierdurch eine eigenständige Bedeutung. Ganz in diesem Sinne hatte die Kommission bereits früher zum Ausdruck gebracht, daß gemeinwohlorientierte Wirtschaftsformen einen wesentlichen Teil der gemeinsamen europäischen Wertvorstellungen ausmachen sollen und sie gleichsam zu einem „Kern des europäischen Gesellschaftsmodells" hochstilisiert.[61]

---

[60] *Lenz*, in: Ders., EG Vertrag, 1999, Art. 16 Rn. 10; *Frenz*, Dienste von allgemeinem wirtschaftlichem Interesse nach Gemeinschaftsrecht und Folgen für die Abfallwirtschaft, 2000, S. 16f.

[61] Vgl. Kommission, Leistungen der Daseinsvorsorge in Europa, ABl. EG 1996, Nr. C 281 v. 26.9.1996, S. 3ff. (Tz. 1f.); Stellungnahme der Kommission „Stärkung der politischen Union und Vorbereitung der Erweiterung", KOM (96) 90 endg. v. 28.2.1996, S. 3 (Tz. 8); Antwort der Kommission auf die schriftliche Anfrage E 3059/97, ABl. EG 1998 Nr. C 134, S. 67 („Schlüsselelement des europäischen Gesellschaftsmodells").

Berücksichtigt man nun allerdings, daß in Art. 16 EG(V) gleich eingangs klargestellt wird, daß seine Aussage „unbeschadet der Art. 73, 86 und 87" EG(V) erfolgt, so könnte dies dahin verstanden werden, daß die grundsätzliche Geltung
des Wettbewerbsrechts mit der Bereichsausnahme für die mit Dienstleistungen
von allgemeinem wirtschaftlichem Interesse betrauten Unternehmen in Art. 86
Abs. 2 EG(V) nicht verändert werden soll. Ganz in diesem Sinne ist Art. 16
EG(V) dann auch bereits als bloße „politische Absichtserklärung und Hand-
lungsaufforderung mit geringen rechtlichen Auswirkungen" eingestuft worden.[62] Sollte dies richtig sein, wäre eine Einfügung des Art. 16 EG(V) gar nicht
nötig gewesen.[63] Umgekehrt dürfte aber auch die Vorstellung, die Wettbewerbsfreiheit und der Stellenwert der Dienste im Allgemeininteresse seien bei Einschränkungen der Wettbewerbsregeln nunmehr als einander gleichgewichtig ge-
genüberzustellen,[64] den in der Unberührtheitsklausel enthaltenen Verweis auf
das Regel-Ausnahme-Prinzip des Art. 86 EG(V) zu sehr ignorieren, worauf bereits *Karel van Miert* zu Recht hingewiesen hat.[65] Richtigerweise wird man die
durch Art. 16 EG(V) ins Positive gewendete Bedeutung der Dienste von allgemeinem wirtschaftlichen Interesse daher bei der Anwendung und Auslegung des
Art. 86 EG(V) zur Geltung bringen müssen, so etwa bei der Beurteilung des In-
tensitätsgrades, inwieweit deren Aufgabenerfüllung rechtlich oder tatsächlich
verhindert wird, oder im Rahmen der Feststellung des Gemeinschaftsinteresses
nach Art. 86 Abs. 2 S. 2 EG(V).[66]

Immerhin wurde allen Anreicherungsbemühungen zum Trotz klargestellt, daß
die Gemeinschaft und die Mitgliedstaaten auf diesem Felde nur *im Rahmen ihrer
jeweiligen Befugnisse im Anwendungsbereich dieses Vertrages* handeln dürfen.
So findet sich in der Schlußakte zum Vertragswerk von Amsterdam eine von der
Konferenz ausdrücklich angenommene „Erklärung zu Artikel 7d (jetzt Art. 16)
EG(V) des Vertrags zur Gründung der Europäischen Gemeinschaft", in der es
heißt:

„Der die öffentlichen Dienste betreffende Artikel 7d des Vertrags zur Gründung der Europäischen Gemeinschaft wird unter uneingeschränkter Beach-

---

62 *Jung*, in: Calliess/Ruffert, EUV/EGV, Art. 16 Rn. 13 m.w.N. ähnlich *Budäus/Schiller*, Der
    Amsterdamer Vertrag: Wegbereiter eines europäischen öffentlichen Dienstes?, ZögU 23 (2000),
    94 (101): durch Art. 16 EGV kein „neues Kapitel" aufgeschlagen.

63 So zutreffend *Lenz*, EG-Vertrag, 1999, Art. 16 Rn. 9.

64 So *Frenz*, Dienste von allgemeinem wirtschaftlichem Interesse nach Gemeinschaftsrecht und
    Folgen für die Abfallwirtschaft, 2000, S. 20f.

65 *van Miert*, La conférence intergouvernemental et la politique communautaire de concurence, in:
    Competition Policy Newsletter, Nr. 2 Vol. 3 1997, S. 1 (4f.): „le nouvel article ne peut en aucun
    cas être interprété comme une modification de ces dispositions."

66 *Streinz*, Der Vertrag von Amsterdam, EuZW 1998, 137 (144).

tung der Rechtsprechung des Gerichtshofs, u. a. in bezug auf die Grundsätze der Gleichbehandlung, der Qualität und der Dauerhaftigkeit solcher Dienste, umgesetzt."[67]

Gegenüber der aus Art. 86 Abs. 2 EG(V) bekannten Terminologie (engl.: „operation of services", frz.: „la gestion de services") ist hier insofern eine Veränderung zu registrieren, als im deutschen Text, dem bei der Interpretation des Vertragstextes gleichrangige Bedeutung zukommt,[68] der dort verwendete Begriff der Dienstleistungen hier durch denjenigen der „Dienste" ersetzt worden ist. Ob dadurch aber eine substantielle Änderung bewirkt werden sollte, erscheint gerade auch in Ansehung der englischen („services") und französischen Formulierungen („les services") eher zweifelhaft.[69] Näher liegt die Einschätzung als Versuch einer klarstellenden Abschichtung gegenüber der Terminologie des Titel III Kap. 3 (Art. 49 ff. EG(V)). Unter Bezugnahme auf die Entstehungsgeschichte ortet *Stéphane Rodrigues* mit Blick auf Art. 16 EG(V) „le fruit d'un compromis politique qui fragilise, voire neutralise sa portée juridique".[70] Zutreffend sieht *Helmut Lecheler* lediglich die Bedeutung des Art. 86 EG(V) unterstrichen,[71] *Rudolf Streinz*[72] verweist auf die Relevanz im Rahmen der intrikaten Problemstellungen bei der Beihilfenaufsicht und schließlich wurde im Schrifttum auch bereits konstatiert, daß Bestimmungen wie dieser Art. 16 EG(V) nicht oder nur marginal über den bisherigen acquis communitaire hinausgehen.[73]

Erblickt man in Art. 16 EG(V) einen Gestaltungsauftrag nicht mehr nur für Mitgliedstaaten, wie bereits aus Art. 86 Abs. 2 S. 1 EG(V), sondern auch für die Gemeinschaft, ließen sich gestützt auf diese Bestimmung positive Maßnahmen zur Aufrechterhaltung der Rahmenbedingungen für das Funktionieren der Dienste rechtfertigen. Dieser Gestaltungsauftrag darf aber nicht dazu genutzt werden, daß solche Dienste gegenüber potentiellen Wettbewerbern einseitig privilegiert werden. Einer solchen Auslegung steht die vorerwähnte Unberührtheitsklausel eingangs des Art. 16 EG(V) entgegen, die ja gerade die prinzipielle Geltung der

---

[67] Erklärung Nr. 13 (ABl. Nr. C 340 v. 10. 11. 1997, S. 133).

[68] Vgl. insoweit etwa *Röttinger*, in Lenz (Hrsg.), EG-Vertrag, Art. 248 Rn. 3; *Geiger*, in: Ders. (Hrsg.), EG-Vertrag, 2. Aufl. 1995, Art. 248 Rn. 4.

[69] Im jüngst von der Confédération Européenne des Distributeurs d'Energie Publics Communaux (CEDEC) herausgegebenen Glossar der Kommunalwirtschaft etwa ist denn auch nur der Begriff der „Dienstleistung" auffindbar, nicht derjenige der „Dienste".

[70] *Rodrigues*, Les Services Publics et le Traité d' Amsterdam, in: Revue de Marché commun et de l'Union européenne 1998/1, 37.

[71] *Lecheler*, Die Fortentwicklung des Rechts der Europäischen Union durch den Amsterdam-Vertrag, JuS 1998, 392 (397).

[72] *Streinz*, Der Vertrag von Amsterdam, EuZW 1998, 137 (144).

[73] So *Karpenstein*, Der Vertrag von Amsterdam im Lichte der Maastricht-Entscheidung des BVerfG, DVBl. 1998, 942 (946). Auf die Möglichkeit einer Ausdehnung des Anwendungsbereichs von Art. 86 Abs. 2 weist auch *Streinz*, Europarecht, 4. Aufl. 1999, S. 311, hin.

Wettbewerbsregeln apostrophiert.[74] Hinzuweisen ist zudem darauf, daß die in Art. 16 EG(V) gewählte Formulierung nur an *bereits bestehende* Aufgaben anknüpft und somit zumindest keinen Anspruch auf Zuweisung weiterer Aufgaben gewährt. Für eine solche Interpretation sind bereits die nationalen Traditionen und die daraus abgeleiteten Konzepte öffentlicher Dienstleistungen viel zu inhomogen.[75] Auch wird durch Art. 16 EG(V) den Diensten kein fester Aufgabenbestand garantiert, so daß ein Entzug von Aufgaben weiterhin möglich bleibt. Nimmt man den freilich nur in dem deutschen Text so akzentuierten „Stellenwert" der Dienste (schlichter allerdings das Ergebnis einer sprachvergleichenden Betrachtung, vgl. engl.: „the place", frz.: „la place", span.: „lugar"[76]) ernst, so dürfte eine allzu starke Reduktion ihres Aufgabenbestandes nunmehr stärkere Legitimationspflichten auslösen.

Bezogen auf den Bereich des europäischen und deutschen Abfallrechts läßt sich somit feststellen, daß die Beseitigung von Abfällen, insbesondere die klassische Hausmüllentsorgung, den Diensten im Sinne des Art. 16 EG(V) zuzurechnen ist. Aus Art. 16 EG(V) folgt aber kein Recht der bereits auf diesem Feld tätigen kommunalen Unternehmen, stärker als im bisherigen Umfang abfallwirtschaftliche Aufgaben auf dem Gebiet der Verwertung wahrnehmen zu dürfen. Umgekehrt aber wird eine massive Liberalisierung aller abfallwirtschaftlichen Tätigkeitsbereiche, also auch der ordnungsrechtlich relevanten Abfallbeseitigung, vor dem Hintergrund des Umweltschutzzieles und auch des Art. 16 EG(V) nur schwerlich zu realisieren sein.[77]

III. Verfassungsrechtliche Probleme

Letztlich kann das Spannungsverhältnis zwischen kommunaler und privater Entsorgungsverantwortung aber nicht ohne Beachtung seiner nationalen verfas-

---

[74] So auch *Frenz*, Dienste von allgemeinem wirtschaftlichem Interesse nach Gemeinschaftsrecht und Folgen für die Abfallwirtschaft, 2000, S. 22.

[75] Vgl. die ausführliche Darstellung bei *Pielow*, Grundstrukturen der öffentlichen Versorgung in Europa, Habilitationsschrift 1998, Typoskript.

[76] Interessanterweise heißt es in dem Zitat der Bestimmung in: *Arbeitsgemeinschaft regionaler Energieversorgungs-Unternehmen* (ARE) e.V. (Hrsg.), Regionale Energieversorgung 1996/97, Hannover 1998, S. 121, in der Sache möglicherweise korrekter, schlicht „Stellung". Zu weiteren mit der textlichen Anerkennung eines „Stellenwerts" evozierten Fragestellungen vgl. *Tettinger*, Dienstleistungen von allgemeinem wirtschaftlichem Interesse in der öffentlichen Versorgungswirtschaft. Entwicklungslinien im primären Gemeinschaftsrecht, in: Cox (Hrsg.), Daseinsvorsorge und öffentliche Dienstleistungen in der Europäischen Union, 2000, S. 97 (105).

[77] So auch *Frenz*, Dienste von allgemeinem wirtschaftlichem Interesse nach Gemeinschaftsrecht und Folgen für die Abfallwirtschaft, 2000, S. 31.

sungsrechtlichen Implikationen gewürdigt werden, auch wenn das Verfassungsrecht der Mitgliedstaaten erst allmählich die ihm gebührende, über Lippenbekenntnisse hinausgehende Bedeutung auf gemeinschaftsrechtlicher Ebene zu gewinnen scheint (vgl. Art. 6 Absätze 1, 2 und 3 EUV einerseits sowie Art. 23 GG andererseits).

1. Kompetenzielle Barrieren

An erster Stelle ist darauf hinzuweisen, daß eine Positionsverstärkung kommunaler Entsorgungszuständigkeiten nicht durch spezielle Maßgaben im Landesabfallrecht erreicht werden kann. Die Urteile des Bundesverfassungsgerichts zur Kasseler Verpackung-steuer,[78] zu den hessischen und baden-württembergischen Sonderabfallgesetzen[79] und zum nordrhein-westfälischen Lizenzentgelt nach § 10 LAbfG NRW[80] haben einem solchen Ansinnen sub specie Einheit und Widerspruchsfreiheit der Rechtsordnung deutliche Grenzen aufgezeigt.

Das Gericht hat zunächst den Kompetenztitel der konkurrierenden Gesetzgebung (Art. 74 Abs. 1 Nr. 24 GG) als Basis für eine umfassende Regelung des Rechts der Abfallwirtschaft angesehen[81] und damit einen seit 1986 geführten Streit, ob auch Abfallvermeidung und Abfallverwertung unter den in diesem Kompetenztitel benannten Begriff der „Abfallbeseitigung" subsumiert werden können,[82] beendet. Die Länder sind grundsätzlich nur zum Gesetzeserlaß befugt, solange und soweit der Bundesgesetzgeber von seiner Gesetzgebungszuständigkeit keinen Gebrauch gemacht hat (Art. 72 Abs. 1 GG). Stehen landesgesetzliche Bestimmungen mit der bundesgesetzlichen Regelung in Widerspruch, überschreiten sie den dem Landesgesetzgeber belassenen Zuständigkeitsbereich.[83] Die in den beiden erstgenannten Urteilen streitgegenständlichen Abgaben sollten Lenkungswirkungen erzielen, die der auf Kooperation abzielenden abfallwirtschaftsrechtlichen bzw. immissionsschutzrechtlichen Konzeption des Bundes als Sachgesetzgeber zuwiderliefen,[84] die zu Zwecken der Kapazitätssteuerung, des Bestands- und Konkurrenzschutzes eingeführte Lizenzpflicht in Nordrhein-

---

[78]   BVerfGE 98, 106ff.
[79]   BVerfGE 98, 83ff.
[80]   BVerfG, NWVBl. 2000, 330ff.
[81]   BVerfGE 98, 106 (120); 98, 83 (98); BVerfG, NWVBl. 2000, 330 (334).
[82]   Vgl. bereits *Tettinger*, Randnotizen zum neuen Recht der Abfallwirtschaft, GewArch 1988, 41 (42); im Überblick *Mann*, DVBl. 1990, 697f. m.w.N.
[83]   BVerfGE 98, 83 (98).
[84]   BVerfGE 98, 83 (98ff.); 98, 106 (126ff.).

Westfalen war ein in den bundesrechtlichen Maßgaben für die Planung und Zulassung von Abfallentsorgungsanlagen nicht vorgesehenes und daher unzulässiges zusätzliches Erfordernis.[85]

Übertragen auf die vorliegend zu problematisierende Fragestellung wird damit deutlich, daß die vom Bundesgesetzgeber in Anlehnung an das europäische Sekundärrecht geschaffene und an die Grundunterscheidung von Abfällen zur Beseitigung und Abfällen zur Verwertung anknüpfende Zuständigkeitsverteilung zwischen kommunaler und privater Entsorgungsträgerschaft nicht durch landesrechtliche Detailregelungen konterkariert werden darf. Das gilt auch dann, wenn diese Detailregelungen an sich kompetenziell zulässig sind, weil sie in denjenigen Bereich fallen, der nach dem KrW-/AbfG einer Regelungskompetenz der Länder offensteht.[86] Der verfassungsrechtlich allein gangbare Weg, auf dem die Länder im Interesse ihrer Kommunen eine Verschiebung der im KrW-/AbfG getroffenen Zuständigkeitsabgrenzung erreichen können, ist eine – nun ja offenbar auch erwogene[87] – Bundesratsinitiative zur Änderung des Kreislaufwirtschaftsgesetzes, aber auch insoweit sind freilich nur solche Korrekturen möglich, die mit den soeben skizzierten europarechtlichen Vorgaben vereinbar sind.

2. Art. 28 II GG: Garantie der kommunalen Selbstverwaltung

Ein von kommunaler Seite bei Auseinandersetzungen auf allen Aufgabenfeldern – und so auch hier – stereotyp ins Feld geführtes verfassungsrechtliches Argument ist die in Art. 28 Abs. 2 GG gewährte Garantie der kommunalen Selbstverwaltung.

a) *Kommunale Selbstverwaltung als institutionelle Garantie*

Diese als institutionelle Garantie verstandene Gewährleistung der Selbstverwaltung für Gemeinden und Gemeindeverbände wird hierzulande auch heute noch[88] gemeinhin in Orientierung an die richtungsweisenden Ausführungen von *Klaus Stern* aus den sechziger Jahren[89] in dreifacher Hinsicht zur Entfaltung gebracht.

---

[85] BVerfG, NWVBl. 2000, 330 (334 f.).

[86] Vgl. insoweit inbes. *Breuer*, Die Zulässigkeit landesrechtlicher Andienungs- und Überlassungspflichten gemäß § 13 Abs. 4 KrW-/AbfG, 1999.

[87] Vgl. die Mitteilung bei *M. Dieckmann*, FAZ v. 12. 7. 2000, S. 27.

[88] Zutreffend spricht *Schmidt-Aßmann*, Besonderes Verwaltungsrecht, Rn. 10 diesbezüglich von einer Arbeitserleichterung.

[89] *Stern*, BK-GG, Art. 28 (Zweitbearb. 1964) Rn. 62 ff.

Zum einem entnimmt man dieser Bestimmung eine institutionelle Rechtssubjektsgarantie der Gemeinden und Gemeindeverbände, durch die das Bild dieser Organisationseinheiten zwar nicht individuell, wohl aber institutionell als das öffentlich-rechtlicher Gebietskörperschaften mit einem „Mindestmaß an garantierter Eigenorganschaftsbildung (Selbstorganisation)" gesichert wird.[90] Daneben besteht eine objektive Rechtsinstitutionsgarantie, welche die Ausstattung der kommunalen Institutionen mit einem bestimmten unverzichtbaren Aufgabenkreis unter Zuerkennung eigenverantwortlicher Aufgabenwahrnehmung beinhaltet. Insoweit geht es um die Verbürgung komplexer öffentlich-rechtlicher Einrichtungen mit den ihr typischerweise zugehörenden, sie essentiell prägenden, weitgehend historisch überlieferten, funktionalen und institutionellen, rechtlichen und politisch-soziologischen Gehalten in generalklauselartiger Umschreibung.[91] Drittens schließlich vermittelt diese Verfassungsnorm den Gemeinden und Gemeindeverbänden eine rechtsschutzfähige Position zur Abwehr von Angriffen auf die subjekt- und institutionsbezogenen Gewährleistungen, eine in den Einzelkonturen verfassungs- und fachgerichtlich durchsetzbare subjektive Rechtsstellungsgarantie.[92]

Entsprechend dieser traditionellen Sichtweise ist den Gemeinden damit zunächst ein Bestand typischer, als essentiell erkannter Aufgaben gewährleistet. Maßgebliche Leitlinie für die Bewertung ist danach das charakteristische Erscheinungsbild der deutschen Gemeinde. Aufschluß darüber, welche Aufgaben hierher gehören, kann zunächst eine historische Betrachtung mit Blick auf den traditionellen gemeindlichen Aufgabenbestand geben. Aber auch jüngere, den Gemeinden nach der Gesetzeslage zugewachsene oder von ihnen aufgrund eigenen Entschlusses übernommene Angelegenheiten können inzwischen zu diesem zentralen Aufgabenfeld gehören. Auf der Grundlage der Judikatur des Bundesverfassungsgerichts[93] kommt es nach alledem für eine verfassungsrechtliche Bewertung jeweils auf die Besonderheiten des betreffenden Aufgabenfeldes, seine Dimensionen und seine Relevanz für staatlicherseits zu schützende Belange unter Würdigung der Einzelheiten der Reichweite und der Intensität der jeweils im Blickfeld stehenden gesetzgeberischen Ingerenz an.[94]

---

[90] Vgl. *Stern*, BK-GG, Art. 28 Rn. 78, 82; dazu *Schmidt-Aßmann*, Besonderes Verwaltungsrecht, Rn. 10ff.

[91] *Stern*, BK-GG, Art. 28 Rn. 64, 85ff.; *ders.*, Staatsrecht I, S. 416; dazu *Schmidt-Aßmann*, Besonderes Verwaltungsrecht, Rn. 13ff.

[92] *Stern*, BK-GG, Art. 28 Rn. 174ff.; dazu *Schmidt-Aßmann*, Besonderes Verwaltungsrecht, Rn. 13ff.

[93] Vgl. zusammenfassend *Tettinger*, in: v. Mangoldt/Klein/Starck, 4. Aufl. 2000, Art. 28 Rn. 200ff.

[94] *Hoppe*, DVBl. 1995, 186 (187) plädiert denn auch ganz in diesem Sinne für eine differenzierte Betrachtung in Orientierung an bereichsspezifischen Eigenarten, an der Eingriffsintensität und Fundamentalität des tangierten (Teil-)Rechtsgutes sowie an den betreffenden Entscheidungsstrukturen.

b)   Abfallwirtschaftliche Aufgaben und „Daseinsvorsorge"

Innerhalb des weit gefächerten Spektrums gemeindlicher Aktivitäten von besonderem Gewicht sind diejenigen, die traditionell dem Feld der Daseinsvorsorge zugeordnet werden.[95] Bei diesem auf *Forsthoff*[96] zurückgehenden Begriff der Daseinsvorsorge handelt es sich freilich um eine eher deskriptive, soziologisch grundierte Formel zur Beschreibung der öffentlichen Leistungsverwaltung.[97] Im Blick sind dabei z.b. Verkehrsdienstleistungen, Wasser-, Gas- und Stromversorgung, stationäre Krankenversorgung, Bildungs- und Kultureinrichtungen, Kommunikationsnetze und eben auch die Abwasserbeseitigung und Abfallentsorgung.

Der Terminus „Daseinsvorsorge" besitzt bei Licht besehen allerdings nur geringe Konturenschärfe[98] und erscheint darum auch als nur wenig tauglich zur trennscharfen Abgrenzung des kommunalen Betätigungsfeldes von privatwirtschaftlichen Aktionsfeldern. Schließlich hat das Bundesverfassungsgericht die Wahrnehmung kommunaler *Versorgungs*funktionen in öffentlich-rechtlicher Form bereits einmal als „wirtschaftliche Betätigung" im weiteren Sinne bezeichnet und diesbezüglich normative Regelungen dem Kompetenztitel „Recht der Wirtschaft" (Art. 74 Abs. 1 Nr. 11 GG) zugeordnet.[99] Entsprechend hat das BVerfG auch diejenigen Tätigkeiten, die nach heutiger Diktion „*Entsorgung*" sind, also vor allem die Verwertung, zwar dem Art. 74 Abs. 1 Nr. 24 GG („Abfallbeseitigung") zugeordnet, diesen jedoch so verstanden, daß er „eine Zuständigkeit zur umfassenden Regelung des Rechts der Abfallwirtschaft" enthält, mittels derer der Bundesgesetzgeber ein „Zusammenwirken von öffentlicher und privater Hand" regeln und „die gemeinsame Verantwortung für die Erfüllung einer öffentlichen Aufgabe" ausgestalten könne.[100]

Wie ich jüngst bereits an anderer Stelle dargelegt habe,[101] greift daher die Vorstellung zu kurz, aus der Zuordnung einer Materie zum Bereich der Daseinsvorsorge könne unmittelbar auf eine staatliche oder kommunale Wahrnehmungs-

---

[95]   In BVerfGE 50, 50 (56) wurde etwa besonderes Gewicht auf die angemessene Erfüllung von „Verwaltungs-, Daseinsvorsorge- und Entwicklungsaufgaben" gelegt.

[96]   *Forsthoff*, Die Verwaltung als Leistungsträger, 1938; *ders.*, Die Daseinsvorsorge und die Kommunen, 1958.

[97]   Siehe dazu grundsätzlich *Ossenbühl*, DÖV 1971, 514 ff.

[98]   Treffend daher *Börner*, BayVBl. 1971, 406 (408): „So gleicht die Daseinsvorsorge einem Irrwisch: Sie wischt durchs Recht und lockt zum Sumpf."

[99]   So BVerfG, NVwZ 1982, 306 („Wasserversorgung"); demgegenüber kritisch die Anm. von *Knemeyer/Emmert*, JZ 1982, 284 ff.

[100]   BVerfGE 98, 106 (120 f.).

[101]   *Tettinger/Mann*, in: dies. und Salzwedel, Wasserverbände und demokratische Legitimation, 2000, S. 1 (39 ff.).

kompetenz geschlossen werden; für diese Formel bleibt letztlich nicht mehr als das Verständnis einer prinzipiell auch grundrechtsinitiierter Privatinitiative offenstehenden öffentlichen Aufgabe.[102] Entscheidend für die hier zu diskutierende Abgrenzungsfrage kann daher nicht der Terminus „Daseinsvorsorge", sondern muß allein die spezifische Eigenart und Qualität der jeweiligen Aufgabe sein, um die es geht.

c)   *Abfallwirtschaftliche Aufgaben als Agenden kommunaler Selbstverwaltung?*

Vor diesem Hintergrund erweisen sich die stereotypen Wiederholungen der schon seinerzeit in der amtlichen Begründung zum Abfallgesetz 1986[103] referierten verfassungsrechtlichen Bedenken, ein Aufbrechen des öffentlich-rechtlichen Entsorgungsmonopols, insbesondere bei der Abfallverwertung, komme einem Entzug der Hoheitsaufgaben kommunaler Körperschaften gleich und sei daher mit Art. 28 Abs. 2 GG unvereinbar, als viel zu pauschal. Denn angesichts des Umstandes, daß die geschichtliche Wurzel kommunaler Entsorgungsverantwortung in ordnungsrechtlichen Erwägungen (Gesundheitsvorsorge, Seuchenschutz) begründet liegt,[104] läßt sich die Ablösung des ehemaligen Entsorgungsmonopols durchaus plausibel rechtfertigen. Wenn man mit dem BVerfG das Wesen der kommunalen Selbstverwaltung vornehmlich vor dem Hintergrund der geschichtlichen Entwicklung bestimmt[105] und die „Angelegenheiten der örtlichen Gemeinschaft" i. S. d. Art. 28 Abs. 2 GG danach definiert, ob sie in der örtlichen Gemeinschaft wurzeln oder auf sie einen spezifisch örtlichen Bezug haben,[106] liegt die Schlußfolgerung nahe, daß die kommunale Hoheitsaufgabe im Abfallbereich nur insoweit zum überkommenen Aufgabenbestand gehört, als sie dem klassischen Ordnungsrecht zuzurechnen ist. Soweit es sich aber um den Bereich des Abfall-Wirtschaftsrechts handelt, der sich erst seit Beginn der achtziger

---

[102]   Zur Begriffsabschichtung der „öffentlichen Aufgaben" von der Kategorie der „Staatsaufgaben" vgl. grundlegend *H. Peters*, Öffentliche und staatliche Aufgaben, in: R. Dietz/H:Hübner (Hrsg.), FS für H. C. Nipperdey, Bd. II, 1965, S. 877 ff.; ferner *Stern*, Staatsrecht II, 1980, S. 745 f.; *Martens*, Öffentlich als Rechtsbegriff, 1969, S. 117, 131; *Isensee*, in: Ders. /Kirchhof, HStR III, 1988, § 57 Rn. 135 ff.; *Osterloh*, Privatisierung von Verwaltungsaufgaben, VVDStRL 54 (1995), S. 204 (207).

[103]   Begr. zum RegE, BT-Drucks. 10/2885, S. 15.

[104]   Vgl. BVerfGE 98, 106 (120). Ausführlich zur geschichtlichen Entwicklung vgl. *Püttner*, in: Nicklisch, Zum neuen Recht der Abfallwirtschaft, BB-Beilage 10/93, S. 63 (64).

[105]   BVerfGE 7, 358 (364); 11, 266 (274); 59, 216 (226); 76, 107 (118); 79, 127 (145 f.); 83, 363 (381).

[106]   BVerfGE 8, 122 (134); 50, 195 (201); 79, 127 (151 f.); 83, 363 (384).

Jahre entwickelt hat, kann ein Entzug traditionell bestehender kommunaler Aufgaben nicht festgestellt werden.

Die mit dem KrW-/AbfG vollzogene, aber im Ansatz bezeichnenderweise bereits seit der ersten Etablierung abfallwirtschaftlicher Ansätze im Abfallgesetz von 1986 diskutierte[107] Aufbrechung des kommunalen Entsorgungsmonopols erweist sich demnach als verfassungsrechtlich unbedenklich, solange nur der ordnungsrechtliche Aspekt – das meint zentral: die Abfallbeseitigung – nicht tangiert wird.[108] Eine Entkommunalisierung mit Blick auf die Bedeutung des Abfalls als Wirtschaftsgut, d. h. vor allem in Ansehung der Abfälle zur Verwertung, ist verfassungsrechtlich zulässig.[109]

3. Grundrechtsschutz privater Entsorger

Erweist sich die primär auf staatsinterne Aufgabenverteilung abzielende Bestimmung des Art. 28 Abs. 2 GG als solche mithin nicht als erfolgsversprechende Lanze zur Rückeroberung kommunaler Aufgabenfelder in der Abfallwirtschaft, muß sich abschließend der Blick auf das verfassungsrechtliche Kampfmittel der Gegenseite richten. Insoweit kommt es zentral auf die grundrechtlichen Gewährleistungen zugunsten der privaten Entsorgungswirtschaft an, namentlich auf das Schutzschild der Berufsfreiheit des Art. 12 Abs. 1 GG.

a) Art. 12 GG als Freiheitsrecht

Art. 12 Abs. 1 GG enthält ein für das Wirtschaftsleben zentrales Freiheitsrecht, das dem Einzelnen die freie Entfaltung seiner Persönlichkeit zur materiellen Sicherung seiner individuellen Lebensgestaltung ermöglicht.[110] Die primäre Ge-

---

107   Vgl. den Referentenentwurf des BMI vom 1. 3. 1984, abgedr. bei *Helmrich*, Entwicklung und Struktur von Definitionen in der 4. Novelle zum Abfallbeseitigungsgesetz, ZG 1986, 58 f.; BT-Drucks. 9/914, S. 18; BR-Drucks. 465/3/84; Begr. des RegE zum AbfG, BT-Drs. 10/2885, S. 15; eingehend hierzu *Mann*, Abfallverwertung als Rechtspflicht, 1991, S. 81 f. m.w.N.

108   In diesem Sinne auch VGH Bd. Wtt., NVwZ 1999, 1243 (1244): Nur Abfallbeseitigung als Element der „herkömmlichen Daseinsvorsorge", Abfallverwertung unterliege demgegenüber den „Eigenrationalitäten des Marktes". – Vgl. auch BayObLG, DÖV 1999, 160; *Weidemann*, Übergangsprobleme bei der Privatisierung des Abfallwesens, NJW 1996, 2757 (2759 f.); *Petersen*, KrW-/AbfG – quo vadis?, NVwZ 1998, 1113 (1114).

109   So bereits *Tettinger/Mann*, UTR-Jahrbuch 1995, S. 113 (126 f.); im Ergebnis auch *Schmidt-Preuß*, Duale Entsorgungs-Systeme als Spiegelbild dualer Verantwortung: Von der Verpackungsverordnung zum Kreislaufwirtschaftsgesetz, in: Schuppert (Hrsg.), Jenseits von Privatisierung und „schlankem" Staat, 1999, S. 195 (218).

110   BVerfGE 63, 266 (286); 81, 242 (254); st. Rspr.

währleistungsdimension des Art. 12 GG liegt damit in seiner Funktion als subjektives Recht zur Abwehr sämtlicher gezielt gegen die berufliche Freiheit gerichteter Ingerenzen. Nicht einbezogen ist dabei allerdings die Abwehr von Konkurrenz,[111] denn durch Freiheitsschutz für individuelle Berufswahl und Berufsausübung werden funktionstypische Elemente einer marktorientierten und wettbewerblich organisierten Wirtschaftsordnung abgesichert. Freiheit der Berufsausübung heißt notwendig zugleich Wettbewerb.

Diese Einschränkung hinsichtlich eines nicht gewährten Konkurrenzschutzes soll nach bisheriger Rechtsprechung grundsätzlich auch für Aktivitäten staatlicher Eigenwirtschaft gelten, solange dadurch nicht die privatwirtschaftliche Betätigung in unerträglichem Maße eingeschränkt werde, eine Auszehrung der privaten Konkurrenz vorliege oder eine Monopolstellung der öffentlichen Hand entstehe.[112] Als Konsequenz aus der Beobachtung, daß im sozialen Rechtsstaat staatliche Einwirkungen auf Grundrechtspositionen nicht mehr nur im Wege gezielter Ingerenzen, sondern auch durch staatliche Planung, Subventionierung oder als Folge einer Wahrnehmung von Aufgaben der Leistungsverwaltung bewirkt werden, gewährt das Abwehrrecht des Art. 12 Abs. 1 GG aber auch Schutz vor sog. „faktischen" oder „mittelbaren" Beeinträchtigungen.

Können somit prinzipiell auch andere, nicht unmittelbar auf die berufliche Betätigung abzielende Maßnahmen infolge ihrer sprürbaren tatsächlichen Auswirkungen geeignet sein, den Schutzbereich des Art. 12 GG erheblich zu beeinträchtigen,[113] so ist diesbezüglich jedoch zu fordern, daß ein enger Zusammenhang[114] mit der Ausübung eines Berufs besteht und eine objektiv berufsregelnde Tendenz erkennbar ist oder daß die staatliche Maßnahme als nicht bezweckte, aber vorhersehbare und in Kauf genommene Nebenfolge eine schwerwiegende Beeinträchtigung der beruflichen Betätigungsfreiheit bewirkt.[115] Dieser Spezies zuzurechnen sind richtigerweise auch wirtschaftliche Aktivitäten der öffentli-

---

[111] BVerfGE 34, 252 (256); 55, 261 (269); 93, 362 (370); 94, 372 (395); BVerwGE 65, 167 (173); 71, 183 (193); OVG NRW, NWVBl. 1995, 99 (101); BayVGHE 48, 95 (99).

[112] Vgl. BVerwGE 39, 329 (336); BVerwG, NJW 1995, 2938 (2939); VGH BW, GewArch 1994, 464f.; HessVGH, DÖV 1996, 475 (477); OVG Bremen, GewArch 1996, 376 (377).

[113] BVerfGE 13, 181 (185f.); 16, 147 (162); 41, 251 (262); 46, 120 (137); 61, 291 (308); 81, 108 (121f.).

[114] So insbes. BVerfGE 95, 267 (302); BayVerfGHE 42, 41 (45f.). Die in einigen Judikaten des BVerfG – vgl. BVerfGE 10, 354 (362f.); 13, 181 (185f.); 31, 255 (265); 46, 120 (145) – erfolgte Bezugnahme auf das Begriffspaar unmittelbar/mittelbar erscheint hingegen wenig hilfreich, vgl. bereits *Tettinger*, Das Grundrecht der Berufsfreiheit in der Rechtsprechung des BVerfG, AöR 108 (1983), 92 (116).

[115] Zum ersten Aspekt z.B. BVerfGE 13, 181 (186); 70, 191 (214); 95, 267 (302); BVerwGE 71, 183 (191); 89, 281 (283), zum zweiten Aspekt s. BVerwGE 87, 37 (43f.); BVerwG, NJW 1996, 3161.

chen Hand, soweit jene außerhalb ihres verfassungsrechtlich resp. gesetzlich limitierten Kompetenzbereichs agiert. Im Blickfeld liegen dabei insbesondere kommunalwirtschaftliche Betätigungen jenseits des von öffentlicher Zwecksetzung und Subsidiaritätsklausel eingegrenzten Aufgabenfeldes, sofern von ihnen spürbare Beeinträchtigungen privater Konkurrenten ausgehen („Eingriff durch Konkurrenz").[116]

b) Zur berufsgrundrechtlichen Abwehr kommunaler abfallwirtschaftlicher Betätigung

Auch im Bereich der Abfallwirtschaft bedarf es für eine öffentliche Wirtschaftsaktivität daher einer tragfähigen normativen Begründung und eines legitimen öffentlichen Zwecks, während ansonsten grundrechtsgeschützter privater Initiative der Vorrang gebührt.

Private können ihr Berufsgrundrecht auf der Basis des vorgenannten Verständnisses auf zweierlei Weise zum Ansatz bringen. Zum einen müßten sich die aktuellen Bestrebungen, die durch das KrW-/AbfG abgeschichteten Aktionsfelder von Kommunen und Privatwirtschaft im Wege einer Änderung insbesondere des § 13 Abs. 1 S. 2 KrW-/AbfG zugunsten eines stärkeren kommunalen Zugriffs auf verwertbare Gewerbeabfälle zu verschieben, an Art. 12 GG messen lassen. Insoweit bewegt man sich noch auf den traditionellen Bahnen der Grundrechtslehre, wenn durch legislatorische Maßnahmen privaten Wirtschaftsteilnehmern zuvor eröffnete Tätigkeitsfelder versperrt und dem Monopol-Zugriff der öffentlich-rechtlichen Entsorger anheim gegeben werden. Je nachdem, ob ein Gewerbebetrieb anteilig oder gar ausschließlich auf die Verwertung der betreffenden Abfälle ausgerichtet ist, kann in der Einführung einer solchen gesetzlichen Zugriffssperre eine Berufsausübungs- oder sogar eine Berufszulassungsschranke zu sehen sein.

Daneben müßte sich aber auch eine kommunale Entsorgungspraxis, die den Bereich der ihr nach dem KrW-/AbfG zugewiesenen Abfallbeseitigung verläßt und – von Haushaltsabfällen abgesehen – massiv in das Marktgeschehen der Abfälle zur Verwertung vordringt, einer grundrechtlichen Überprüfung stellen. Versteht man diesen Übergriff in privatrechtliche Aktionsfelder im vorstehend beschrie-

---

[116] In diese Richtung bereits prägnant *R. Schmidt*, Öffentliches Wirtschaftsrecht AT, 1990, S. 523 und 526: „... jede staatliche Wettbewerbsteilnahme unter Heranziehung des Grundsatzes der Verhältnismäßigkeit an Art. 12 Abs. 1 GG zu messen". Siehe auch *Tettinger*, Besonderes Verwaltungsrecht, 5. Aufl. 1998, Rn. 224.

benen Sinn als „Eingriff durch Konkurrenz", so müßte sich eine derart erweiterte Wettbewerbsteilnahme unter Heranziehung des Übermaßverbotes an Art. 12 GG messen lassen. Es erscheint insoweit dann allerdings äußerst fraglich, ob schlichte Kostenerwägungen, etwa der Hinweis auf eine angestrebte Vollauslastung überdimensionierter kommunaler Verbrennungsanlagen oder auf eine intendierte Sicherung bestehender Arbeitsplätze im öffentlichen Dienst, einen tragfähigen rechtfertigenden Gemeinwohlbelang abgeben können.

IV. Hinweise zu Konsequenzen in weiteren Rechtsbereichen

Aus den vorstehenden Überlegungen zur europa-, verfassungs- und einfachrechtlichen Abschichtung der Aktionsfelder kommunaler und privater Entsorgungsträger ergeben sich Konsequenzen und Forderungen, die über das enger verstandene Abfallrecht hinausreichen und auf weitere Rechtsfelder ausstrahlen. Hinzuweisen ist insoweit namentlich auf Folgerungen für das Kommunalrecht, das Kommunalabgabenrecht und das Vergaberecht sowie für das Prozeßrecht mit Blick auf die verfügbaren Rechtsschutzmöglichkeiten Privater. Hierzu nur Stichworte.

1. Kommunalrecht

Nach der Konzeption des Kommunalwirtschaftsrechts der Länder sind kommunale Einrichtungen des Umweltschutzes überwiegend kraft gesetzlicher Anordnung als nichtwirtschaftliche Betätigung anzusehen,[117] bisweilen wird dies ausdrücklich für Einrichtungen der Abfallentsorgung und Abwasserbeseitigung spezifiziert.[118] Das OLG Düsseldorf hat hieraus in einem Vergaberechtsverfahren gefolgert, daß die allgemeinen kommunalwirtschaftlichen Zulässigkeitsvoraussetzungen auf ein kommunales Autorecycling als privilegierte Einrichtung gem. § 107 Abs. 1 GO NRW nicht anzuwenden seien.[119] Dies wirft im konkreten Fall, aber auch darüber hinaus generell die Frage auf, ob ein solches Verständnis des Privilegierungstatbestandes nach dem Inkrafttreten des KrW-/AbfG noch zulässig ist.

[117] §§ 121 hess. GO; 68 II mv. GO; 108 III nds. GO; 85 III rhpf. GO; 108 II saarl. GO; 97 II sächs. GO; 116 III s.a. GO; 101 II sh. GO; 73 I Nr. 1 thür. GO.
[118] § 107 II Nr. 4 GO NRW.
[119] OLG Düsseldorf, NWVBl. 2000, 75 ff.

Da der Gesetzgeber des KrW-/AbfG, wie gezeigt, hinsichtlich der Abfälle zur Verwertung mit Ausnahme des Hausmüllbereichs auf die Wirkung von Marktmechanismen setzt, war in concreto einzig § 15 Abs. 4 KrW-/AbfG, der eine Zuständigkeit des öffentlich-rechtlichen Entsorgungsträgers für die ordnungsgemäße Entsorgung herrenlos abgestellter Kraftfahrzeuge statuiert, denkbarer Anknüpfungspunkt für eine kommunale Entsorgungszuständigkeit. Dem naheliegenden Einwand, nach dem Paradigmenwechsel in der Abfallwirtschaft könne die Privilegierung als „nichtwirtschaftliche Tätigkeit" nur noch für die den Kommunen als Pflichtaufgabe zugewiesenen Entsorgungstätigkeiten gelten,[120] ist das OLG durch eine extensive Auslegung des Tatbestandsmerkmals entgegengetreten. Es komme auf eine gesetzliche Verpflichtung nicht an, da ansonsten die Ausnahme des § 107 Abs. 2 Nr. 1 GO NRW, derzufolge Einrichtungen, zu denen die Gemeinde gesetzlich verpflichtet ist, ebenfalls als nichtwirtschaftliche Tätigkeit gelten, keinen eigenen Sinngehalt entfalten könne.[121]

Unabhängig von der konkreten Subsumtion im Einzelfall ist einer solchen Sichtweise jedoch entgegenzuhalten, daß es, wie soeben bereits dargelegt,[122] nicht zulässig ist, landesrechtlichen Bestimmungen im Wege der Interpretation einen Sinngehalt zuzulegen, der sich mit der bundesrechtlichen Konzeption der betreffenden Sachmaterie als unvereinbar erweist. Tätigkeitsbereiche, die nach Bundesrecht als Wirtschaftstätigkeit dem Marktgeschehen überantwortet sind, können nicht nach Landesrecht als „nicht-wirtschaftliche Tätigkeit" privilegiert sein. Die Legalausnahme muß auf solche Betätigungen beschränkt bleiben, in denen eine öffentliche Zweckverfolgung auf der Hand liegt, weil gerade kein Markt vorhanden ist (z.B. Sozialeinrichtungen) oder eine traditionelle kommunale Befassungskompetenz besteht.[123] Bezogen auf die „Einrichtungen der Abfallentsorgung" muß demnach das Umweltschutzmotiv einer geordneten Abfallbeseitigung dominant sein; eine aus Gewinninteressen motivierte Teilnahme am bundesrechtlich eröffneten Markt für Verwertungsdienstleistungen rechtfertigt keine Einordnung als nicht-wirtschaftliche Einrichtung. Sie ist nur dann zulässig, wenn die allgemeinen kommunalwirtschaftlichen Zulässigkeitsvoraussetzungen erfüllt sind.

---

[120]   Vgl. *Schink*, Kommunalverfassungsrechtliche Grenzen und Möglichkeiten für die Teilnahme der kommunalen Gebietskörperschaften an der Kreislaufwirtschaft, UPR 1997, 201 (204f.).

[121]   OLG Düsseldorf, NWVBl. 2000, 75; gegen eine Einschränkung auf Pflichtaufgaben nun auch VerfGH Rh.-Pf., NVwZ 2000, 801 (m. Anm. *Ruffert*, NVwZ 2000, 763f.).

[122]   Siehe unter III. 1.

[123]   In diesem Sinne auch *Otting*, Wirtschaftliche Betätigung im Gewande nichtwirtschaftlicher Einrichtungen, NWVBl. 2000, 206 (208).

Nur eine solche, auf Konformität mit dem Bundesrecht bedachte Auslegung der Ausnahmebestimmungen kann im übrigen zu einer bundesweit einheitlichen Praxis führen. Immerhin haben einige Länder, namentlich Baden-Württemberg, Bayern und Brandenburg und seit Juli 2000 auch Thüringen,[124] in ihren Gemeindeordnungen die nach dem Vorbild des § 67 Abs. 2 DGO traditionelle Unterscheidung zwischen wirtschaftlichen und nichtwirtschaftlichen Betätigungen gerade mit Blick auf die dadurch evozierten Abgrenzungsprobleme[125] und das Auseinanderdriften von Lebenswirklichkeit und Rechtslage[126] inzwischen vollends aufgegeben.

2. Kommunalabgabenrecht

Die Maßgaben zur Kostenorientierung im Gebührenrecht (keine kalkulatorischen Gewinne bei gemischt-wirtschaftlichen Unternehmen als Leistungserbringern), die nicht nur bei Eigenleistungen, sondern auch bei der Einschaltung von Fremdleistungen und nicht nur bei öffentlich-rechtlichen Abgaben, sondern in den Grundlinien auch bei privatrechtlichen Entgelten zum Tragen kommen,[127] sowie die in der Judikatur gewonnenen Erkenntnisse zu den Gebührenmaßstäben (bei Biotonne etc.) geben allseits Anlaß, Organisationsmodelle und vertragliche Leistungsabreden mit Bedacht zu wählen. Der Kater kann hier für diejenigen, die einen kräftigen Schluck lieben, noch sehr viel später kommen.

3. Vergaberecht

Kein Vergabeverfahren bei Beauftragung einer Eigengesellschaft (in house-Geschäft: EuGH), wohl aber Vergabeverfahren bei Auftragsvergabe an gemischtwirtschaftliche Unternehmen, es sei denn, daß die Kommune ausnahmsweise die Gesellschaft über eine gesellschaftsrechtlich außergewöhnliche Konstellation beherrscht. Der Trend dürfte dahin gehen, bereits die Auswahl eines Mitgesell-

---

[124] Drittes Gesetz zur Änderung der Thüringer Kommunalordnung vom 18. 7. 2000, Thür. GVBl. 2000, S. 177.

[125] Vgl. bay. Staatsregierung, bay. LT-Drucks. 13/10828, S. 16 und bw. Landesregierung, bw. LT-Drucks. 12/4055, S. 20f., 25.

[126] Darauf weist *Knemeyer*, Vom kommunalen Wirtschaftsrecht zum kommunalen Unternehmensrecht, BayVBl. 1999, 1 (5), hin.

[127] Dazu näher *Tettinger*, Entgelte in der Versorgungswirtschaft – Benutzungsgebühren und privatrechtliche Entgelte als normativ vorgegebene Grundtypen, NWVBl. 1996, 81ff. m.w.N.

schafters einem wettbewerblichen Verfahren zu unterstellen. Ist aber nur *ein* Privater überhaupt in der Lage, die Anforderungen zu erfüllen, etwa weil bereits vorhandene Anlagen in die Gesellschaft eingebracht werden sollen, werden Ausnahmen geltend gemacht. Aber auch hier gilt die Mahnung einer richtlinienkonformen Interpretation des nationalen Vergaberechts.

4. Prozeßrecht

Für Unterlassungsklagen gegen wirtschaftliche Aktivitäten von Gemeinden als Gebietskörperschaften sind nach der grundgesetzlich vorgezeichneten (Art. 95 I GG) und gesetzlich ausgeformten Kompetenzaufteilung in Fachgerichtsbarkeiten (vgl. §§ 13 GVG, 40 VwGO) prinzipiell nicht die ordentlichen Gerichte, sondern die Verwaltungsgerichte zuständig. Nichtsdestoweniger stellt die zivilgerichtliche Rechtsprechung zentral auf das Bestehen eines Wettbewerbsverhältnisses zwischen privatem und öffentlichem 'Aufgabenträger ab und sieht in der Frage nach den letzteren gezogenen öffentlich-rechtlichen Kompetenzen lediglich eine Vorfrage.[128] Die in jüngster Zeit vor allem in Nordrhein-Westfalen auf OLG-Ebene beobachtbare Fortführung dieser Rechtsprechungslinie, § 1 UWG auch bei kommunalen Aktivitäten als letztlich maßgeblichen Prüfungsmaßstab heranzuziehen und einen zur Stillegung eines solchen Wirtschaftsbetriebs führenden Unterlassungsanspruch wegen Verletzung dieser Norm in alleiniger Anknüpfung daran zu bejahen, daß die in § 107 GO NRW verankerten Kompetenzgrenzen überschritten seien,[129] ist als die eigenen zivilgerichtlichen Prämissen vernachlässigende Zuständigkeitsüberschreitung zu kennzeichnen und darum als systemwidrige Expansion des Wettbewerbsrechts abzulehnen.

§ 107 Abs. 1 S. 1 GO NRW hatte, nachdem der in der Vorgängernorm noch erkennbar enthaltene Subsidiaritätsgedanke aus dem Normtext gestrichen worden war, zum Zeitpunkt des Einsetzens der neueren OLG-Rechtsprechung wohl allein den Selbstschutz der Gemeinde vor Gefahren überdehnter unternehmerischer Betätigung im Auge. Er war nicht zugleich Schutznorm zugunsten privater

---

[128] Zur allgemeinen Rechtswegproblematik bei Wettbewerbsstreitigkeiten zwischen Privaten und öffentlich-rechtlichen Körperschaften dezidiert i.S. erweiterter Zuständigkeit der ordentlichen Gerichte BGHZ 82, 375 ff. – Brillen-Selbstabgabestellen und GmS-OGB, BGHZ 102, 280 – Rollstühle; BGH, NJW 1995, 2295 (2296 f.); vgl. demgegenüber bereits *Tettinger*, Zivilgerichtliche Kontrolle des Wettbewerbshandelns der öffentlichen Hand, JA 1981, 156 ff.

[129] Vgl. OLG Düsseldorf, NWVBl. 1997, 353 (m. Anm. *Moraing*) – Volkshochschule; OLG Hamm, NWVBl. 1998, 456 (m. Anm. *Ennuschat*, BB 1999, 494 f.) – Gelsengrün; OLG Düsseldorf, NWVBl. 2000, 75 (m. Anm. *Otting*, NWVBl. 2000, 206 ff.) – Autorecycling.

Konkurrenten[130] und konnte daher zwar die Grundlage für aufsichtsbehördliche Verfügungen, aber nicht entgegen der auch in der OLG-Rechtsprechung betonten Prämisse[131] die normative Basis für eine von Wettbewerbern veranlaßte Untersagung gemeindlicher Wirtschaftsbetätigung darstellen. Ob in der Einfügung der 1994 gestrichenen Subsidiaritätsklausel durch das 1. Modernisierungsgesetz vom 15. 6. 1999[132] in § 107 GO NRW ein Indiz für die Einbeziehung von Konkurrenten in den Schutzbereich der geänderten Vorschrift gesehen werden kann, ist weiterhin fraglich. Die Klärung des Schutzzwecks für die kommunalwirtschaftsrechtlichen Parallelnormen in anderen Bundesländern bedarf gleichfalls besonderer Sorgfalt.

Vorzugswürdig gegenüber solchen zivilgerichtlichen Kontrollansätzen ist eine im Interesse des Wirtschaftsstandorts Deutschland liegende flächendekkende, von privaten Wettbewerbern initiierte verwaltungs- und verfassungsgerichtliche Kontrolle, für die Art. 12 Abs. 1 GG einen adäquaten Maßstab bildet, ohne daß jeweils – wie bisher – nach dem Schutzzweck der einzelnen landesrechtlichen Vorgaben gefragt werden müßte.

Letzte Aussage: Will man im Bereich der Abfallverwertung Rechtsänderungen herbeiführen, kann das heutzutage ohne rechtliche Risiken eigentlich nur noch auf der Ebene des Gemeinschaftsrechts geschehen. Zur Vorsicht gegenüber allzu aktionistischen Aktivitäten sollte aber mahnen, wie aus einem Müllnotstand hierzulande ein Kampf um den Müll wurde. Auch insoweit gilt, was schon den Abschlußsatz meines Referates bei der Trierer Tagung 1994 bildete: Bei hoheitlichen Ingerenzen in marktwirtschaftliche Abläufe ist das Gegenteil von „gut" allzu häufig „gut gemeint".

---

[130] Vgl. zu den einschlägigen Erwägungen in Rspr. und Lit. BVerwGE 39, 329 (336); *Schmidt-Aßmann*, in: ders. (Hrsg.), Besonderes Verwaltungsrecht, 10. Aufl. 1995, S. 79f.
[131] Vgl. insoweit besonders deutlich *Piper*, GRUR 1986, 579.
[132] Erstes Gesetz zur Modernisierung von Regierung und Verwaltung in Nordrhein-Westfalen, GVBl. NRW 1999, S. 386.

Diskussionsbericht zu den Referaten von Prof. Dr. Papier, Prof. Dr. Battis und Prof. Dr. Tettinger

Cornelia Grewing/Marcel Séché

Zu Beginn wies *Schröder*, dem die Leitung der Diskussion oblag, darauf hin, daß er es trotz der thematischen und inhaltlichen Überschneidungen der Vorträge, die auch eine Gliederung nach Sachgesichtspunkten zuließen, für sinnvoll halte, dem bewährten Muster zu folgen und die Vorträge getrennt zu diskutieren. Dies schließe nicht aus, daß Fragen, die an einen Referenten gestellt würden, auch von den anderen Referenten aufgegriffen werden könnten oder sich eine Frage an zwei oder gar alle drei Referenten richten könne. Nach weiteren Hinweisen zum Ablauf eröffnete *Schröder* die Diskussion zum ersten Vortrag.

Ekardt richtete seine Frage an *Papier*. Er lese in den Materialien zu Art. 20 a GG der Jahre 1993/94, daß die Kommission bei der Einführung von dem Motiv geleitet worden sei, den Umweltschutz zu verbessern. Die Dignität des Verfassunggebers verbiete die Annahme, daß hier reine „Verfassungskosmetik" betrieben werden sollte. Er entnehme dem Hinweis auf künftige Generationen im Art. 20 a GG, daß offenbar zumindest teilweise der Nachhaltigkeitsgrundsatz in der Verfassung implementiert werden sollte. Dieser fordere aber gerade eine, wie *Papier* zutreffend ausgeführt habe, integrierte Betrachtung in mehr oder weniger allen Rechtsbereichen. Unter Bezugnahme auf das von *Papier* gewählte Beispiel des Straßenrechts fragte *Ekardt*, ob daher nicht stets eine verfassungskonforme Auslegung der Gesetze anhand des Art. 20 a GG vorgenommen werden müsse, indem Umweltgesichtspunkte auch dann, wenn sie nicht explizit als Ermessensgesichtspunkte genannt seien, in die Normauslegung hinein genommen würden.

Zur Einleitung seiner zweiten Frage wies *Ekardt* auf die im Auftrag des Landes Sachsen-Anhalt und des Landes Nordrhein-Westfalen erarbeiteten Vorschläge für eine landesrechtliche „Flächensteuer" oder „Bodenabgabe" hin. Fraglich sei die Vereinbarkeit dieser Entwürfe mit der Bundesverfassungsgerichtsjudikatur zur Verpackungsteuer und zu den Sonderabfallabgaben. *Ekardt* stellte die Frage, ob diese Judikatur, die einerseits die Widerspruchsfreiheit der Rechtsordnung zum leitenden Prinzip erhebe und zum anderen das Kooperationsprinzip im Ordnungsrecht an Stellen auffinde, an denen man es eher nicht vermuten würde, auf solche Situationen übertragbar sei. § 1a BauGB und § 8 a BNatSchG stellten Regelungen dar, die im weitesten Sinne den Flächenverbrauch regelten. Diese Regelungen seien zwar ordnungsrechtlich, würden aber durch faktisch eingeschränkten Vollzug das Kooperationsprinzip verwirklichen. Die Frage sei, ob diese bundesrechtlichen Tatbestände die erwähnten Landesabgaben – so sie denn ansonsten verfassungskonform wären – hinderten.

Papier ging zunächst auf die Frage zur Bedeutung des Art. 20 a GG in Bezug auf die Auslegung verwaltungsrechtlicher Normen, insbesondere in Bezug auf Ermessensermächtigungen ein. Er wies darauf hin, daß Art. 20 a GG ausdrücklich bestimme, daß die Verwaltung – wie auch die Rechtsprechung – die Ziele des Art. 20 a GG nach Maßgabe von Gesetz und Recht wahrzunehmen habe. Die Gesetzesgebundenheit sei dort noch einmal ausdrücklich fixiert. Dies ergebe sich auch aus anderen Bestimmungen der Verfassung. Aufgrund der ausdrücklichen Festlegung in Art. 20 a GG, müsse man sagen, daß der Gesetzgeber die Spielräume der zweiten und dritten Gewalt fixiere. Wenn er Ermessen einräume, habe er die Grenzen des Ermessens zu bestimmen. Das könne er durch Bestimmung der äußeren Ermessensgrenzen tun, aber natürlich auch durch die Bestimmung sogenannter „innerer Grenzen", indem er die Normzwecke festlege. Nach § 40 VwVfG sei jede Ermessensausübung nur dann rechtsfehlerfrei, wenn sie sich im Rahmen dieser Zweckbestimmung halte.

Er stimme *Ekardt* darin zu, daß die Ermittlung der Gesetzeszwecke bei einer Ermessenseinräumung nicht immer leicht sei. Es handele sich um eine Auslegungsfrage. Wo die Bestimmung der normativen Zwecke der Auslegung unterliege, könne Art. 20 a GG eine wichtige Rolle spielen. Wo der Gesetzgeber nach der übereinstimmenden Norminterpretation die Zwecke explizit oder implizit in abschließender Weise bestimmt habe und Umweltschutzbelange nach der Zweckbestimmung des Gesetzes keine Bedeutung erlangen sollten, könne der Verwaltung nicht das Recht eingeräumt werden, gewissermaßen contra legem unter unmittelbarem Rückgriff auf Art. 20 a GG andere normative Zwecke bei der Ermessensausübung wahrzunehmen. Bei richtiger Methodik könne man nur sagen, daß der Gesetzgeber, wenn er zu einseitig die Zweckbestimmungen fixiere, möglicherweise selbst gegen Art. 20 a GG verstoße. Der Exekutive als der zweiten Gewalt könne – wie übrigens auch der dritten Gewalt – nicht das Recht eingeräumt werden, gewissermaßen mittels eines Durchgriffs auf Art. 20 a GG am normativen Zweck vorbei das Ermessen auszuüben.

In Übereinstimmung mit der Rechtsprechung der Verwaltungsgerichte müsse man – ausgehend davon, daß die Ermessensermächtigung für die Erteilung einer

Sondernutzungerlaubnis spezifisch straßenrechtliche, vielleicht auch ordnungs-/ verkehrsrechtliche, aber nicht alle möglichen öffentlichen Zwecke verfolge – zu dem Ergebnis kommen, daß die Erteilung der Sondernutzungserlaubnis zwar im Ermessen der Behörde stehe, die Behörde sich aber am Zweck des Gesetzes orientieren müsse und diesen Zweck nicht überschreiten dürfe. Sonst handele sie ermessensmißbräuchlich. Der Zweck der Ermessenausübung bei straßenrechtlichen Entscheidungen bestehe eben nicht in der Wahrnehmung aller möglichen öffentlichen Belange, sondern nur der spezifisch straßenrechtlichen. Auch außerhalb des Bereichs des Umweltschutzes sei die Judikatur zu dem Ergebnis gelangt, daß eine Sondernutzungserlaubnis nicht mit der Begründung verweigert werden dürfe, daß derjenige, der die Sondernutzung wahrnehmen wolle, allgemein Ordnungswidrigkeitstatbestände begehe, die außerhalb des Straßenrechts lägen. Es sei nicht Aufgabe der Straßenbaubehörde darüber zu wachen, daß die Ausübung der Sondernutzung mit allen öffentlich-rechtlichen Vorschriften in Einklang stehe. Die Straßenbaubehörde, die über die Sondernutzung zu entscheiden habe, sei eben nicht allgemeine Ordnungsbehörde.

Mit dem nächsten Beitrag bezog sich *Boisserée* auf den Konflikt zwischen Wohngebieten und Gewerbegebieten. Es frage sich, ob Gemeinden aufgrund ihrer Planungsautonomie eigene Lärmgrenzwerte festsetzen könnten.

Battis nahm hierzu Stellung und betonte, daß die Gesetzesbindung der Gemeinden zwar die Autonomie der Bauleitplanung einschränke. Soweit jedoch keine fixen gesetzlichen Grenzwerte bestünden, stünde den Gemeinden ein Spielraum zu. Wo aber verbindliche Grenzwerte gegeben seien, seien die Gemeinden gebunden.

Papier stellte fest, daß man hier die denkbaren Fallgestaltungen differenzierend betrachten müsse, wie *Battis* angedeutet habe, soweit das staatliche Gesetz Spielräume belasse. Wenn Dritte – etwa aufgrund des Immissionsschutzrechts – einen Rechtsanspruch auf Erteilung einer spezifischen Anlagengenehmigung hätten, dann bestimme sich dieser nach staatlichem Recht. Das staatliche Recht habe Vorrang und binde auch die Gemeinden.

Es gebe jedoch ganz unterschiedliche Fallsituationen. Die Gemeinde habe den Vorrang des Gesetzes zu achten. Dies schließe wiederum nicht aus, daß man sich im Einverständnis mit dem Anlagenbetreiber auf schärfere Standards verständige. Der Träger eines subjektiven öffentlich-rechtlichen Rechts könne darauf „verzichten" und sich mit schärferen Standards einverstanden erklären, um etwa die Sache zu beschleunigen.

In Bezug auf die Frage *Boisserées* bemerkte *Rebentisch*, daß dieser wohl einen anderen Fall im Auge habe, nämlich die Frage, ob es – wie es gelegentlich vorkomme und die Rechtsprechung schon beschäftigt habe – zulässig sei, gleichsam im Zuge des umweltpolitischen Überbietungswettbewerbs Standardisierungen von Emissions- oder Immissionswerten in Bebauungsplänen über § 9 Abs. 1 Nr. 24 BauGB festzusetzen. Die Rechtsprechung habe dies in dieser Allgemeinheit kategorisch abgelehnt, da es an konkreten Anforderungen und Maßnahmen fehle. Dies sei unabhängig davon, ob die Standardisierungen auf der Ebene des normativen Rechts oder – wie etwa im Immissionsschutzrecht im Rahmen der TA-Luft – normkonkretisierend festgelegt seien. Die Kommune könne sich nicht auf § 9 Abs. 1 Nr. 24 BauGB berufen, da diese Möglichkeit nur bei ganz konkreten technischen Maßnahmen bestünde.

Boisserée dankte *Rebentisch* für seine Erläuterungen. Dies sei in der Tat eine seiner Fragen gewesen. Auf die andere Frage sei er durch den „Gladbecker Flachglasfall" gekommen. In dieser vor etwa 30 Jahren ergangenen Entscheidung sei es um ein ähnliches Problem gegangen. Es habe ein neuer Flachglasbetrieb geschaffen werden sollen, bei dem Fluoremissionen zu befürchten gewesen seien. Um die Bevölkerung und vor allen Dingen die Umweltverbände, die erheblich gegen dieses Projekt protestiert hätten, zufrieden zu stellen, habe die Gemeinde mit der Firma zusätzliche Grenzwerte und Maßnahmen gegen Fluor vereinbart. Die Erteilung der Genehmigung sei von den Umweltverbänden im Wege der Klage beanstandet worden. Sie hätten im Ergebnis Recht bekommen, die Genehmigung sei aufgehoben worden. Der Flachglasbetrieb sei dann trotzdem später gebaut worden und heute wahrscheinlich längst still gelegt. Das Problem seien Kompromisse, die aus Zweckmäßigkeitsgründen eingegangen würden und kaum zu vermeiden seien, die aber nachher ihre Rechtsförmlichkeit nicht bestätigt bekämen.

Im Anschluß daran kam *Weidemann* auf die abfallwirtschaftliche Betätigung der Kommunen zu sprechen. Er bemerkte zunächst, wenn Nutznießer des neuen KrW-/AbfG vor allem die Anwälte seien, wie *Tettinger* dies in seinem Vortrag angedeutet habe, könne dies auch daran liegen, daß jedenfalls Teilbereiche des Vollzuges so ausfielen, als bestünde noch die alte Rechtslage. Was die Zulässigkeit abfallwirtschaftlicher Betätigung der Kommunen angehe, habe *Papier* zu Recht gesagt, daß die Kommune für eine abfallwirtschaftliche Betätigung einen entsprechenden Kompetenztitel durch den sachlich zuständigen Gesetzgeber brauche. In diesem Zusammenhang habe *Papier* auch bemerkenswerterweise die Entscheidung des VGH München aus dem Jahre 1992[1] erwähnt, nach welcher es keine Vorfeldkompetenz gebe. Daher stelle sich die Frage, wo – um im Bild zu bleiben – das „Feld" beginne und ob nicht durch die Deregulierungsgesetze des Bundes eine „Feldverschiebung" zu Lasten der Kommunen eingetreten sei. Die

---

[1] VGH München, Urt. v. 22.01.1992 – 20 N 91/2850 u.a. – NuR 1992, 278.

Zuständigkeit sei in § 15 Abs. 1 und nicht in § 13 Abs. 1 KrW-/AbfG geregelt. Danach seien Kommunen nur für überlassene Abfälle zuständig. Fraglich sei, ob Kommunen überhaupt noch die Kompetenz haben, sich im Vorfeld des Überlassens, also außerhalb des gesetzlichen Pflichtbereichs, abfallwirtschaftlich zu betätigen. Man könne dies jedenfalls nicht wie das OLG Düsseldorf[2] mit dem Argument verneinen, das Landesgesetz definiere dies als nichtwirtschaftliche Betätigung. Wenn das Bundesgesetz die Verwertung von Gewerbeabfällen als wirtschaftliche Betätigung ansehe, sei der Landesgesetzgeber im Hinblick auf die Einheit der Rechtsordnung daran gebunden.

Tettinger wies zunächst darauf hin, daß es in der Sache keinen Unterschied mache, ob man § 13 i. V. m. § 15 KrW-/AbfG oder § 15 i. V. m. § 13 KrW-/AbfG als Kompetenznorm ansehe. Hinsichtlich der wirtschaftlichen Betätigung der Gemeinden sei zu beachten, daß auf den verschiedenen Ebenen unterschiedliche Inhalte und Diskussionen verknüpft seien. Im Kommunalrecht gehe es „nur" darum, ob die einengenden Vorgaben für die wirtschaftliche Betätigung einer Kommune für den Bereich der Abfallenentsorgung anwendbar seien oder nicht. Die Fiktion nichtwirtschaftlicher Betätigung sei hierzu ein im Ansatz durchaus akzeptabler Weg. Allerdings halte er die Entscheidungen des OLG Düsseldorf nicht für überzeugend: Wie bei der Echternacher Springprozession wende man erst § 1 UWG an und kontrolliere alles[3], mache dann aber wieder einen Schritt zurück und kontrolliere einen Bereich nicht, weil der Landesgesetzgeber ihn als nichtwirtschaftlich bezeichne[4]. Dies sei inkonsequent. Er halte außerdem schon die Anwendung des § 1 UWG nicht für angemessen. Die h. M. begrüße diese Rechtsprechung allerdings, da angesichts der engen, auf das Kriterium der Monopolisierung ausgerichteten verwaltungsgerichtlichen Rechtsprechung nur auf diese Weise Rechtsschutz gewährt werden könne. Überzeugender und ehrlicher sei es aber, über Art. 12 GG und die Anerkennung eines Eingriffs durch Konkurrenz zu operieren. Dann müsse man auch nicht in jedem Bundesland unterschiedlich vorgehen, wie das bei einer Anknüpfung an das Gemeindewirtschaftsrecht der Fall wäre. Die Separierung „wirtschaftlich – nichtwirtschaftlich" gebe es z. B. in Bayern und anderen Ländern nicht mehr. Was die Reichweite kommunaler Abfallwirtschaftskompetenz vor dem Hintergrund des Art. 28 Abs. 2 GG angehe, unterscheide sich seine Auffassung nicht von der *Papiers*. Art. 28 Abs. 2 GG sei Kontrollmaßstab für eine gesetzliche Regelung. Es gebe allerdings unter-

---

[2]   OLG Düsseldorf, Urt. v. 28. 10. 1999 – 2 U 7/99 – NVwZ 2000, 111 = UPR 2000, 149 = NuR 2000, 378 = ZUR 2000, 289.

[3]   OLG Düsseldorf, Urt. v. 10. 10. 1996 – 2 U 65/96 – NJW-RR 1997, 1470 = NWVBl. 1997, 353.

[4]   OLG Düsseldorf, Urt. v. 28. 10. 1999 – 2 U 7/99 – NVwZ 2000, 111 = UPR 2000, 149 = NuR 2000, 378 = ZUR 2000, 289.

schiedliche Auffassungen darüber, wo die Grenzen der Selbstverwaltungsgarantie konkret liegen. Umstritten sei, ob wirtschaftliche Unternehmen der Gemeinden nur bis zur Gemeindegrenze tätig werden dürfen. Für den ÖPNV sei dies historisch zu bejahen. Ähnliches gelte für Krankenhäuser. Jedenfalls dürfe eine gebietsübergreifende Tätigkeit aber nicht ausufern.

Papier schloß sich *Tettinger* an und fügte hinzu, daß der Gesetzesvorbehalt in Art. 28 Abs. 2 GG eine Aufgabenentziehung ermögliche. Fraglich sei lediglich, wo die Kernbereichsgrenze überschritten werde. Umgekehrt sei eine Rückübertragung nach vorangegangener Entziehung an Art. 12 GG zu messen.

Dietlein griff die von *Tettinger* angesprochene Frage nach den Grenzen der Selbstverwaltungsgarantie noch einmal auf. Er wollte wissen, ob wirtschaftliche Betätigung auch jenseits der Gemeindegrenze zulässig sei.

Henneke wies daraufhin, daß sich insoweit vor allem die Frage stelle, ob dies ohne Abstimmung mit der Nachbargemeinde möglich sei. Er halte dies verfassungsrechtlich für unzulässig. Aber auch einfachrechtlich geregelte Zulässigkeitsanforderungen seien problematisch. Nach § 107 Abs. 3 GO NW sei eine wirtschaftliche Betätigung außerhalb des Gemeindegebiets zulässig, sofern die Voraussetzungen vorlägen und die berechtigten Interessen der betroffenen kommunalen Gebietskörperschaften gewahrt seien. Letzteres wurde vermutet. Die Drittkommune müsse daher in Form einer Beweislastumkehr geltend machen, daß sie ein berechtigtes Interessse daran habe, daß eine solche Tätigkeit unterbleibe. Es genüge nicht, daß sie dies schlicht nicht wolle. In § 107 Abs. 3 GO NW heiße es dann weiter: „Bei der Versorgung mit Strom und Gas gelten nur die Interessen als berechtigt, die ...“ – es werde also eine weitere Einschränkung vorgenommen. Das sei rechtspolitisch ein Irrweg, dem man auch einen verfassungsrechtlichen Hintergrund durchaus attestieren könne. Die Frage *Weidemanns* nach der Zulässigkeit wirtschaftlicher Betätigung jenseits des Pflichtbereichs aufgreifend, führte *Henneke* aus, es könne nicht angehen, daß auf Bundesebene mit Grundgesetzänderung ein Privatisierungskonzept bei Post und Telekom, für die der Bund ausschließlich zuständig sei, verfolgt werde, und ein Landesgesetzgeber – wie in Nordrhein-Westfalen – dann hergehe und diese Aufgabe zu einem kommunalen und noch dazu nichtwirtschaftlichen Betätigungsfeld erkläre mit der Folge, daß die Beschränkungen der GO – Schrankentrias und Gebietsbeschränkung – nicht greifen. Man könne aus dem Interessenkonflikt zwischen Privatwirtschaft einerseits und kommunalen Unternehmen andererseits viel Konfliktpotential herausnehmen, wenn man die kommunalen Unternehmen und die Handwerksunternehmen gleichstelle. Man müsse an die Innenministerkonferenz der Länder appellieren, sich nicht auf den Regelungsweg Nordrhein-Westfalens zu begeben, sondern einen Weg zu finden, der die berechtigten und überkommenen Interessen des kommunalen Bereichs genauso respektiere wie die von Handwerk und Mittelstand und die Deregulierungskomponente im Bereich Energie und Abfall aufnehme. Auf die Erschließung neuer Aufgabenfelder für den kommunalen Bereich wie Telekommunikation sei zu verzichten.

Tettinger stimmte dem zu.

Papier stellte klar, daß die verfassungsrechtliche Problemstellung darin liege, wieweit die Grundrechte, insbesondere Art. 12 GG, private Anbieter gegenüber kommunaler Wirtschaftstätigkeit schützten. Für den Bürger seien die Kommunen öffentliche Gewalt und daher grundrechtsverpflichtet. Es gehe darum, ob wirtschaftliche Betätigung der öffentlichen Hand sich als Grundrechtseingriff darstelle und – wenn dies zu bejahen sei – mit welchen Schranken dann nach Maßgabe des Art. 12 GG zu rechnen sei. Er wolle das nicht vertiefen, aber zumindest darauf hinweisen, daß dies – aus Sicht der Privatwirtschaft – die relevante Fragestellung sei.

Weidemann bemerkte dazu, daß die Privaten von den Verwaltungsgerichten bisher keinen Rechtsschutz bekommen hätten. Wenn aber eine Kommune geltend mache, es werde zu ihren Lasten eine Aufgabe in den privaten Sektor verlagert, würden die Gerichte Rechtsschutz gewähren. Darin sehe er auch eine bemerkenswerte Umdeutung verfassungsrechtlicher Garantien.

Papier meinte, dazu wolle er sich nicht äußern.

Dittmann erwiderte auf die Stellungnahmen von *Henneke* und *Weidemann*, es möge zwar Kommunen geben, die ohne Not aus rein marktwirtschaftlichen Gründen ins Umland gehen. Man müsse aber auch sehen, daß die Kommunen eine ganze Reihe von Gesetzesänderungen hätten hinnehmen müssen, die ihre Langfristplanung der Entsorgungssicherheit, die sie gesetzlich erfüllen mußten, erheblich tangiert hätten. Die Kommunen hätten Müllverbrennungsanlagen, Deponien, Wasserwerke und Kläranlagen bauen und zehnjährige Ver- und Entsorgungssicherheit sicherstellen müssen. Durch die Gesetzesänderungen hätten sie dann vor einem Auslastungsproblem gestanden – nicht weil sie nicht bedarfsgerechte Anlagen geplant hätten, sondern weil die Nutzung dieser Anlagen infolge der Privatisierung der Abfallverwertung zurückgegangen sei. Wenn die bestehenden Anlagen nun durch ein Tätigwerden im Umland ausgelastet würden, dann bestünden dagegen nicht nur keine Bedenken. Kommunalabgabenrechtlich seien die Gemeinden vielleicht sogar verpflichtet, solche Maßnahmen zu ergreifen, um zugunsten ihrer eigenen Bürger die Gebühren stabil zu halten. Wenn dem – wie im Düsseldorfer Fall[5] – die andere Kommune zustimme, dann könne

---

[5] OLG Düsseldorf, Beschl. v. 12. 01. 2000 – Verg 3/99 – NVwZ 2000, 714 („Awista").

darin kein Verstoß gegen Art. 28 Abs. 2 GG liegen. Denn das würde heißen, daß man Art. 28 Abs. 2 GG gegen und nicht zugunsten der Kommunen anwende. Die abfallwirtschaftliche Betätigung von Kommunen jenseits des Gemeindegebiets sei daher verfassungsrechtlich und kommunalrechtlich unbedenklich, soweit der Ortsbezug gegeben sei, es also um Anlagen gehe, die ursprünglich für die eigene Bevölkerung geplant waren, deren Auslastung aber jetzt durch Umlandakquisition mit Zustimmung der betroffenen Gemeinden erfolge.

Cosson bemerkte zu den Ausführungen von *Henneke* und *Dittmann*, es sei bei der Awista-Entscheidung nicht um die Auslastung vorhandener Infrastruktur und auch nicht um eine kommunalpolitische Abrede zwischen zwei Gemeinden gegangen, sondern darum, daß eine kommunale Gesellschaft eine Offerte in einem öffentlichen Ausschreibungsverfahren abgegeben habe. In den Zeitungen sei zu lesen gewesen, daß die Awista für diese Tätigkeit Anlaufverluste in Höhe von 11 Millionen DM habe. Er frage sich, ob diese Anlaufverluste öffentlich-rechtlich gerechtfertigt seien und wer für die Anlaufverluste aufkomme, falls diese nicht mehr getilgt werden könnten. Es liege natürlich auf der Hand, daß für die Verluste letztlich der Gebührenzahler in Düsseldorf aufkommen müsse. Da gegen die Awista-Entscheidung des OLG Düsseldorf Verfassungsbeschwerde eingelegt worden sei, hoffe er, daß die hier diskutierten Fragen im Verfassungsbeschwerdeverfahren aufgegriffen werden. Er habe das Gefühl, daß bei den relevanten Stellen auch sehr intensiv und sehr ernsthaft der Frage nachgegangen werde, inwieweit hier Verstöße vorlägen.

Kugelmann stimmte *Battis* darin zu, daß die Zukunft des Umweltschutzes in der Integration in die Planung liege, wollte aber wissen, worin sich *Battis'* Optimismus begründe, daß ausgerechnet die kommunale Bauleitplanung den Vorreiter spielen könne, denn das würde ja eine Aufwertung des Verfahrens und eine Sanktionierung von Verfahrensfehlern bedeuten, welche ja doch gelegentlich vorkämen. Weiter würde er gerne wissen, ob *Battis* seinen Optimismus möglicherweise in Instrumenten wie der Mediation begründet sehe, durch welche man die Interessen möglicherweise besser integrieren könne. Schließlich interessiere ihn, wer denn die Umweltschutzinteressen auf kommunale Ebene einflechten solle, ob dies Aufgabe des Bürgers oder der Verbände sein solle.

Battis antwortete, daß man von den Kommunen nicht erwarten könne, daß sie sich in Fragen des Umweltschutzes signifikant anders verhielten als die gesamte Gesellschaft und auch die Politik. Wunder werde der neue § 1a BauGB daher nicht bewirken. Wenn der Flächenverbauch innerhalb von 10 Jahren auf 10 % zurückgefahren werden solle und das Gegenteil passiere, dann spreche das sehr gegen dieses Konzept. Zwei Gründe sprächen aber trotzdem dafür: Zum einen komme der Integrationsansatz des Gemeinschaftsrechts, welches sich insoweit von dem in vielerlei Fachgebiete aufgespaltenen deutschen Recht unterscheide, auf kommunaler Ebene viel besser zum Tragen. Zum anderen befürworte er die demokratische Partizipation: Wenn man Demokrat sei, dann müsse man unverbesserlicher Optimist sein. Wenn man sage, die Menschen seien schlecht und die Welt sei auch schlecht, könne das natürlich nichts werden; das sei vollkommen richtig. Dem Gemeinschaftsrecht sei jedoch ein Optimismus hinsichtlich der Wirksamkeit demokratischer Verfahren eigen. Dies sei auf starken angelsächsischen und angloamerikanischen Einfluß zurückzuführen.

Cosson fragte, ob eine Privatisierung der Hausmüllentsorgung zulässig sei und ob eine Sonderstellung öffentlicher Unternehmen im Anschluß an die Wallonien-Entscheidung des EuGH[6] über Art. 86 Abs. 2 i.V.m. Art. 16 EGV als gerechtfertigt anzusehen sei.

Tettinger antwortete, er halte die Privatisierung der Hausmüllentsorgung verfassungsrechtlich – Art. 28 Abs. 2 GG – für problematisch. Europarechtlich müsse die Frage im Hinblick auf die Prinzipien der Entsorgungsautarkie und der Entsorgungsnähe aber jedenfalls verneint werden. Art. 86 Abs. 2 EGV erlaube zwar Beschränkungen der Warenverkehrsfreiheit aus Kapazitätsgründen. Art. 16 EGV garantiere aber keine öffentliche Entsorgung.

Schröder stellte abschließend und zusammenfassend als Hauptstreitpunkte noch einmal den Topos der Konzeptwidrigkeit, das Verhältnis öffentlicher und privater Abfallwirtschaft im Hinblick auf Art. 12 und 28 Abs. 2 GG sowie die Bedeutung des EG-Rechts heraus.

---

[6]   EuGH, Urt. v. 09.07.1992 – Rs. C-2/90 – NVwZ 1992, 871 = EuZW 1992, 577.

Privatisierung der Wasserversorgung und Abwasserbeseitigung

Martin Burgi

Die Förderung, Verteilung und Verwendung von Wasser ist zentraler Gegenstand einer jeden Ordnung des Zusammenlebens von Menschen. Die Veranstalter dieses traditionsreichen Kolloquiums, denen es mit der Wahl des diesjährigen Themas um die Neubestimmung der Koordinaten von Staat, Wirtschaft und kommunaler Selbstverwaltung im System des Umweltschutzes ging, haben daher gut daran getan, die Agende der Wasserwirtschaft mit auf die Tagesordnung zu setzen, und sie befinden sich dabei in bester Gesellschaft mit dem großen Weltdeuter *Bertolt Brecht*, der die Verhältnisse, mit denen sein „guter Mensch von Sezuan" konfrontiert war, an der Figur des „Wasserverkäufers" *Wang* und dessen „mühseligem" Geschäft manifestiert hat – wenngleich die „drei Götter", auf die dieser sehnsüchtig gewartet hat, noch nicht die Namen „Privatisierung", „Liberalisierung" und „Daseinsvorsorge" trugen. Im Mittelpunkt des folgenden Beitrags stehen die Zusammenhänge zwischen dem Umweltschutz einerseits, den Organisations- und Trägerstrukturen im ökologisch relevanten Aufgabenfeld der Wasser-Infrastruktur andererseits. Die kommunale Selbstverwaltung ist hier zugleich als Erbringer der potentiell privatisierbaren Infrastrukturleistungen wie als Ort umweltpolitischer Gestaltungsmacht betroffen; die Privatwirtschaft steht vor der Herausforderung einer gleichermaßen wirtschaftlicheren und umweltverträglichen Leistungserbringung. Bevor dies im einzelnen entfaltet wird (III bis VI), müssen das faktische wie politische Umfeld (I) sowie der thematische und begriffliche Rahmen (II) erarbeitet werden.

I. Einführung

1. Determinanten

Die unmittelbaren Determinanten bestehen gegenwärtig in der seit längerem zunehmenden Komplexität der Aufgabenerfüllung und der daraus resultierenden Kostenlast einerseits,[1] der fortschreitenden Finanznot der Kommunen und dem Erreichen der Belastungsgrenze bei den Gemeindebürgern andererseits.[2] Obgleich etwa die Abwasserbeseitigung der investitionsstärkste Bereich des Umweltschutzes mit einem Jahresvolumen von (1997) 12 bis 13 Milliarden DM ist, wird bis 2005 mit einen Investitionsbedarf in Höhe von 150 Milliarden DM gerechnet, vor allem aufgrund des vielfach buchstäblich angeschlagenen Zustands der Kanäle.[3] Hier liegt ein potentieller Markt, zum ersten für nationale Unternehmen, die im Prozess der Neustrukturierung anderer Branchen, namentlich der Energieversorgung, zu „multi-utility-Anbietern" mit erfolgreichen Referenzprojekten auch für den Weltmarkt werden wollen,[4] und zum zweiten für ausländische, vor allem französische und britische Unternehmen, die in Deutschland kraftvoller agieren können wollen. Diese unmittelbaren Determinanten sind ein-

---

[1] Eingehend zur Komplexität der Aufgabenerfüllung in der Abwasserbeseitigung *Nisipeanu*, in: ders. (Hrsg.), Privatisierung der Abwasserbeseitigung, 1998, S. 1 (11 ff.); vor dem EuGH ist gegenwärtig eine Klage der Kommission gegen die Bundesrepublik anhängig, in der es um angebliche Umsetzungsdefizite in verschiedenen Landes-Abwassergesetzen geht. Insbesondere für kleinere Betriebseinheiten stellen die ständig komplizierter und strenger werdenden wasserrechtlichen Vorgaben von EU, Bund und Ländern eine gewaltige Herausforderung dar.

[2] Die Abwasser- und Wasserpreise in Deutschland sind vor allem seit dem Bericht einer Fachkommission der Weltbank in die Kritik geraten. Dabei ist zu berücksichtigen, dass die seit mehreren Jahren stetig steigenden Kosten mehrere Ursachen haben, wobei die wichtigsten Ursachen im Sanierungsbedarf und in der Anpassung an verschärfte Standards zu sehen sind (vgl. die prägnante Analyse im Umweltgutachten 2000 des *Rates von Sachverständigen für Umweltfragen* (2000), S. 142 m.w.N., sowie die verschiedenen fachwissenschaftlichen Analysen in dem von *Nisipeanu* hrsg. Band „Kosten der Abwasserbeseitigung" (1999), ferner *Bäumer* u.a., KA-Wasserwirtschaft, Abwasser, Abfall 2000, S. 722ff. Charakteristisch für die Kostensituation in der Wasserversorgung und in der Abwasserbeseitigung ist der hohe Anteil der Fixkosten (vgl. zum Ganzen [mit zahlreichen anschaulichen Tabellen] *Bundesministerium für Bildung und Forschung* [Hrsg.], Aktionskonzept Nachhaltige und wettbewerbsfähige Deutsche Wasserwirtschaft, Fachberichte, Teil A, 2. Aufl. 2000, S. 13ff.).

[3] Zahlen nach *Rat von Sachverständigen für Umweltfragen* (Fn. 2), S. 141.

[4] Entsprechende Ambitionen sind dokumentiert in den Beiträgen von *Stottmann* (S. 17ff.) und *Fornacciari* (S. 65ff.) in: Ruhrverband (Hrsg.), 100 Jahre ganzheitliche Wasserwirtschaft an der Ruhr, 2000; vgl. ferner *Klein* u. *Griepentrog*, ebenda, S. 71 bzw. 79. Über die internationale Positionierung deutscher Anbieter wird in Teil B der Fachberichte des in Fn. 2 erwähnten Aktionskonzepts, S. 61ff., berichtet. Im Gutachten des *Rates von Sachverständigen für Umweltfragen* (Fn. 2), S. 143ff., ist prägnant die Ausgangslage in den beiden wichtigen „Privatisierungsländern" Großbritannien und Frankreich dargestellt; zur Situation in Großbritannien vgl. ferner *Scheele*, ZögU 1997, S. 35.

gebettet in einen politischen und ökonomischen Kontext, der in der gebotenen Kürze durchaus mit den Schlagwörtern „Ökonomisierung" (übrigens auch inner- halb des kommunalen Sektors)[5], „Liberalisierung" und „Internationalisierung" charakterisiert werden kann.

Wer bei dieser Aufzählung das Europarecht als weitere Determinante vermisst, mag mit Staunen zur Kenntnis nehmen, dass dieses im vorliegenden Sektor keine unmittelbaren Privatisierungs- oder Liberalisierungsimpulse entsendet. Hin- sichtlich der Organisations- und Trägerstrukturen in der deutschen Wasserwirt- schaft besteht also ein exklusives Zugriffsrecht mit korrespondierender exklusi- ver Verantwortung der nationalen Politik in Bund, Ländern und Gemeinden. Beim Manövrieren in zunehmend aufgeregterer See sind allerdings bereits heute drei europarechtliche Blinkfeuer zu beachten: Die sog. Sektorenrichtlinie 93/38/ EWG vom 14. Juni 1993 betrifft die Auftragsvergabe durch Auftraggeber auch im Bereich der Wasserversorgung.[6] Dabei ist interessant, dass die EG-Kommis- sion in ihrem soeben vorgelegten Vorschlag zur Änderung dieser Richtlinie be- reits Vorkehrungen für den Fall ins Auge fassen will (vgl. Art. 29 des Entwurfs), dass in den betreffenden Sektoren (auch in dem für Wasser) Liberalisierung und Öffnung für den Wettbewerb Realität geworden sind.[7] Das bedeutet: Keine eu- roparechtliche Verpflichtung, aber eine europarechtlich bereits rezipierte Ten- denz. Das zweite Blinkfeuer ist in der soeben beschlossenen Verschärfung der Transparenzrichtlinie zu sehen, die in erster Linie in der Verpflichtung zur ge- trennten Buchführung für sog. öffentliche und für sog. kommerzielle Aktivitäten öffentlicher Unternehmen besteht.[8] Ungeachtet der Beurteilung von Sinn und Notwendigkeit einer solchen Verpflichtung dürfte sich dadurch jedenfalls die im folgenden analysierte Tendenz zur Unterscheidung von Leistungserbringung

---

[5] Im Zuge der breiten Strömung der Verwaltungsmodernisierung in Deutschland (vgl. nur *Burgi*, Funktionale Privatisierung und Verwaltungshilfe, 1999, S. 2 f. m. w. N.) haben sich insbesondere auf der kommunalen Ebene Entwicklungen ergeben, die teilweise mit dem Schlagwort „Hol- ding Stadt" umschrieben werden und sachlich insbesondere im sog. Neuen Steuerungsmodell der Kommunalen Gemeinschaftsstelle gebündelt sind (vgl. stellvertretend und kritisch hier nur *Oebbecke*, DÖV 1998, S. 853 ff.).

[6] Richtlinie des Rates zur Koordinierung der Auftragsvergabe durch Auftraggeber im Bereich der Wasser-, Energie- und Verkehrsversorgung sowie im Telekommunikationssektor (ABl. L 199, S. 84, zuletzt geändert durch die Richtlinie 98/4/EG des Europäischen Parlaments und des Rates vom 16. 2. 1998 [ABl. L 101, S. 1]).

[7] Der Entwurf einer Änderungsrichtlinie, der Teil eines ganzen Pakets von Änderungsvorschlä- gen betreffend das Vergaberecht ist, ist im Internet zu finden unter der Adresse **http:// simap.eu.int/DE/pub/scr/welcome_DE.htm**. Die erwähnte Überlegung beruht darauf, dass bei Vorhandensein eines effektiven Wettbewerbs keine Sondervorschriften für bestimmte Auftrag- geber mehr erforderlich sind.

[8] Richtlinie 80/723/EWG (ABl. L 195, S. 35), zuletzt geändert durch Richtlinie 2000/52/EG (ABl. L 193, S. 75).

und Regulierung im Infrastrukturbereich verstärken. Das dritte europäische Blinkfeuer entsendet die geplante Wasser-Rahmenrichtlinie der EG, indem sie unter anderem die Erfassung von Einzugsgebieten durch Zuordnung von sog. Flussgebietseinheiten (nicht: -behörden)[9] vorsieht. Wenngleich sich hiermit keinerlei Aussage zugunsten einer Stärkung des staatlichen bzw. kommunalen oder des privatwirtschaftlichen Sektors verbindet, dürften die Organisations- und Trägerstrukturen in der deutschen Wasserwirtschaft, und dabei vor allem die Notwendigkeit und Realisierbarkeit von Kooperations- und Verbandslösungen, mit auf die Tagesordnung der Umsetzungsdebatte rücken.[10]

2. Spezifika

Ist die Wasserwirtschaft ohne weiteres vergleichbar mit Infrastrukturbereichen wie Stromversorgung oder Abfallentsorgung? Populärwissenschaftlich gesprochen: Kann es bald gelbes oder blaues Wasser geben oder Wasser, „das anders klingt"? Folgende Spezifika der Wasserwirtschaft seien skizziert: Die unmittelbare Lebensnotwendigkeit der Ressource gesundes Wasser bzw. das große Gefährdungspotential einer ungeordneten Abwasserbeseitigung, ferner die Leitungsgebundenheit, wobei der Zustand der Leitungen erstens wiederum unmittelbare Auswirkungen für das Wasser, namentlich das Grundwasser hat und zweitens der Transport von Wasser verschiedener Herkunft in ein und derselben Leitung zu hochproblematischen Qualitätsveränderungen führt;[11] abgesehen davon, dass nicht recht vorstellbar erscheint, dass etwa die Verbraucher in der Nachbarschaft eines Produzenten qualitätsärmeren Wassers dafür büßen, dass ein weiter entfernt wohnender Kunde dieses billigere Wasser bestellt hat, wobei er vielleicht selbst als Nachbar eines Qualitätsproduzenten unverändert höherwertiges Wasser genießt. Ein weiteres Spezifikum dieses Infrastrukturbereichs besteht darin, dass das Wasser elementarer Bestandteil des Naturkreislaufes ist

---

[9] (Geänderter) Vorschlag für eine Richtlinie zur Schaffung eines Ordnungsrahmens für Maßnahmen der Gemeinschaft im Bereich der Wasserpolitik (KOM [99] 271 endg.). Kritisch hierzu (unter föderalen Aspekten) vgl. *Breuer*, in: Rengeling (Hrsg.), Handbuch zum Europäischen und Deutschen Umweltrecht, Band 2, 1998, § 66 Rdnr. 44 ff.

[10] Auf dieser Linie bewegen sich bereits die Überlegungen des Vorstandsvorsitzenden des Ruhrverbandes *Bongert*, in: Nisipeanu, Privatisierung (Fn. 1), S. 115 ff.

[11] Dass die Statuierung und Durchsetzung von Durchleitungsrechten nicht in gleicher Weise funktionieren kann wie im Bereich der Energieversorgung räumt auch die Bundesregierung in ihrer Antwort auf eine Kleine Anfrage von Abgeordneten der PDS-Fraktion ein (BT-Drucks. 14/2604 vom 27.01.2000, S. 4 f.); vgl. ferner *Klein*, Kommunalmagazin 2000 (vom 10.08.2000), sowie *Entelmann/Diersen/Wichmann*, gwf Wasser Abwasser 2000, S. 158.

und eine Fülle weiterer Funktionen in der Natur und für den Menschen zu erfüllen hat. Rechtlich wird dem durch ein Bewirtschaftungsregime Rechnung getragen, indem sämtliche Zugriffe auf die Gewässer, welche überdies in weiten Teilen der privaten Eigentumsordnung entzogen sind, einer Gestattung bedürfen, deren Erteilung im Ermessen der zuständigen Behörden steht;[12] auch dies setzt einer beliebigen Erweiterung des Kreises der Wasserunternehmer Grenzen.

II.   Thematischer und begrifflicher Rahmen

1.   Zum Thema

Die folgenden Überlegungen sind juristischer Natur und berühren ökologische, ökonomische und technische Aspekte nur, soweit es erforderlich ist. Der juristische Zugriff wiederum ist nicht der des Rechtsberaters vor Ort, der für ein individuelles Versorgungsgebiet einen Optionenvergleich anstellen und abschließend ein bestimmtes Organisationsmodell empfehlen soll, vielmehr stehen generelle, insbesondere verfassungsrechtliche Fragestellungen, die sich in einem in Bewegung geratenen Umfeld und in Anbetracht bestimmter normativer Festlegungen ergeben, im Mittelpunkt, und zwar ausschließlich auf Deutschland bezogen.[13] Dabei sind auch die Wechselwirkungen zwischen dem Privatisierungsreferenzgebiet[14] „Wasserwirtschaftsrecht" und der allgemeineren Ebene der Gewichtsverschiebungen zwischen Staat, Kommunen und Wirtschaft wichtig. Von den zahlreichen berührten Gemeinwohlbelangen wird speziell auf die Belange des Umweltschutzes fokussiert, obgleich natürlich auch Fragen der Arbeitsplatzerhaltung, der betrieblichen Mitbestimmung oder der Baulanderschließung berührt sind.[15] Von bereits mittelbarer ökologischer Relevanz und daher insoweit

---

[12]   Zum Ziel der Ordnung des „Wasserhaushalts" (vgl. Art. 75 Abs. 1 Satz 1 Ziff. 4 GG) und zu den hierbei eingesetzten Instrumenten vgl. nur BVerfGE 58, 300 (338 ff.) sowie §§ 1a, 4 – 6, 7a WHG, ferner *Czychowski*, Wasserhaushaltsgesetz, 7. Aufl. 1998, Einleitung.

[13]   Mit den Perspektiven deutscher Wasserwirtschaftsunternehmen auf dem Weltmarkt befasst sich der Fachbericht B innerhalb des vom *Bundesministerium für Bildung und Forschung* moderierten Aktionskonzeptes (Fn. 2), S. 61 ff.; vgl. zu den Möglichkeiten internationaler Kooperation in diesem Bereich *Winter*, in: Nisipeanu, Privatisierung (Fn. 1), S. 203 ff.

[14]   Als Referenzgebiete werden in der neueren Dogmatik des Allgemeinen Verwaltungsrechts bestimmte, hervorgehobene Gebiete des Besonderen Verwaltungsrechts mit prägender Wirkung für das Allgemeine Verwaltungsrecht verstanden (nach *Schmidt-Aßmann*, Das Allgemeine Verwaltungsrecht als Ordnungsidee, 1998, S. 8 ff.); speziell zum Verhältnis zwischen „Allgemeinem Teil" und „Besonderem Teil" im Privatisierungsrecht vgl. *Burgi* (Fn. 5), S. 16 f.

[15]   Auf den letztgenannten Aspekt, der sich daraus ergibt, dass die Abwasserbeseitigung wichtige Aspekte bei der Neuerschließung von Grundstücken und damit bei der städtebaulichen Überplanung des Gemeindegebiets betreffen kann, macht *Queitsch*, UPR 2000, S. 247 (253), aufmerksam.

einzubeziehen sind die mit der Finanzierung einer effizienten – und das kann auch heißen ökologisch erfolgreichen – Aufgabenerfüllung zusammenhängenden Aspekte.[16]

2. Begriffsklärungen: Privatisierung und Liberalisierung

Im vorliegenden Zusammenhang bewahrheitet sich in besonderem Maße die Erkenntnis, wonach Klarheit in den Begriffen Klarheit in der Sache hervorbringen hilft. So ist zu differenzieren zwischen Privatisierung und Liberalisierung und innerhalb des Privatisierungsbereichs nach dem Privatisierungsgegenstand, wobei mittlerweile an zahlreiche Vorarbeiten angeknüpft werden kann. Dabei ist auch der Begriff „Regulierung" zu klären.

Privatisierungen beziehen sich stets auf einen vorhandenen staatlichen Bestand, auf eine Staatsaufgabe im formalen Sinne, d. h. eines Tätigkeitsbereichs, der bislang durch den Staat wahrgenommen wird und nunmehr privaten Dritten geöffnet wird.[17] Keine Privatisierung liegt vor, wenn der Staat die Eigenverantwortung der von seinem Tätigwerden Betroffenen stärkt, da diese eben keine Dritten sind. Thematisch nicht erfasst ist daher namentlich die Begründung von Abwasserbeseitigungspflichten bei den abwassererzeugenden Unternehmen.[18] Wichtig ist, dass es innerhalb der infrastrukturbezogenen Aufgabenfelder Abwasserbeseitigung und Wasserversorgung jeweils nicht nur eine, sondern mehrere Staatsaufgaben gibt.[19] Die gegenwärtigen Privatisierungsbemühungen richten sich auf diejenigen Staatsaufgaben, die mit der Leistungserbringung zu tun haben, vom

---

[16]   Dieser Zusammenhang erhellt unmittelbar aus dem bereits erwähnten Investitionsbedarf, der in erster Linie dem ökologischen Ziel des Grundwasserschutzes in Anbetracht defekter Kanalnetze geschuldet ist; vgl. zu den ökologischen Vorteilen einer effektiven Leistungserbringung *Nisipeanu*, in: ders., Privatisierung (Fn. 1), S. 12 f.; *Entelmann/Diersen/Wichmann*, gwf Wasser Abwasser 2000, S. 157.

[17]   Inhalt und Bedeutung des sog. formalen Staatsaufgabenbegriffs sind ausführlich dargestellt bei *Burgi* (Fn. 5), S. 48 ff.; vgl. ferner *Schoch*, DVBl. 1994, S. 962 f.

[18]   Entsprechende landeswasserrechtliche Bestimmungen durchbrechen den durch § 18a Abs. 2 Satz 1 WHG statuierten Grundsatz der körperschaftlichen Abwasserbeseitigung (vgl. z. B. § 53 Abs. 5 LWG NRW); eingehend hierzu vgl. *Nisipeanu*, in: ders., Privatisierung (Fn. 1), S. 140 ff., sowie *Becker*, Die Zulässigkeit dezentraler Abwasserbehandlung, 1998, S. 35 ff. Allgemein zur Unterscheidung zwischen Privatisierung und Stärkung privater Eigenverantwortung vgl. *Burgi* (Fn. 5), S. 13.

[19]   Inhalt und Umfang dieser einzelnen Aufgaben ergeben sich aus den Landeswassergesetzen. So kann etwa im Bereich der Abwasserbeseitigung unterschieden werden zwischen der Entgegennahme der Abwässer, dem Bau und Betrieb der erforderlichen Anlagen, der Einleitung der geklärten Abwässer in ein Gewässer sowie der mit diesen Tätigkeiten verbundenen Aufgaben der finanziellen Förderung und ordnungsrechtlichen Überwachung.

Betrieb der Kläranlagen bis zum Bau der Wasserleitungen; diese Aufgaben liegen staatsintern bislang primär in kommunaler Hand (vgl. III 1). Von ihnen zu unterscheiden sind die Aufgaben des infrastrukturbezogenen Umweltschutzes. Sie werden teilweise ebenfalls von den Kommunen wahrgenommen, und zwar als Unternehmensträger und als Satzungsgeber. Daneben wirken die Gesetzgeber und Behörden von Bund und Ländern in Gestalt der sog. Umweltüberwachung, die ihrerseits Gegenstand von Privatisierungsbemühungen sein kann, was aber in diesem Jahr nicht Thema der *Trierer* Tagung sein soll, sondern bereits vor zwei Jahren unter dem Titel „Rückzug des Ordnungsrechtes im Umweltschutz" erörtert worden ist.[20]

Richtet sich die Privatisierung auf die Organisation bei der Aufgabenwahrnehmung, so hat man es mit einer Organisationsprivatisierung zu tun, kurz, mit der Ersetzung staatlicher oder kommunaler Verwaltungseinheiten durch Eigengesellschaften oder sog. gemischt-wirtschaftliche Unternehmen.[21] Werden dagegen Private mit der „bloßen" Durchführung der betroffenen Aufgaben, die als solche in staatlicher Hand verbleiben, betraut, wird also nicht nur die Organisationsstruktur, sondern die Verantwortungsstruktur verändert, dann spricht man von funktionaler Privatisierung.[22] Hierher gehören namentlich die in der Praxis weit verbreiteten Betreiber- und Betriebsführungsmodelle.[23] Wird eine Staatsaufgabe nicht nur zur Durchführung, sondern als solche an einen Privaten übertragen, hat man es mit einer Aufgabenprivatisierung zu tun.[24] Sowohl bei der funktionalen Privatisierung als auch bei der Aufgabenprivatisierung kann es ge-

---

[20] Der im Jahre 1999 erschienene Tagungsband mit dem gleichnamigen Titel ist herausgegeben worden von *Hendler/Marburger/Reinhardt/Schröder*. Auch in diesem Zusammenhang können Möglichkeiten bestehen, die von der Aufgabenerfüllung Betroffenen, d.h. die Wasserwirtschaftsunternehmen selbst, in die Verantwortung zu nehmen, womit sich *Salzwedel*, in: Institut für das Recht der Wasser- und Entsorgungswirtschaft an der Universität Bonn (Hrsg.), Das Recht der Wasser- und Entsorgungswirtschaft, Heft 24 (Staat, Selbstverwaltung und Private in der Wasser- und Entsorgungswirtschaft), 1997, S. 57ff., befasst hat.

[21] Im Anschluss an eine Organisationsprivatisierung hat man es zu tun mit einem Fall der „Verwaltung in Privatrechtsform"; vgl. *Burgi* (Fn. 5), S. 76ff.; *Bull*, Allgemeines Verwaltungsrecht, 6. Aufl. 2000, Rdnr. 39.

[22] Vgl. *Osterloh*, VVDStRL 54 (1995), S. 204 (223); *Schoch*, DVBl. 1994, S. 962 (963); ausführlich *Burgi* (Fn. 5), S. 145ff. Am Ende einer funktionalen Privatisierung steht eine Verwaltungshilfe, die durch die Erbringung unselbständiger wie selbständiger Beiträge, jedoch stets mit funktionalem Bezug zu einer staatlichen Agende, gekennzeichnet ist.

[23] Nähere Darstellungen speziell im Hinblick auf das Abwasserbeseitigungsrecht finden sich bei *Bodanowitz*, Organisationsformen für die kommunale Abwasserbeseitigung, 1993, S. 34ff., 108ff.; *Kummer/Giesberts*, NVwZ 1996, S. 1166 (1169); *Rudolph*, in: Institut für das Recht der Wasser- und Entsorgungswirtschaft (Fn. 20), S. 65ff.; *Bauer*, VerwArch 90 (1999), S. 561 (567ff.); *Queitsch*, UPR 2000, S. 247 (250ff.), sowie bereits bei *Schoch*, DVBl. 1994, S. 1.

[24] Vgl. *Burgi* (Fn. 5), S. 86f.; *Bull* (Fn. 21), Rdnr. 39. Damit verbindet sich noch keine Aussage über das Fortbestehen einer staatlichen bzw. kommunalen Verantwortung, die sich mit Erlass von Regulierungsmaßnahmen äußerte (vgl. sogleich im Text).

schehen, dass der eingeschaltete „Private" eine Organisationseinheit ist, welche ihrerseits dem Staat zuzurechnen ist; dann handelt es sich um eine unechte (funktionale bzw. Aufgaben-)Privatisierung (vgl. noch unten V 4). Die funktionale Privatisierung und die Aufgabenprivatisierung haben gemeinsam, dass ein Markt für die Übernahme der entsprechenden Tätigkeiten entsteht und damit in der Regel ein „Wettbewerb um den Markt".[25] Eine weitere Gemeinsamkeit besteht darin, dass die vormals alleinverantwortliche staatliche oder kommunale Stelle sich nicht spurlos aus der Aufgabenerfüllung zurückzieht, sondern ihrer fortbestehenden „Verantwortung" – auch dies ein Schlüsselbegriff der Privatisierungsdogmatik[26] – fortan durch *Regulierung* gerecht zu werden versucht. Kurz: An die Stelle der leistungserbringenden Verwaltung tritt die regulierende Verwaltung.[27] Im Mittelpunkt des mir gestellten Themas stehen diese beiden Optionen.

Sie sind abzugrenzen gegenüber der *Liberalisierung*. Diese ist gekennzeichnet durch das Fehlen jeglichen Bezugs zu einem staatlichen bzw. kommunalen Tätigwerden. Hier geht es darum, ein bislang bestehendes staatliches bzw. kommunales Monopol zu beseitigen und die konkurrierende Leistungserbringung durch Private zuzulassen. Diese Privaten sind neben, nicht für oder anstelle der staatlichen Träger tätig; man hat es zu tun mit einem „Wettbewerb im Markt", nicht mit einem „Wettbewerb um einen Markt". In den Feldern Abwasserbeseitigung und Wasserversorgung sollte man m.E. erst dann von Liberalisierung in diesem Sinne sprechen, wenn die privaten Unternehmen unabhängig von kommunal errichteten Marktzutrittsschranken agieren könnten. Das ist gegenwärtig nicht in Sicht, da selbst die Aufhebung bisher bestehender kartellrechtlicher Privilegierungen der Wasserversorgung (vgl. III 1 b u. VI) nichts am Fortbestand der kommunalen Monopolstellungen ändern würde und ein Durchleitungskonzept ähnlich dem in der Energieversorgung in weiter Ferne liegt. Der Option Liberalisierung sind daher lediglich einige abschließende Bemerkungen gewidmet.

---

[25] In Übernahme der Formulierung im Umweltgutachten 2000 des *Rates von Sachverständigen für Umweltfragen* (Fn. 2), S. 147.

[26] „Verantwortungsteilung" gilt als Schlüsselbegriff innerhalb des sich verändernden Verhältnisses von öffentlichem und privatem Sektor, womit sich aktuell und weiterführend *Trute* (S. 13 ff.) und *Voßkuhle* (S. 47 ff.) in dem von *Schuppert* herausgegebenen Band „Jenseits von Privatisierung und ‚schlankem' Staat", 1999, befasst haben. Zur funktionalen Stufung staatlicher Verantwortung innerhalb von Aufgabenfeldern vgl. bereits *Schmidt-Aßmann*, Das allgemeine Verwaltungsrecht als Ordnungsidee, 1998, S. 148 ff.; *Burgi* (Fn. 5), S. 63.

[27] Im Anschluss an *Lerche*, in: Maunz/Dürig, GG, Stand Oktober 1999, Art. 87f Rdnr. 34f., und *Ruffert*, AöR 124 (1999), S. 237 (246), können mit dem Begriff der Regulierung die für das Privatisierungsfolgenrecht typischen Handlungs- und Organisationsformen zusammengefasst werden.

III. Der rechtliche Problemhorizont

1. Gegenwärtige Situation und Entwicklungen

a) *Abwasserbeseitigung*

Die rund 8000 Abwasserentsorger befinden sich zum allergrößten Teil in kommunaler Trägerschaft, weil die Landeswassergesetze anordnen, dass die Aufgaben der Abwasserbeseitigung grundsätzlich kommunale Pflichtaufgaben mit Selbstverwaltungscharakter sind.[28] Vielfach schließen sich die Gemeinden untereinander zusammen und bilden Zweckverbände, die dann gebietsübergreifend tätig sind; in einigen Ländern liegt die Abwasserbeseitigung in erheblichem Umfang bei den auf der Grundlage des Wasserverbandsgesetzes und von Sondergesetzen tätigen Wasserverbänden respektive „Abwässerverbänden" (vgl. etwa § 54 WG NRW), und damit von vornherein außerhalb der kommunalen Selbstverwaltung, wobei zwischen den Kommunen und jenen Verbänden häufig eine Arbeitsteilung stattfindet (etwa bezüglich des Sammelns und Ableitens einerseits, des Betriebs der Kläranlagen andererseits).[29] Die wichtigsten Einzelleistungen bestehen im Bau und Betrieb von Abwasserleitungen, Abwasserkanälen und Kläreinrichtungen, die als Ganzes eine kommunale öffentliche Einrichtung bilden. Die hiervon erfassten Abwässer werden auf der Grundlage der erforderlichen wasserrechtlichen Gestattungen (vgl. § 3 Abs. 1 Ziff. 4 WHG) in Flüsse und Seen eingeleitet; überdies sind die „Abwasseranlagen" einer spezifischen Umweltüberwachung unterworfen (vgl. etwa §§ 57 ff. LWG NRW). Die seit dem Ende des 19. Jahrhunderts bestehende Konzentration auf verhältnismäßig wenige, primär kommunale Träger findet ihre ökologische Legitimation in dem Anliegen der Beschränkung der Zahl der Abwassereinleiter je Gewässer durch die Verwandlung von Direkt- in Indirekteinleiter.[30] Organisatorisch dominieren

---

28   Vgl. § 45b Abs. 1 S. 1 WG BW, Art. 41b Abs. 1 BayWG; § 66 Abs. 1 S. 1 BbgWG; § 52 Abs. 1 S. 1 HessWG; § 40 Abs. 1 WG MV; § 149 Abs. 1 NdsWG; § 53 Abs. 1 LWG NRW; § 52 Abs. 1 S. 1 WG Rh.-Pf.; § 63 Abs. 2 SächsWG; § 151 Abs. 1 WG S-A; § 31 Abs. 1 S. 1 WG SH; § 58 Abs. 1 ThürWG. Abweichungen in den Stadtstaaten Berlin, Bremen und Hamburg sowie im Saarland können nachfolgend nicht behandelt werden. Die genannten Vorschriften beruhen auf der bundesrechtlichen Festlegung auf eine körperschaftliche Abwasserbeseitigungspflicht in § 18a Abs. 2 S. 1 WHG (vgl. hierzu und zu den vorgesehenen Ausnahmen *Nisipeanu*, in: ders., Kosten (Fn. 2), S. 123 ff. Die Gesamtzahl der Abwasserentsorger ist mitgeteilt im Umweltgutachten 2000 des *Rates von Sachverständigen für Umweltfragen* (Fn. 2), S. 139.

29   Eingehend hierzu vgl. *Nisipeanu*, in: ders., Kosten (Fn. 2), S. 106 ff.

30   Die Ursprünge einer geordneten Wasserversorgung und Entwässerung sind prägnant dargestellt bei *Hofmann*, in: Jeserich u. a. (Hrsg.), Deutsche Verwaltungsgeschichte III, 1984, S. 589 f.; vgl. ferner *Nisipeanu*, in: Ruhrverband (Fn. 4), S. 185 ff. Zur historischen Situation der Wasserversorgung im Kontext der sog. Daseinsvorsorge vgl. *Hellermann*, Örtliche Daseinsvorsorge und gemeindliche Selbstverwaltung, 2000, S. 18 ff.

die beiden klassischen Organisationsformen des kommunalen Wirtschaftsrechts, der Regie- und der Eigenbetrieb.[31] In der Dichotomie von „hoheitlicher Einrichtung" und „wirtschaftlichem Unternehmen" gehören die Abwasserentsorger zur ersten Kategorie,[32] was sich nicht zuletzt im Steuerrecht auswirkt, und zwar in der Privilegierung der öffentlich-rechtlich organisierten Abwasserbeseitigung.[33]

Im Verhältnis zu ihren Benutzern agieren die kommunalen Abwasserentsorger in öffentlich-rechtlichen oder in privatrechtlichen Handlungsformen[34] und erheben in Abhängigkeit hiervon kostendeckende Gebühren oder Entgelte; die seit langem anerkannte diesbezügliche Wahlfreiheit besteht entgegen einer neueren Entscheidung des OVG Magdeburg auch in der Abwasserbeseitigung, weil (öffentlich-rechtliche) Beseitigungspflicht und (u.U. privatrechtliches) Benutzungsverhältnis anderen Kategorien zugehören,[35] abgesehen davon, dass die be-

---

31   Die prozentuale Verteilung der Unternehmensformen in der Abwasserbeseitigung ist mitgeteilt im Fachbericht A des Aktionskonzepts (Fn. 2), S. 19 (bezogen auf das Jahr 1998). Während der Regiebetrieb eine in die Verwaltung integrierte Unternehmenseinheit ist, ist der Eigenbetrieb in organisatorischer und finanzwirtschaftlicher Hinsicht von der Trägergemeinde getrennt; er besitzt jedoch keine eigene Rechtspersönlichkeit (vgl. zum Ganzen *Gern*, Deutsches Kommunalrecht, 2. Aufl. 1997, Rdnr. 741 f.).

32   Typisch sind Bestimmungen wie § 107 Abs. 2 Satz 1 Ziffer 4 GO NRW, wonach der Betrieb von „Einrichtungen des Umweltschutzes, insbes. der ... Abwasserbeseitigung" nicht als wirtschaftliche Betätigung gilt; fehlt eine explizite Erwähnung des Aufgabenfeldes der Abwasserbeseitigung, so ergibt sich das gleiche Ergebnis daraus, dass es sich um eine auf der spezialgesetzlichen Grundlage des Landeswasserrechts beruhende Pflichtaufgabe handelt. Die Einordnung als hoheitliche Tätigkeit hat zur Folge, dass die in den Kommunalordnungen der Länder vorgesehenen Kauteln für ein wirtschaftliche Tätigwerden nicht eingreifen, dafür kann es aber sein, dass die Verwendung der privatrechtlichen Organisationsformen gar nicht oder nur unter bestimmten Voraussetzungen möglich ist (vgl. etwa § 108 GO NRW). Die vorgenannte Unterscheidung steht seit längerem in der Kritik (vgl. *Hofmann*, VBlBW 1994, S. 121 [127]; *Tettinger*, Besonderes Verwaltungsrecht, Band I, 5. Aufl. 1998, Rdnr. 204; *Pielow*, in: Epping/Fischer/von Heinegg [Hrsg.], FS Ipsen, 2000, S. 725 [744 f.]). In Bayern ist sie seit 1998 aufgegeben (vgl. dazu *Pielow*, ebenda, S. 745 f.).

33   Nach der grundlegenden Entscheidung des Bundesfinanzhofs vom 08. Januar 1998 (LKV 1998, S. 327 f.; vgl. hierzu *Dedy*, Stadt und Gemeinde 1998, S. 24 ff.) unterliegt die Abwasserbeseitigung als „hoheitliche Tätigkeit" nicht der Umsatzsteuerpflicht, gleichgültig ob in ihre Durchführung Private eingeschaltet sind. Entsprechendes gilt hinsichtlich der Körperschaftsteuererhebung, wobei nicht auszuschließen ist, dass sich durch eine verstärkte Inanspruchnahme der Privatisierungsoption des § 18a Abs. 2a WHG (vgl. unten V 2) die gegenwärtig vor allem auf die Ausschließlichkeit des staatlichen bzw. kommunalen Tätigwerdens abstellende Rechtsprechung ändert (vgl. näher hierzu *Gruneberg*, Der Gemeindehaushalt 1999, S. 179 [182 f. m.w.N.]); in der Koalitionsvereinbarung der seit Ende 1998 amtierenden Bundesregierung tragenden Parteien wird erklärt, dass die Steuerbefreiung kommunaler Entsorgungsunternehmen beibehalten werden soll (Koalitionsvereinbarung zwischen der Sozialdemokratischen Partei Deutschlands und Bündnis 90/DIE GRÜNEN vom 20. Oktober 1998, Kapitel IV). Vgl. zur Steuersituation in der Abwasserbeseitigung ferner den Disput zwischen *Küffner*, DB 1999, S. 406, und DB 1999, S. 1677, und *Pencereci*, DB 1999, S. 1676, sowie *Wien*, DStZ 1999, S. 639.

34   Vgl. nur VGH Mannheim, DÖV 1978, S. 569; BVerwG, NJW 1990, S. 134; *Dierkes*, SächsVBl. 1996, S. 269 (278) m.w.N.

35   Ebenso *Dierkes*, SächsVBl. 1996, S. 278; *Hüting/Koch*, LKV 1999, S. 132. Vgl. ferner OVG Bautzen, LKV 1997, S. 223; OLG Dresden, NVwZ 1998, S. 1331.

vorstehende Verordnung des Bundes „über allgemeine Bedingungen für die Entsorgung von Abwasser"[36] zur Verwendung privatrechtlicher Handlungsformen in der Abwasserbeseitigung geradezu ermuntern will. Grundlage der Austauschbeziehung ist die Überlassungspflicht der Abwassererzeuger,[37] die sicherstellt, dass die Abwässer möglichst lückenlos erfasst werden; entgegen einer weiteren hasardierenden oberverwaltungsgerichtlichen Entscheidung (des OVG Schleswig; allerdings zur Wasserversorgung)[38] ändert auch das Bestehen eines Anschluss- und Benutzungszwangs nichts an der Statthaftigkeit privatrechtlicher Handlungsformen. Die kommunale Politik und damit auch der Gemeindebürger verfügt regelmäßig über einen kurzen Draht zu dem jeweiligen Abwasserbeseitigungsträger, indem die zuständigen Gremien als Unternehmensleitung Verhaltensfestlegungen treffen und als Satzungsgeber zahlreiche weitere Pflichten festlegen, zumal auf der Grundlage ihres „Abwasserbeseitigungskonzeptes" (vgl. etwa § 53 Abs. 1 Satz 4 LWG NRW). Hierdurch werden häufig ökologische Standards erheblich über dem durch die staatliche Umweltgesetzgebung geforderten Mindestniveau erreicht; Beispiele bilden Maßnahmen zur Förderung der Abwasservermeidung (auch solche mit gebührenmindernderm Effekt) und vor allem die Schadstoffbegrenzung im Verhältnis zu den Indirekteinleitern.[39]

Namentlich in den neuen Bundesländern und vor allem in Niedersachsen sind bereits vor der allgemeinen Hinwendung zu einer Politik der Stärkung privater

---

[36] Der vom Bundesministerium für Wirtschaft und Technologie erarbeitete Entwurf (vom 2. 6. 2000) befindet sich gegenwärtig im Diskussionsprozess mit den betroffenen Landesministerien und den Verbänden. Als Ermächtigungsgrundlage wird § 27 AGBG angegeben, wonach Regelungen getroffen werden dürfen über die Allgemeinen Bedingungen für die Entsorgung von Abwasser einschließlich von Rahmenregelungen über die Entgelte, unter angemessener Berücksichtigung der beiderseitigen Interessen. Inhaltlich geht es in erster Linie um Regelungen über den Vertragsschluss, den Gegenstand und die Beendigung der Verträge sowie die Rechte und Pflichten der Vertragsparteien in Anlehnung an die bereits bestehende entsprechende Verordnung für den Bereich der Wasserversorgung (vgl. Fn. 51).

[37] Die Überlassungspflicht findet sich entweder unmittelbar im jeweiligen Landeswassergesetz (so etwa in § 45b Abs. 1 Satz 4 WG BW) oder sie entsteht mit der Anordnung eines Anschluss- und Benutzungszwangs durch kommunale Satzung (so etwa in Nordrhein-Westfalen; vgl. *Honert/ Rüttgers/Sanden*, Landeswassergesetz Nordrhein-Westfalen, 4. Aufl. 1996, § 53 Anm. 3).

[38] OVG Schleswig, NuR 2000, S. 61; anders BGH, MDR 1984, S. 558; OVG Lüneburg, KStZ 1998, S. 154; *Hüting/Koch*, LKV 1999, S. 132.

[39] Zu entsprechenden Festsetzungen im Interesse der Erhaltung von Bestand und Funktionsfähigkeit ihrer Abwasseranlagen und des dort tätigen Personals sowie zur Sicherstellung der Erfüllung der eigenen wasserrechtlichen Direkteinleiterpflichten sind die Gemeinden auf der Grundlage für das Benutzungsverhältnis regelnden Abwassersatzung legitimiert; daneben haben die Indirekteinleiter, die sich aus den in Ausfüllung des § 7a Abs. 4 WHG ergangenen Indirekteinleiterverordnungen der Länder ergebenden Anforderungen zu beachten (eingehend zum Ganzen jüngst *Zajonz*, Kommunale Kompetenzen für Indirekteinleitungen, 1999, S. 53 ff., 173 ff.). Speziell zur Bewirkung kommunalen Umweltschutzes durch Abwassersatzungen vgl. *Lübbe-Wolff*, in: dies. (Hrsg.), Umweltschutz durch kommunales Satzungsrecht, 2. Aufl. 1997, Kapitel 3. Zu den diesbezüglichen Überwachungsnotwendigkeiten vgl. *Gansz/Nisipeanu*, in: Nisipeanu, Kosten (Fn. 2), S. 261 ff.

Aufgabenverantwortung in der Abwasserbeseitigung Privatisierungsmodelle erprobt und fortentwickelt worden,[40] zunächst auf der Basis mehr oder weniger eindeutiger landeswassergesetzlicher Bestimmungen, denen seit der 6. Novelle zum Wasserhaushaltsgesetz durch § 18a Abs. 2 Satz 3 der bundsrechtliche Rahmen vorgegeben ist;[41] danach können die primär zur Abwasserbeseitigung verpflichteten öffentlich-rechtlichen Körperschaften „sich zur Erfüllung ihrer Pflichten Dritter bedienen". Der Bund, der die privatisierungswilligen Kommunen von Anfang auch mit Handlungsanleitungen und Musterverträgen unterstützt hat,[42] ging noch einen Schritt weiter, indem er den Ländern in § 18 a Abs. 2a WHG sogar die Option der Übertragung der Abwasserbeseitigungspflicht auf „Dritte" eröffnete; eine Option, von der bisher lediglich Baden-Württemberg[43] und Sachsen[44] Gebrauch gemacht haben. In Baden-Württemberg wird gegenwärtig eine Verordnung erarbeitet, um die Privatisierungsoption des § 18a Abs. 2a WHG vollzugsfähig zu machen. Insgesamt ist die Privatisierungsentwicklung im Bereich der Abwasserbeseitigung trotz des anfänglichen Vorsprungs hinter der Entwicklung in der Abfallentsorgung zurückgeblieben, was nicht zuletzt auf die hier zu thematisierenden dogmatischen Unklarheiten zurückzuführen sein dürfte.

b) Wasserversorgung

In der Wasserversorgung gibt es ca. 7000 Unternehmen, die sich zum überwiegenden Teil ebenfalls in kommunaler Trägerschaft befinden; daneben gibt es – häufig in arbeitsteiliger Verbundenheit – auch hier Zweckverbände und nichtkommunale, mitgliedschaftlich strukturierte Wasserverbände.[45] Obwohl die be-

---

[40] Vgl. *Kummer/Giesberts*, NVwZ 1996, 1166; *Brüning*, Der Private bei der Erledigung kommunaler Aufgaben, insbes. der Abwasserbeseitigung und der Wasserversorgung, 1996, S. 139 ff.; *Rudolph*, in: Fettig/Späth (Hrsg.), Privatisierung kommunaler Aufgaben, 1997, S. 175 ff., und *ders.*, in: Institut für das Recht der Wasser- und Entsorgungswirtschaft (Fn. 20), S. 65 ff. Vgl. ferner *Bodanowitz* (Fn. 23); *Schoch*, DVBl. 1994, S. 1.

[41] Gegenüber den bereits vorhandenen landeswasserrechtlichen Vorschriften kommt diesen Bestimmungen eine lediglich klarstellende Funktion zu (so die Bundesregierung in ihrer Stellungnahme zum Gesetzentwurf des Bundesrates [BT-Drucks. 13/1207, S. 12]). Beispielhaft seien genannt § 45b Abs. 1 Satz 2 WG BW; § 149 Abs. 9 NdsWG; § 52 Abs. 1 Satz 3 WG Rh.-Pf.; § 58 Abs. 4 Satz 2 ThürWG.

[42] Die wichtigsten Verlautbarungen sind zusammengestellt und inhaltlich gewürdigt bei *Bauer*, VerwArch 90 (1999), S. 561 ([566 ff.], vgl. insbesondere die Zusammenstellung in Fn. 35).

[43] Vgl. § 45c WG BW.

[44] Vgl. § 63 Abs. 4 SächsWG.

[45] Zum organisatorischen Spektrum in der Wasserversorgung vgl. die Ausführungen und Tabellen im Fachbericht A des Aktionskonzeptes (Fn. 2), S. 15 ff. Instruktiv ist ferner die Darstellung von *Ludwig/Schauwecker*, in: Püttner (Hrsg.), Handbuch der kommunalen Wissenschaft und Praxis, Band 5, 2. Aufl. 1984, S. 275 ff.

treffenden Aufgaben nur in einem Teil der Bundesländer explizit als kommunale Pflichtaufgaben mit Selbstverwaltungscharakter ausgestaltet sind,[46] sind es in der Regel die Kommunen, die zumindest für die ultimative Einzelleistung der Lieferung an den Kunden im Wege der Eigenversorgung oder der Fremdversorgung verantwortlich zeichnen; in Bundesländern ohne Bestimmung zur Pflichtaufgabe beruht die kommunale Monopolstellung auf der Realisierung der Option zur Begründung eines Anschluss- und Benutzungszwangs.[47]

Im Bereich der *Eigenversorgung* hat man es mit kommunalen öffentlichen Einrichtungen zu tun, die überwiegend als Eigenbetriebe organisiert sind, aber auch als Regiebetriebe oder in den Formen des Privatrechts agieren können.[48] Im Sinne des kommunalen Wirtschaftsrechts handelt es sich in Abhängigkeit von der Ausgestaltung als Pflichtaufgabe um nichtwirtschaftliche bzw. wirtschaftliche Unternehmen;[49] Umsatz- und Körperschaftsteuer fallen allerdings durchgehend und auch bei der Verwendung öffentlich-rechtlicher Organisationsformen an, worin ein wesentliches Hindernis für die selten praktizierte Zusammenlegung von Wasserversorgung und Abwasserbeseitigung in einem Unternehmen gesehen wird.[50] Von der Wahl der Organisationsform hängt die Ausgestaltung

---

[46] Dies gilt für alle neuen Bundesländer (vgl. etwa § 59 Abs. 1 BbgWG) sowie für Hessen (§ 54 HessWG) und Rheinland-Pfalz (vgl. § 46 WG Rh.-Pf.).

[47] Vgl. *Pielow*, Grundstrukturen öffentlicher Versorgung, Typoskript der Bochumer Habilitationsschrift, April 2000, S. 761 f. mit Fn. 130. Im Ergebnis ebenso, jedoch mit fragwürdiger, da nicht zwischen der Pflicht zur Gewährleistung einer geordneten Versorgung und der Begründung eines Monopols differenzierenden Begründung BGH, NJW 1988, S. 197 (198); BGH, ZMR 1988, S. 215 sowie (teilweise) *Brüning* (Fn. 40), S. 199. Aus Art. 28 Abs. 2 GG ergibt sich jedenfalls weder der Charakter als kommunale Pflichtaufgabe noch die ausschließliche Zuweisung an die Gemeinden (vgl. noch unten IV; so aber *Ludwig/Schauwecker*, in: HKWP (Fn. 45), S. 279. Wird von der Option der Anordnung eines Anschluss- und Benutzungszwangs nicht Gebrauch gemacht, ist eine „echte" privatwirtschaftliche Wasserversorgung möglich und die Schaffung kommunaler Einrichtungen ggf. „nicht erforderlich" im Sinne der kommunalrechtlichen Bestimmungen über die Errichtung öffentlicher Einrichtungen (vgl. z.B. § 8 Abs. 1 GO NRW; vgl. zu einer solchen Konstellation [unter dem früheren hessischen Wasserrecht] VGH Kassel, RdE 1993, S. 143). Eine solche Situation liegt in Ermangelung einer privatisierbaren „Staatsaufgabe" (vgl. oben II 2) von vornherein außerhalb der Themenstellung.

[48] Zum Spektrum vgl. Fachbericht A (Fn. 2), S. 16.

[49] Vgl. *Brüning* (Fn. 40), S. 201 f. In Ländern, in denen die Wasserversorgung gesetzlich zur kommunalen Pflichtaufgabe erklärt worden ist, ist die überwiegend behauptete Qualifizierung als „wirtschaftliche Tätigkeit" (so etwa auch der *Rat von Sachverständigen für Umweltfragen* [Fn. 2], S. 139) dann nicht schlüssig, wenn in der Gemeindeordnung des jeweiligen Landes die „Pflichtaufgaben" als nichtwirtschaftliche Tätigkeiten festgelegt ist (wie beispielsweise in § 97 Abs. 2 Satz 1 Ziffer 1 SächsGO).

[50] Zur steuerlichen Situation vgl. *Brüning* (Fn. 40), S. 204. In den neuen Bundesländern ist aufgrund einer Übergangsregelung eine Zusammenfassung von Wasser- und Abwassergesellschaften (vgl. dazu BFH, LKV 2000, S. 88) möglich; bundesweit ist die Beseitigung der unterschiedlichen steuerlichen Behandlung eine vielfach formulierte politische Forderung, die sich u.a. der *Rat von Sachverständigen für Umweltfragen* zu eigen gemacht hat [Fn. 2], S. 148). Zu beitragsrechtlichen Problemen im Hinblick auf die Anlagenfinanzierung vgl. *Bringewald*, LKV 2000, S. 15.

des Entgelt- und Benutzungsverhältnisses ab, das bundesrechtlich von der „Verordnung über Allgemeine Bedingungen für die Versorgung mit Wasser" determiniert ist.[51] Verschiedentlich wird privatwirtschaftlichen Unternehmen im Wege einer funktionalen Privatisierung die Erbringung von Durchführungsleistungen übertragen. Kommunale Umweltpolitik findet – auf wiederum kurzem Wege – u. a. statt in Gestalt von Regenwasserbewirtschaftungsmaßnahmen oder der Kooperation mit Landwirten im Wassereinzugsbereich. Wasserentnahmegebiet und Versorgungsgebiet sind in der Regel identisch.

Im Bereich der *Fremdversorgung* werden die eigentlichen Versorgungsaufgaben durch ein privatwirtschaftliches Unternehmen erfüllt,[52] das auf der Grundlage eines straßenrechtlichen Konzessionsvertrags tätig wird (vgl. z. B. § 23 StrWG NRW), welcher die privatrechtliche Befugnis zur Benutzung des öffentlichen Straßenraums vermittelt. Legitimiert von § 103 Abs. 1 GWB a.F. (fortgeführt aufgrund der Übergangsregelung in § 131 Abs. 8 GWB) verpflichten sich die Gemeinden darin in der Regel u. a. zum Verzicht auf ein eigenes Tätigwerden und vor allem zur exklusiven Einräumung des Versorgungsrechts.[53] In einer Art „Rumpfsatzung" wird von der Gemeinde namentlich noch der Anschluss- und Benutzungszwang geregelt. Von Seiten der staatlichen Umweltüberwachung setzt die Wasserentnahme in allen skizzierten Konstellationen eine entsprechende Gestattung voraus (vgl. § 3 Abs. 1 Ziff. 1 WHG), wobei die allgemeinen Benutzungsvorschriften durch spezielle ökologische Anforderungen an die „öffentliche Wasserversorgung" (so z. B. in §§ 47 f. LWG NRW) flankiert werden; bei der Versorgung mit Trinkwasser ist ferner die Trinkwasserverordnung[54] zu beachten.

Die aktuellen Entwicklungen im Bereich der Wasserversorgung werden nicht etwa von den Umweltministerien gestaltet, sondern vom Bundeswirtschaftsministerium, das sich Gedanken über den „Ordnungsrahmen" in der Wasserwirtschaft macht und konkret eine Untersuchung über Chancen und Probleme einer

---

51 VO vom 20. 6. 1980 (BGBl. I, S. 750, berichtigt S. 1067 [AVBWasserV]). Zur Problematik der Ausgestaltung eines *öffentlich-rechtlichen* Benutzungsverhältnis in Orientierung an den Vorschriften der Verordnung gem. § 35 AVBWasserV vgl. *Brüning*, LKV 2000, S. 54.

52 Vgl. *Cronauge*, Städte- und Gemeinderat 1990, S. 344 ff.; *Brüning* (Fn. 40), S. 198 ff., 204 ff. Dazu, dass es sich im Verhältnis zu den Wasserkunden trotz der Einschaltung eines Fremdversorgers noch um einen Vorgang der Benutzung einer kommunalen öffentlichen Einrichtung handeln kann, eingehend *Brüning* (Fn. 40), S. 222 ff. Die Qualifizierung als „wirtschaftliche Tätigkeit" (vgl. soeben im Text) hindert jedenfalls nicht, vom Vorliegen einer „öffentlichen Einrichtung" auszugehen (ebenso VGH Kassel, DÖV 1993, S. 206).

53 Typische Inhalte von Konzessionsverträgen zugunsten von Wasserversorgungsunternehmen sind zusammengestellt bei *Ludwig/Schauwecker*, in: HKWP (Fn. 45), S. 282 f. Vgl. ferner *Abel*, Stadt und Gemeinde 2000, S. 191 f.

54 I. d. F. d. B. v. 5. 12. 1990 (BGBl. I, S. 2612).

Abschaffung der soeben erwähnten Sonderregelung in § 103 GWB a.F. in Auftrag gegeben hat.[55] Auch wenn in diesem Zusammenhang nirgendwo davon die Rede ist, die Kommunen aus ihrer Stellung als letztverantwortliche Träger der Wasserversorgung verdrängen zu wollen, steht die weitere Perspektive einer vollständigen Marktöffnung nach dem Vorbild der Energieversorgung doch im Raum. Umweltschutzverbände,[56] Gemeinden und die Verbände der kommunalen Selbstverwaltung[57] wie der öffentlichen Wirtschaft[58] sowie zahlreiche betroffene Wasserversorger setzen sich kritisch und konstruktiv mit der Entwicklung auseinander, was unter anderem mündete in die Erarbeitung eines „Aktionskonzeptes: Nachhaltige und wettbewerbsfähige deutsche Wasserwirtschaft", moderiert durch das Bundesministerium für Bildung und Forschung und mit eher privatisierungs-gestalterischer Tendenz,[59] sowie in die Gründung des eher privatisierungskritischen „Netzwerk UNSER Wasser".[60] Meldungen wie die kürzlich zu lesende Nachricht vom Scheitern der Zusammenarbeit zwischen der Stadt Potsdam und dem privaten Wasserversorger „Eurawasser Aufbereitungs- und Entsorgungs-GmbH"[61] werden naturgemäß unterschiedlich interpretiert.

c) Gemeinsamkeiten und Unterschiede

Im Unterschied zur Abwasserbeseitigung besteht in der Wasserversorgung bereits heute in allen Bundesländern die Möglichkeit der Aufgabenübertragung auf Private, und zwar vermittels des Abschlusses von Konzessionsverträgen. Überdies werden aufgrund der Qualifizierung als nicht-hoheitliche Tätigkeit in höhe-

---

[55] Vgl. die Ausführungen des Ministeriums in einer Antwort der Bundesregierung auf die Kleine Anfrage von PDS-Abgeordneten vom 25. Januar 2000 (BT-Drucks. 14/2604, S. 1 ff.), sowie die Rede des Bundesministers für Wirtschaft und Technologie, *Dr. Werner Müller*, anlässlich der Haupttagung des Deutschen Gas- und Wasserfaches am 16. Mai 2000 (**http://www.bmwi.de/ Reden/2000/0516rede1.html**).

[56] Stellvertretend seien die Aktivitäten des BUND genannt, die neben einem mehrseitigen „Hintergrundpapier zur Privatisierung der Wasserversorgung und der Abwasserentsorgung" aus verschiedenen Pressemitteilungen bestehen, über die man sich unter **http://www.bund.net/aktuell** orientieren kann.

[57] Vgl. stellvertretend *Abel*, Stadt und Gemeinde 2000, S. 191.

[58] Hingewiesen sei auf die Beiträge von *Harmes/Krüger*, gwf Wasser Abwasser 1999, S. 604, und *Evertz*, gwf Wasser Abwasser 2000, S. 122.

[59] Vgl. Fn. 2.

[60] Das „Netzwerk UNSER Wasser" setzt sich zusammen aus Umweltverbänden, Arbeitnehmernehmerorganisationen, Stadtwerken, Wasserwerken, Wasser- und Abwasserverbänden sowie weiteren Interessierten und hat sich zum Ziel gesetzt, die geplanten „Bestrebungen einer kritischen öffentlichen Betrachtung zu unterziehen und einen möglichen Ausverkauf der kommunalen Wasserversorgung entgegenzuwirken". (**http://www.matthiashoerdt.de/Texte/Wasserthesen. htm**).

[61] Mitgeteilt in NJW 2000, Heft 29, XLVIII.

rem Maße privatrechtliche Organisationsformen verwendet. Abwasserbeseitigung wie Wasserversorgung sind gekennzeichnet durch eine kleinräumige, regional geprägte Organisationsstruktur, wobei die kommunale Trägerschaft dominiert und entsprechende umweltpolitische Einflussmöglichkeiten vermittelt. Wichtig ist die Feststellung, dass die Kommunen in weitem Umfang über einfachrechtlich begründete Monopolstellungen verfügen. In beiden Bereichen sind Veränderungsprozesse in Gang gekommen, deren rechtswissenschaftliche Begleitung dringend indiziert erscheint. Jene Veränderungsprozesse sind dokumentiert und weitergedacht in der umfangreichen Stellungnahme des *Rates von Sachverständigen für Umweltfragen*, dessen Umweltgutachten 2000 sich in einem eigenen Abschnitt mit der „Privatisierung und Liberalisierung umweltbezogener Infrastrukturaufgaben am Beispiel der Wasserwirtschaft" beschäftigt.[62] Das dort in den Vordergrund gestellte und empfohlene Szenario eines „Wettbewerbs um den Markt" knüpft an die soeben geschilderte normative Ausgangslage an und kann daher als Ausgangspunkt für eingehendere juristische Überlegungen dienen. Diese werden um die Frage kreisen, welcher Stellenwert ökologischen Belangen bei der Schaffung und Ausgestaltung der Bedingungen jenes Wettbewerbs zukommt, oder allgemeiner formuliert, wie sich eine neue Arbeitsteilung in der Infrastrukturpflege auf das Gemeinwohl auswirkt.

2. Verfassungsrechtliche Schranken bzw. Impulse?

Vorbehaltlich der Prüfung der Selbstverwaltungsgarantie des Art. 28 Abs. 2 GG (vgl. IV), ergeben sich aus den grundrechtlichen und den übrigen staatsorganisationsrechtlichen Verfassungsbestimmungen keine spezifischen Vorgaben, nicht zuletzt deswegen, weil weder der Funktionsvorbehalt des Art. 33 Abs. 4 GG noch das sog. Gewaltmonopol des Staates berührt sind. Sicherlich ist davon auszugehen, dass die Versorgung der Bevölkerung mit gesundem Wasser und die geordnete Beseitigung der Abwässer Ziele sind, zu deren Verwirklichung Staat und Kommunen verfassungsrechtlich verpflichtet sind. Das folgt im Kern aus der Schutzpflicht für Leib und Leben (Art. 2 Abs. 2 Satz 1 GG), ist also nicht etwa „bloß" ein sozialstaatliches Anliegen. Auch die ökologische Verträglichkeit der dafür erforderlichen Anstrengungen ist im Kern verfassungsrechtlich fundiert; außer durch die nämliche Schutzpflicht auch durch die Umweltschutz-Staatszielbestimmung des Art. 20a GG. Nach dem Erkenntnisstand heutiger Pri-

---

[62]   Vgl. Fn. 4.

vatisierungsdogmatik[63] wird dadurch aber nicht die Erfüllung sämtlicher Einzelaufgaben unmittelbar durch staatliche Behörden oder Unternehmen erzwungen, vielmehr ist es legitim, wenn sich Staat und Kommunen auf die Gewährleistung der Rahmenbedingungen beschränken und die eigene Leistungserbringung zugunsten der bereits erwähnten Regulierung reduzieren. In diesem Sinne ist auch die Aussage des Bundesverwaltungsgerichts in seinem Vorlagebeschluss in Sachen „Emschergenossenschaft" zu verstehen, wonach es „beim Erhalt und dem Schutz des Wassers ... um eine lebensnotwendige und letztlich auch nicht ‚privatisierbare' Staatsaufgabe" gehe.[64] Hier offenbaren sich erneut Notwendigkeit und Berechtigung einer Differenzierung nach Tätigkeitsbereichen. Solange jedenfalls die verfassungsrechtlich obligatorischen Ziele erreicht werden – woran in der Wasserwirtschaft eingedenk der bestehenden Überwachungs- und Regulierungsoptionen (dazu sogleich) nicht zu zweifeln ist – solange richtet das Grundgesetz keine Privatisierungsschranken auf.

Umgekehrt sind den genannten Verfassungsbestimmungen aber auch keine Privatisierungsimpulse zu entnehmen. Ob man beispielsweise die Finanznot der Kommunen, die sich an der einen oder anderen Stelle negativ auf den Zustand der verfassungsnotwendigen Infrastruktureinrichtungen auswirken mag, durch staatliche Zuschüsse und durch Gebührenerhöhungen lindert, oder jenen Einrichtungen privates Kapital zuführt, ist eine politische Entscheidung, die durch gesundheits- und umweltschutzorientierte Verfassungsbestimmungen nicht determiniert wird. Anders formuliert: Das Gesundheits- und Umweltverfassungsrecht ist insofern trägerneutral und ein verfassungsrechtliches Subsidiaritätsprinzip lässt sich nicht nachweisen.[65] Aufgrund der überragenden Bedeutung der betroffenen Gemeinwohlgüter sind überdies die in der Aufrechterhaltung der

---

[63] Anknüpfend an die bereits oben II 2 referierte Erkenntnis, dass die staatliche Verantwortung innerhalb eines bestimmten Aufgabenfeldes in der Regel gestuft ist, ist davon auszugehen, dass zwar die Aufgaben der *Gewährleistung* einer geordneten Abwasserbeseitigung bzw. Wasserversorgung sog. obligatorische Staatsaufgaben sind (vgl. hierzu *Burgi* [Fn. 5], S. 194 ff.; ferner *Isensee*, in: ders. /Kirchhof [Hrsg.], HdbStR III, 1988, § 57 Rdnr. 152). Die jeweiligen Aufgaben der Leistungserbringung vor Ort können zwar ebenfalls vom Staat wahrgenommen werden, dies beruht aber nicht unter allen Umständen und auf Dauer auf einer verfassungsrechtlichen Notwendigkeit (zum Konzept der Verantwortungsteilung vgl. ferner die bereits erwähnten Beiträge von *Trute* und *Voßkuhle* [Fn. 25] sowie speziell im Hinblick auf die Umweltpolitik von *Laskowski* [S. 93 ff.], in: Schuppert [Fn. 25]). Zur staatlichen „Infrastrukturverantwortung" als „Gewährleistungsverantwortung" vgl. *Hermes*, Staatliche Infrastrukturverantwortung, 1998, S. 323 ff.

[64] BVerwGE 106, 64 (77).

[65] Ausführlich hierzu *Burgi* (Fn. 5), S. 229 ff. und passim. Nach unverändert herrschender Auffassung (vgl. demgegenüber jüngst wieder *Sodan*, DÖV 2000, 361 ff.) lässt sich der Verfassung keine Subsidiaritätsklausel im Verhältnis zwischen Staat und Gesellschaft entnehmen (vgl. nur *Schoch*, DVBl. 1994, S. 969; *Bauer*, VVDStRL 54 [1995], S. 256). Grundlegend zur „Neubestimmung des Verhältnisses von Staat und Gesellschaft im Umweltrecht" *Hennecke*, in: Hendler u. a. (Hrsg.), Jahrbuch des Umwelt- und Technikrechts 1999, 1999, S. 7.

gegenwärtigen Monopolstrukturen liegenden Grundrechtseingriffe unverändert als gerechtfertigt anzusehen,[66] weswegen der Verfassung insoweit auch kein Liberalisierungsimpuls entnommen werden kann.

Was bleibt, ist der mittlerweile überwiegend anerkannte haushaltsverfassungsrechtliche Grundsatz der Wirtschaftlichkeit. Er verpflichtet Staat und Kommunen, einen bestimmten, politisch frei definierbaren Zweck mit dem geringstmöglichen Aufwand an Mitteln zu erreichen, wobei keine betriebswirtschaftliche, sondern eine die gesamtwirtschaftlichen Effekte einbeziehende Betrachtung geboten ist. Dieser Verfassungsgrundsatz, der einfachrechtlich auf den verschiedenen Verwaltungsebenen konkretisiert ist, determiniert die Entscheidung über den Einsatz von Organisationsformen durch staatliche Aufgabenträger und auch die Entscheidung über die Inanspruchnahme von Verwaltungshelfern. Er ist mithin bei der Organisationsprivatisierung und bei der funktionalen Privatisierung zu beachten.[67] Keine Relevanz entfaltet das Wirtschaftlichkeitsprinzip, wenn die vollständige Aufgabenübertragung auf Private in Frage steht, denn dann fehlt es an der Anwendungsbedingung der Verfolgung einer Zwecksetzung durch den Staat. Dort aber, wo das Wirtschaftlichkeitsprinzip gilt, d.h. vor allem bei der Realisierung von Betreiber- und Betriebsführungsmodellen, verpflichtet es zur Einbeziehung sämtlicher kostenrelevanter Aspekte, und zwar zugunsten wie zuungunsten der Privatisierungsoption. Je nach dem Ergebnis dieses Nutzen-Kostenvergleichs kann sich das Wirtschaftlichkeitsprinzip als Privatisierungsimpuls oder als Privatisierungsschranke erweisen (vgl. unten V 1 b).

---

[66] Der BGH hat festgestellt (BGHZ 54, 293 [298]), dass den gewaltigen ökologischen Problemen in der Abwasserbeseitigung „nur durch eine öffentliche Kanalisation mit einem Anschluss- und Benutzungszwang" begegnet werden könne. Vgl. ferner VGH München, BayVBl. 1995, S. 273; VGH Mannheim, NVwZ-RR 1990, S. 239; OVG Münster, NWVBl. 1989, S. 287 (die beiden letztgenannten Entscheidungen betreffen die Wasserversorgung); *Becker*, Die Zulässigkeit zentraler Abwasserbehandlung, 1998, S. 64ff.; *Gern*, Deutsches Kommunalrecht (Fn. 31), Rdnr. 607 u. 608. Zu Ausnahmemöglichkeiten im Bereich der Wasserversorgung vgl. *dens.*, Rdnr. 623 m. w. N.

[67] Eingehend zur Grundlage und zu den Anwendungsbedingungen des Wirtschaftlichkeitsprinzips vgl. *von Arnim*, Wirtschaftlichkeit als Rechtsprinzip, 1988; *Burgi* (Fn. 5), S. 238ff. Zur Anwendung auf die Organisationsprivatisierung explizit *von Arnim*, ebenda, S. 102; davor schon *von Mutius*, VVDStRL 42 (1984), S. 192f.; zur Anwendung auf die funktionale Privatisierung vgl. *Burgi*, ebenda, S. 242f.; vgl. ferner VerfGH Rh.-Pf., DVBl. 1997, S. 491 (495f.).

3. Ökologische Ziele in veränderten Organisations- und Trägerstrukturen

Die Belange des Umweltschutzes sind ebenso wie das Interesse an einer erfolgreichen Leistungserbringung,[68] auf der Ebene der Gemeinwohl*ziele* angesiedelt. Dabei lassen sich die ökologischen Belange unterteilen in das Ziel der bundesweiten Erhaltung des ökologischen und gesundheitlichen Mindeststandards und in darüber hinausgehende lokale ökologische Anliegen. Der ökologische Mindeststandard ergibt sich in erster Linie aus den Bestimmungen des Wasserrechts einschließlich der Trinkwasserverordnung sowie aus dem Naturschutzrecht. Hieran würde sich durch die auf dem Prüfstand stehenden Privatisierungs- und Liberalisierungsoptionen nichts ändern; die insoweit bestehenden Anforderungen richten sich an jeden Träger der Abwasserbeseitigung bzw. Wasserversorgung, gleichgültig, welchem Sektor dieser entstammt und in welcher Organisationsform er geführt ist. Die Aufmerksamkeit muss daher auf die auf der lokalen Ebene angesiedelten ökologischen Anliegen gerichtet sein, welche über den Mindeststandard hinausgehen bzw. ihn orts- und bereichsspezifisch modifizieren. Diese Anliegen werden zunehmend aufgenommen in der Formulierung einer „Lokalen Agenda 21", mit der das Rio-Postulat der „Nachhaltigkeit" seinen ortsspezifischen Platz und Stellenwert erhalten soll.[69]

Auf der Ebene der *Organisations- und Trägerstrukturen* darf die Themenstellung nicht zu einer Reduzierung auf das Verhältnis Kommunen-Wirtschaft verleiten. Als weiterer Akteur ist vielmehr der Staat (in Gestalt von Bund und Ländern) in den Blick zu nehmen, dem ja unverändert die allgemeine Umweltüberwachung im Interesse der Erhaltung des ökologischen Mindeststandards obliegt und der vor allem derjenige ist, der die Veränderung der gegenwärtigen Strukturen einleiten und verantworten müsste, wodurch sein Verhältnis zur kommunalen Selbstverwaltung einerseits, zur Privatwirtschaft andererseits, Bestandteil der Themenstellung wird. Der vorliegend bestehende Konflikt entspannt sich demnach zwischen drei Polen. Was die Kommunen betrifft, so ist zu berücksichtigen, dass sie durch eine Veränderung der gegenwärtigen Strukturen in zweifacher Hinsicht betroffen würden. Zum ersten und am augenfälligsten als bisherige Träger der Wasserinfrastruktur, d.h. als Leistungserbringer und Unternehmensinhaber und zum zweiten als Ort umweltpolitischer Gestaltungsmacht.

---

[68] Welche ihrerseits ökologisch relevant ist, vgl. oben II 2.

[69] Zum Postulat der „nachhaltigen Entwicklung" („sustainable development") vgl. an dieser Stelle nur *Frenz*, in: Jahrbuch des Umwelt- und Technikrechts 1999 (Fn. 20), S. 37 ff. mit zahlreichen weiteren Nachweisen. Zur lokalen Ebene vgl. *Lohse*, VR 1997, S. 202 ff.; *Hillebrand*, BWGZ 1999, S. 953 ff.

Geht diese Gestaltungsmacht verloren, wenn die Verantwortung für die Leistungserbringung ganz oder teilweise auf die Privatwirtschaft übergeht oder kann sie im Wege der Regulierung weiterhin ausgeübt werden? Die Rechtsstellung der Wirtschaftsunternehmen als potentielle neue Leistungserbringer erschließt sich wiederum über ihr Verhältnis zum Staat einerseits, zu den Kommunen in deren Doppelrolle andererseits. In Bezug auf ökologische Zielsetzungen ist zwar zu konzedieren, dass sich das ökonomische Interesse an einer effektiven Leistungserbringung teilweise mit ökologischen Interessen decken kann, etwa im Hinblick auf den Schutz der Leitungen gegenüber bestimmten Substanzen im Abwasser, jedoch kann jenseits solcher Überschneidungsbereiche kein ökologischer Gestaltungswille auf Seiten der Privatwirtschaft unterstellt werden.

IV. Die Verfassungsgarantie der kommunalen Selbstverwaltung und die Wasserwirtschaft

Die beschriebenen Entwicklungen und der Umstand, dass die zum Vergleich anregenden französischen und britischen Erfahrungen einem Umfeld entstammen, in dem die Ausgangsbedingung einer hochentwickelten kommunalen Selbstverwaltung schlicht nicht vorhanden ist, machen es erforderlich, Reichweite und Aussagekraft der Verfassungsgarantie der kommunalen Selbstverwaltung in der Wasserwirtschaft zu ermitteln. Dabei sind die in der allgemeinen Privatisierungsdiskussion und im Zuge der Liberalisierung des Energiemarktes gewonnenen Erkenntnisse einzubeziehen.

1. Verhältnis Kommunen – Wirtschaft

Aus der Perspektive der Privatwirtschaft sind die Kommunen Teil des Staates. Sie sind nicht Grundrechtsträger, sondern Träger örtlich radizierter Staatsaufgaben und als solche sämtlichen Bindungen staatlichen Handelns unterworfen.[70] Demzufolge ist jegliches kommunales Handeln legitimationsbedürftig, was bedeutet, dass es letzten Endes nicht einem Partikularinteresse, sondern dem Gemeinwohl geschuldet sein muss. Die Annahme dieser Voraussetzung bereitet im Hinblick auf die überragende Bedeutung einer geordneten Abwasserbeseitigung und Wasserversorgung ebenso wenig Schwierigkeiten wie im Hinblick auf die

---

[70] Vgl. *Ehlers*, in: Erichsen (Hrsg.), Allgemeines Verwaltungsrecht, 11. Aufl. 1998, § 2 Rdnr. 77 ff.; *Grawert*, in: Grupp/Ronellenfitsch (Hrsg.), FS Blümel, 1999, S. 119 (129); *Burgi* (Fn. 5), S. 295 ff.

darauf bezogene Verfolgung ökologischer Zwecke. Insoweit ist allerdings die Feststellung wichtig, dass der bis heute weit verbreitete Begriff der „Daseinsvorsorge"[71] zwar eine treffliche Umschreibung der Bereiche kommunaler Leistungserbringung und –gewährleistung bietet, in der sich der Funktionsunterschied gegenüber der klassischen Ordnungsverwaltung ausdrückt, dass er aber weder als Kompetenztitel noch zur Rechtfertigung von Monopolstellungen taugt.[72] Diese konnten von den Kommunen nicht aus eigener Kraft, sondern nur auf der Grundlage gesetzlicher Bestimmungen errichtet werden; dieser Bestimmungen bedarf es, weil der mit den kommunalen Monopolstellungen verbundene Ausschluss privater Anbieter einen Grundrechtseingriff darstellt.[73] All das gilt für hoheitliches Handeln ebenso wie für wirtschaftliches Handeln, weil das Grundgesetz die „Angelegenheiten der örtlichen Gemeinschaft" als einheitlichen Bestand begreift. Die Unterscheidung zwischen wirtschaftlichen und nichtwirtschaftlichen kommunalen Aktivitäten ist auf der einfachrechtlichen Ebene des kommunalen Wirtschaftsrechts angesiedelt, nicht auf der Ebene des Art. 28 Abs. 2 GG.[74] Das durch diesen gewährleistete Selbstverwaltungsrecht ist ferner kein Recht, das Privaten gegenüber geltend gemacht werden könnte; Adressat der Selbstverwaltungsgarantie ist vielmehr der Staat in Gestalt von Bund und Ländern. Die Rechtsstellung der Privatwirtschaft hängt in keiner Weise davon ab, ob eine von ihr für interessant empfundene Aufgabe örtlichen Charakter trägt oder nicht.

---

71 Der Begriff ist durch *Forsthoff* geprägt worden (Die Verwaltung als Leistungsträger, 1983; Die Daseinsvorsorge und die Kommunen, 1958); ausführlich zu seiner Genese und Rezeption *Hellermann* (Fn. 30), S. 16 ff.

72 Für einen bloß deskriptiv-soziologisch grundierten Begriffsgehalt *Ossenbühl*, DÖV 1971, S. 514 ff.; *Tettinger*, in: von Mangoldt/*Klein*/Starck, GG, Band 2, 4. Aufl. 2000, Art. 28 Rdnr. 207. Dass das BVerfG in seinem Kammerbeschluss zu den Hamburgischen Electricitäts-werken (HEW) „die Durchführung der Wasser- und Energieversorgung zu den typischen, die Daseinsvorsorge betreffenden Aufgabe der kommunalen Gebietskörperschaften" zählt, bestätigt dies, und bringt jedenfalls nicht eine Kompetenz im Verhältnis gegenüber Privaten zum Ausdruck.

73 Die Einführung eines Anschluss- und Benutzungszwangs bedarf im Hinblick auf das in erster Linie betroffene Grundrecht der Berufsfreiheit des Art. 12 Abs. 1 GG einer Rechtfertigung die den dort gültigen Maßstäben entspricht; vgl. nur *Weiß*, VerwArch 90 (1999), S. 415 ff.; *Pielow*, Versorgung (Fn. 47), S. 761 ff. Ob das bloße Tätigwerden von Gemeinden als Wirtschaftsteilnehmer bereits einen Grundrechtseingriff darstellt, kann daher an dieser Stelle offen bleiben, da die wirtschaftliche Tätigkeit jedenfalls von den vorhandenen Ermächtigungsgrundlagen für den Anschluss- und Benutzungszwang mitumfasst wird (ein Grundrechtseingriff durch bloße Marktteilnahme wird jüngst wieder verneint durch VerfGH Rh.-Pf., DVBl. 2000, S. 992 [993]; vgl. bereits früher BVerwG, DVBl. 1996, S. 152; a.A. u.a. *Pielow*, NWVBl. 1999, S. 369 [376]). Zur Rechtfertigung des in der Anordnung des Anschluss- und Benutzungszwangs liegenden Eingriffs vgl. oben III 2.

74 Ebenso VerfGH Rh.-Pf., DVBl. 2000, S. 992; *Tettinger*, in: von Mangoldt/*Klein*/Starck (Fn. 72), Art. 28 Rdnr. 225; a.A. *Wieland/Hellermann*, Der Schutz des Selbstverwaltungsrechts der Kommunen gegenüber Einschränkungen ihrer wirtschaftlichen Betätigung im nationalen und europäischen Recht, 1995, S. 77; *Moraing*, WiVerw 1998, S. 233 (245). Zur Problematik dieser Unterscheidung vgl. bereits oben III 1 a.

2.   Verhältnis Kommunen – Staat

Dieser Befund bestätigt die bereits erwähnte Notwendigkeit der Einbeziehung des Staates als derjenigen Institution, in deren Händen es liegt, die gegenwärtig bestehende Aufgabenverteilung zwischen Kommunen und Privatwirtschaft zu verändern. Zentraler Handlungsmaßstab hierbei ist Art. 28 Abs. 2 GG, der die „örtlichen Aufgaben" den Gemeinden zur eigenverantwortlichen Wahrnehmung zuweist. Dass sowohl die Aufgaben der Wasserversorgung[75] als auch die Aufgaben der Abwasserbeseitigung[76] örtliche Aufgaben sind, steht außer Frage; das gleiche gilt für die im Zusammenhang mit ihrer Erfüllung erfolgenden ökologischen Tätigkeiten sowie für die kommunale Umweltpolitik in dem bereits an anderer Stelle beschriebenen Umfang.[77] Im Bild des Wasserturms, der im Dreiklang mit dem Rathaus- und dem Kirchturm die Silhouette so mancher Stadt prägt, findet die örtliche Radizierung der Wasserversorgung symbolhaft Ausdruck. Die Ausdehnung von Versorgungs- und Entsorgungsaktivitäten über die Grenzen des eigenen Gemeindegebietes hinaus ist nicht von der Gewährleistung des Art. 28 Abs. 2 GG umfasst.[78]

Innerhalb des oben (III) skizzierten Problemhorizonts ist in der Wasserwirtschaft unter zwei Aspekten über den Gewährleistungsgehalt der Selbstverwaltungsgarantie nachzudenken: Erstens unter dem Aspekt der Entscheidungsbefugnis für die Vornahme einer Privatisierung, konkret im Hinblick auf die in § 18a Abs. 2a WHG vorgesehene Möglichkeit der Übertragung der Abwasserbeseitigungspflicht auf Private; sollten die Länder in den erforderlichen Ausführungsgesetzen anordnen, dass hierüber nicht die Gemeinden, sondern Landesbehörden ent-

---

[75]   Vgl. BVerfG, NVwZ 1982, S. 306; VerfGH Rh.-Pf., DVBl. 2000, S. 992; *Tettinger*, in: von Mangoldt/Klein/Starck (Fn. 72), Art. 28 Rdnr. 212. Anders als im Bereich der Energieversorgung (vgl. insoweit *Pielow*, Versorgung [Fn. 47], S. 784 ff.) besteht kein Anlass, über eine unterschiedliche Zuordnung der Aufgaben der Erzeugung, der Verteilung und der Belieferung nachzudenken, weil eine solche Gemeinde auf allen Stufen tätig ist, aber dann, wenn sie tätig ist, jedenfalls eine örtliche Aufgabe vorliegt.

[76]   Vgl. nur *Cronauge*, Kommunale Unternehmen, 3. Aufl. 1997, Rdnr. 687 ff.

[77]   Zu den Möglichkeiten und Grenzen kommunaler Umweltpolitik im föderalen Staat vgl. *Burgi*, VerwArch 90 (1999), S. 70; *Papier*, in: Hendler u.a. (Hrsg.), Umweltschutz, Wirtschaft und kommunale Selbstverwaltung (in diesem Band), S. 11.

[78]   Vgl. *Held*, in: Henneke (Hrsg.), Optimale Aufgabenerfüllung im Kreisgebiet?, 1998, S. 181 (190); *Tettinger*, in: von Mangoldt/Klein/Starck (Fn. 72), Art. 28 Rdnr. 226; *Meyer*, LKV 2000, S. 321 (323); a.A. *Wieland/Hellermann* (Fn. 74), S. 28 ff. (mit der bereits abgelehnten Differenzierung zwischen hoheitlicher und wirtschaftlicher Tätigkeit; vgl. IV 1). Davon zu unterscheiden ist die Frage nach der Statthaftigkeit einfachrechtlicher Ausdehnung des kommunalen Wirkungskreises (vgl. dazu noch V 4); darauf zielte mein Hinweis anlässlich des Professorengesprächs 2000 des Deutschen Landkreistages (vgl. den Tagungsbericht von *Henneke* in VBlBW 2000, S. 337 [343]). Vgl. hierzu jüngst OLG Düsseldorf, NVwZ 2000, S. 714 (Avista).

scheiden (vgl. noch V 2a), dann könnten den bislang abwasserbeseitigungspflichtigen Gemeinden Privatisierungen aufgezwungen werden. Zweitens würde die Abschaffung der bislang durch § 103 Abs. 1 GWB a.F. sanktionierten Möglichkeit der exklusiven Wegerechtsvergabe an private Wasserversorgungsunternehmen u.U. eine Beschränkung von Einfluss und Einnahmeerwartung der kommunalen Wegeherren bedeuten. In beiden Konstellationen wäre nicht nur die kommunale Leistungserbringung, sondern zugleich der Spielraum kommunaler Umweltpolitik betroffen.

Art. 28 Abs. 2 GG böte insoweit allerdings keinen ultimativen Schutz. Im ersten Fall hätte man es zwar mit einem Aufgabenentzug zu tun. Da die Abwasserbeseitigungsaufgaben aber nicht auf öffentlich-rechtliche Körperschaften (etwa auf einen Wasserverband)[79] übertragen, sondern auf die Privatwirtschaft verlagert würden, wäre das Verfassungsprinzip des Vorrangs kommunaler vor staatlicher Aufgabenzuständigkeit nicht berührt. Wiederum würde sich auswirken, dass Art. 28 Abs. 2 GG nach unverändert herrschender und zutreffender Auffassung[80] eine Vorschrift des Staatsorganisationsrechts ohne Wirkkraft im Verhältnis zur Wirtschaft ist. Rechtfertigungsbedürftig wäre demnach in einem solchen Fall lediglich der Umstand des Aufgabenentzugs als solcher,[81] nicht aber die Tatsache des Übergangs auf Private. Die insoweit erforderlichen, aber auch hinreichenden „Gründe des Gemeinwohls" könnten auch solche der Wirtschaftlichkeit und der Verwaltungseffizienz sein.[82] Im zweiten Fall – betreffend die Privilegierungsvorschrift des § 103 Abs. 1 a.F. GWB – sieht es im Ergebnis nicht anders aus. Dort wäre die Befugnis zur autonomen Verwaltung und Verwertung des Wegeeigentums betroffen, mithin der zweite Gewährleistungsgehalt des Art. 28 Abs. 2 GG, die Eigenverantwortlichkeitsgarantie. Auch diese Hürde könnte

---

[79] Damit hatte sich der VerfGH NRW zu befassen (NWVBl. 1991, S. 187; er bejahte die Vereinbarkeit einer entsprechenden Maßnahme nicht zuletzt aufgrund des Eingreifens ökologischer Gründe zugunsten einer „Hochzonung"). In diesen Fällen ist außerdem einzubeziehen, dass die Gemeinden nicht völlig verdrängt werden, sondern als Mitglieder jenes Verbandes weiterhin auf die Aufgabenerfüllung Einfluss nehmen können (vgl. näher hierzu *Nisipeanu*, in: Ruhrverband [Fn. 4], S. 206 f.).

[80] *Löwer*, Energieversorgung zwischen Staat, Gemeinde und Wirtschaft, 1989, S. 217 ff.; *Burgi* (Fn. 5), S. 298 ff.; *Pielow*, Versorgung (Fn. 47), S. 752 ff.; vgl. ferner jüngst VerfGH Rh.-Pf., DVBl. 2000, S. 992 mit zust. Anm. *Henneke*; a.A. *Hellermann* (Fn. 30), S. 170 ff., 179 m.w.N.

[81] Es besteht sonach lediglich eine Legitimationsbedürftigkeit in formeller Hinsicht (vgl. Bay-VerfGH, VGH n. F. 13, 153 [161 f.]; *von Arnim*, Rechtsfragen der Privatisierung, 1995, S. 53; *Burgi* (Fn. 5), S. 298.

[82] Zur Rechtfertigung von Maßnahmen, die nicht das verfassungsrechtliche Aufgabenverteilungsprinzip als solches herausfordern, welches bei der „Hochzonung" von Aufgaben auf staatliche Einheiten relevant ist (BVerfGE 79, 125; *Tettinger*, in: von Mangoldt/Klein/Starck [Fn. 72], Art. 28 Rdnr. 195); vgl. *Nierhaus*, in: Sachs (Hrsg.), GG, 2. Aufl. 1998, Art. 28 Rdnr. 56; *Burgi* (Fn. 5), S. 208; *Pielow*, Versorgung (Fn. 47), S. 758.

überwunden werden, wenn es dem Gesetzgeber gelänge, „tragfähige Gründe des Gemeinwohls"[83] ins Feld zu führen. Das Ergebnis dieser notwendigerweise knappen Überlegungen, wonach die Selbstverwaltungsgarantie einer Privatisierungspolitik kaum entgegenstünde, gilt schließlich auch dann, wenn die Gemeinden selbst die Stärkung des privaten Sektors betreiben, d. h. wenn sie im Rahmen der bestehenden Vorschriften ihre Versorgungs- und Entsorgungsaufgaben ganz oder teilweise auf private Unternehmen übertragen würden. Zwar steht fest, dass sich dadurch ihr unternehmerischer Handlungsradius verengen und dass ökologische Vorstellungen nur noch – wenn überhaupt (vgl. V) – im Wege der Regulierung durchgesetzt werden könnten; die Verfassungsgarantie der kommunalen Selbstverwaltung stünde dem aber nicht entgegen, weil sie einen Schutz der Gemeinden gegen sich selbst wiederum nicht im Verhältnis zur Privatwirtschaft und überhaupt nur im Umfang des hier nicht betroffenen sog. Kernbereichs bieten würde.[84]

Im Hinblick auf die Option der Eröffnung eines Wettbewerbs im Markt, d. h. der Liberalisierung in der Wasserwirtschaft ist zu sagen, dass die Selbstverwaltungsgarantie keine Garantie kommunaler Monopolstellungen beinhaltet. Die Zulassung gleichberechtigter privatwirtschaftlicher Konkurrenz würde die kommunale Aufgabenerfüllung nicht rechtlich, sondern allenfalls faktisch schwächen und hiergegen schützt die Verfassung nicht.[85]

---

[83] Allgemein zur Bedeutung zur Eigenverantwortlichkeitsgarantie und zu den diesbezüglichen Rechtfertigungsmöglichkeiten vgl. BVerfG, NJW 1981, S. 1659; BVerfG, NVwZ 1988, S. 47 (49); *Gern* (Fn. 31), Rdnr. 84. Einer entsprechenden Prüfung hat beispielsweise die das Verhältnis zwischen der Gemeinde und den Wasserkunden reglementierende verbraucherschutzorientierte AVBWasserV (Fn. 51) standgehalten (vgl. BVerfG, NVwZ 1982, S. 306); nach Auffassung *Pielows*, Versorgung (Fn. 47), S. 793, hält auch die bereits erfolgte Abschaffung der kartellrechtlichen Privilegierung der Energie-Konzessionsverträge jenem Maßstab stand (vgl. dort auch zu der im Schrifttum teilweise diskutierten, jedoch zu verwerfenden Überlegung, in der kommunalen Infrastrukturregulierung durch Wegerechtsvergabe eine Hoheitsfunktion in Ausfluss einer originären kommunalen „Wegehoheit" zu verstehen (so etwa *Hermes*, Der Staat 31 [1992], S. 281 [297 f.]). Das BVerfG hat in der durch § 50 TKG angeordneten Pflicht der Gemeinden zur Duldung der unentgeltlichen Wegebenutzung für die Verlegung von Telekommunikationsleitungen keine Verletzung der Eigenverantwortlichkeitsgarantie gesehen (BVerfG, NVwZ 1999, S. 520, und kritisch hierzu *Ehlers*, DVBl. 2000, S. 1301 [1309]).

[84] Zur vergleichsweise selten diskutierten Bedeutung der Selbstverwaltungsgarantie gegenüber einer sog. autonomen Privatisierung vgl. *Burgi* (Fn. 5), S. 302 u. 307. Der sog. Kernbereich der kommunalen Selbstverwaltung, zu dem nach der neueren Rechtsprechung des BVerfG kein gegenständlich bestimmter Aufgabenkatalog gehört (vgl. hierzu *Tettinger*, in: von Mangoldt/Klein/Starck [Fn. 72], Art. 28 Rdnr. 191 m.w.N.), ist aber durch die hier in Frage stehenden bloßen Beschränkungen des Aufgabenzugriffsrechts bzw. der eigenverantwortlichen Aufgabenwahrnehmung nicht berührt.

[85] Vgl. BayVerfGH, BayVBl. 1996, S. 599; *Tettinger*, in: von Mangoldt/*Klein*/Starck (Fn. 72), Art. 28 Rdnr. 215; *Ehlers*, DVBl. 2000, S. 1306.

V. Die Option „Privat regulierte Leistungserbringung (nach funktionaler Privatisierung oder nach Aufgabenprivatisierung)" – Wettbewerb um den Markt

Wie und durch wen kann nun Umweltschutz unter diesen Bedingungen bewirkt werden und – noch zuvor – wie sind die Bedingungen überhaupt beschaffen?

1. Ökologische Regulierung bei der funktionalen Privatisierung in beiden Bereichen

a) Spektrum

Die Durchführung einzelner oder sämtlicher Aufgaben der Abwasserbeseitigung bzw. der Wasserversorgung durch Wirtschaftsunternehmen ist in allen Bundesländern möglich und wird seit längerem teilweise intensiv praktiziert. Wie bereits erwähnt (II 1 a), ist in das Wasserhaushaltsgesetz (in § 18a Abs. 2 Satz 3) bezüglich der Abwasserbeseitigung ein diesbezüglicher klarstellender Hinweis aufgenommen worden. Die beiden wichtigsten Gestaltungen in der Praxis sind das „Betriebsführungsmodell" und das „Betreibermodell", welches sich von jenem vor allem durch den größeren Umfang der übertragenen Tätigkeiten und durch die längere Laufzeit unterscheidet.[86] In beiden Fällen verbleibt die eigentliche Aufgabenträgerschaft bei der jeweiligen Gemeinde, die unverändert im Außenverhältnis agiert und sowohl zur Anordnung des Anschluss- und Benutzungszwangs als auch zur Gebührenerhebung befugt bleibt. Die privaten Unternehmen sind rechtlich gesehen Verwaltungshelfer, deren Verhalten in Ausfluss der kommunalen Leitungsverantwortung reguliert wird.

b) Einzelfragen und Bewertung

Hier ist zunächst die Feststellung wichtig, dass die Übernahme der Aufgabendurchführung durch private Helfer die hoheitlichen Rahmenbedingungen unberührt lässt. Das bedeutet konkret, dass die meisten Festsetzungen in der Abwasser- bzw. Wassersatzung fortgelten und diese insbesondere weiterhin die Grundlage für den auch ökologisch wertvollen Anschluss- und Benutzungszwang

---

[86] Vgl. oben III 1 a und b; bei *Cronauge* (Fn. 76), Rdnr. 776, findet sich das Muster eines „Betriebsführungsvertrages für die Versorgungssparte Wasser".

sowie für die kommunalen Indirekteinleiterregelungen bilden.[87] Eine neue rechtliche Heimat müssen dagegen die bislang durch die Leistungsträgerschaft verwirklichten lokalpolitischen Anliegen suchen. Diese Heimat kann nur noch in dem entstehenden Regulierungsverhältnis zwischen der Gemeinde und dem Verwaltungshelfer gefunden werden. Insoweit obliegt es der Gemeinde, ihrer Leitungsverantwortung[88] gerecht zu werden und die entsprechenden Maßnahmen bei der Auswahl des Verwaltungshelfers und bei der Ausgestaltung des Betriebsführer- bzw. Betreibervertrages zu ergreifen. Solche Leitungsmaßnahmen betreffen zum ersten die Leistungserbringung und zielen auf die Realisierung all derjenigen privatwirtschaftlichen Tugenden, um derentwillen die funktionale Privatisierung unternommen worden ist. Hier muss und kann die Gemeinde für eine möglichst erfolgreiche Verwendung, Unterhaltung und Verbesserung der jeweiligen Infrastruktureinrichtungen, insbesondere im Hinblick auf die Sanierungsbedürftigkeit der Kanalnetze Sorge tragen und damit zugleich dem Umweltschutz einen wertvollen Dienst erweisen.[89]

Eine weitere Gruppe von Leitungsmaßnahmen zielt auf die Einhaltung der allgemeinen Umweltstandards, die für die kommunale Abwasserbeseitigung und Wasserversorgung unabhängig von der konkreten Verantwortungsstruktur gelten. In einem dritten Paket mögen schließlich weitergehende, in autonomer lokalpolitischer Entscheidung formulierte ökologische Anforderungen gestellt werden. Das kann Maßnahmen zur Abwasservermeidung umschließen, zur Kooperation mit Landwirten in Wassereinzugsgebieten sowie zum Uferschutz; die Verpflichtung zur Einhaltung strengerer Trinkwasserstandards oder zur ausschließlichen Verwendung lokaler Ressourcen; ebenso möglich wäre die Einbeziehung des privaten Betreibers in einen Prozess der Lokalen Agenda 21 oder die Pflicht zur Schaffung eines Öko-Beirates. Die bislang vorliegenden Vertragsmuster könnten ohne rechtliche Bedenken in diese Richtung fortgeschrieben werden,[90] u.U. mit umweltministeriellem Geleitschutz. Die Statthaftigkeit all dessen ergibt sich daraus, dass es lediglich um die Durchführung von unverändert kommunalpolitisch definierten Aufgaben geht.

Die Umsetzung dieser und aller anderen kommunalen Vorstellungen von der richtigen Aufgabenerfüllung erfolgt zum einen im Rahmen der Vergabe der Aufgabendurchführung und zum zweiten im Rahmen der Vertragsgestaltung. Die

---

[87] Vgl. *Kummer/Giesberts*, NVwZ 1996, S. 1170.

[88] Die nach einer funktionalen Privatisierung erforderliche Regulierung nach Inhalt und Umfang kennzeichnende „Leitungsverantwortung" ist ausführlich entfaltet bei *Burgi* (Fn. 5), S. 340ff., 410ff.

[89] Die auf eine möglichst erfolgreiche Leistungserbringung zielenden Vereinbarungen sind zusammengestellt bei *Bauer*, in: Schuppert (Fn. 25), S. 266ff.

[90] Zu den gegenwärtigen Privatisierungsmusterverträgen vgl. *Bauer*, VerwArch 90 (1999), S. 570ff.

Vergabekriterien der Fachkunde, Leistungsfähigkeit und Zuverlässigkeit des Verwaltungshelfers beziehen sich auf die Erbringung von Dienstleistungen in der soeben geschilderten, von der Gemeinde definierten Weise.[91] Derjenige private Abwasserentsorger oder Wasserversorger, der den gestellten Anforderungen am wirtschaftlichsten entsprechen kann, erhält letztlich den Zuschlag. Mit ihm sind sodann die Bedingungen einer wirtschaftlich und ökologisch erfolgreichen Aufgabendurchführung vertraglich zu fixieren, wobei Kontroll- und Sanktionsmöglichkeiten vorgesehen werden müssen.[92] In welchem Umfang die durch die ökologischen Verpflichtungen entstehenden Kosten den Einrichtungsbenutzern auferlegt werden dürfen, beurteilt sich nach den auch im Falle der kommunalen Eigenwahrnehmung geltenden Maßstäben des Gebühren- bzw. Entgeltrechts.

Die Bewertung dieser Privatisierungsoption fällt durchaus positiv aus, weil die Abspaltung des Anliegens einer effizienten Leistungserbringung von der politisch-inhaltlichen Gestaltung chancenreich erscheint. Für leistungsstarke, überregional tätige private Wasserwirtschaftsunternehmen bieten sich Möglichkeiten zum Aufbau vernetzter Strukturen und zur Schaffung von Referenzen für die Teilnahme im Wettbewerb um die von kommunaler Seite geöffneten Märkte. Die kommunalen Entscheidungsträger müssen sich allerdings darüber im klaren sein, dass sie den Vorzug eines finanzkräftigen und kompetenten privaten Partners nur um den Preis geminderter politischer Gestaltungsmacht genießen können. Denn ungeachtet des skizzierten Regulierungsinstrumentariums kann der politische Einfluss im Alltag der Leistungserbringung und vor allem auf die Dauer der gesamten Laufzeit gesehen, nicht so stark sein wie im Falle der Aufgabenerfüllung durch einen Regie- oder Eigenbetrieb. Ein letztes: Wie bereits erwähnt (III 2), muss die Einschaltung eines privaten Dritten dem Wirtschaftlichkeitsprinzip entsprechen. Die geschilderten Anforderungen an eine auch in ökologischer Hinsicht optimale Aufgabendurchführung können u. U. dazu führen,

---

91   Je nachdem, ob der Schwerpunkt der zur Durchführung übertragenen Tätigkeiten im Bauen oder im Erbringen von Dienstleistungen liegt, handelt es sich um Bauaufträge oder um Dienstleistungsverträge, auf die jedenfalls (bei Erreichen der entsprechenden sog. Schwellenwerte) die Vergabevorschriften der §§ 97 ff. GWB anwendbar sind (vgl. näher hierzu sub specie des Abwasserbeseitigungsrechts *Bauer*, in: Schuppert [Fn. 25], S. 259 f.; zu den vergaberechtlichen Anforderungen an Privatisierungsverträge allgemein vgl. *Opitz*, ZVgR 2000, S. 97 [106 ff.]). Bei der Formulierung ökologischer Anforderungen in der geschilderten Weise handelt es sich nicht um einen Fall der Verfolgung vergabefremder Zwecke i. S. d. § 97 Abs. 4 GWB, da keine „weitergehenden Anforderungen an (den) Auftragnehmer" gestellt werden, sondern leistungsbezogene Anforderungen definiert werden (allg. und weiterführend zur Bedeutung ökologischer Kriterien im Vergaberecht vgl. *Schumacher*, DVBl. 2000, S. 467 ff.; *Burgi*, NZ Bau 2001, S. 64).

92   Zu den diesbezüglichen Gestaltungsmöglichkeiten im einzelnen vgl. *Kummer/Giesberts*, NVwZ 1996, S. 1166 (1171); *Brüning* (Fn. 40), S. 157 ff.; *Burgi* (Fn. 5), S. 425 ff.; *Bauer*, in: Schuppert (Fn. 25), S. 264 ff.

dass die kommunale Eigenwahrnehmung in den klassischen Organisationsformen im Einzelfall die günstigere Option darstellt,[93] zumal wenn man die unterschiedlichen steuerlichen Ausgangsbedingungen einbezieht.

2. Ökologische Regulierung bei der Aufgabenprivatisierung in der Abwasserbeseitigung

§ 18a Abs. 2a WHG eröffnet den Ländern die Möglichkeit, die Übertragung der Abwasserbeseitigungspflicht auf Private vorzusehen. Es ist zu erwarten, dass im Verlauf der aktuellen Debatte weitere Bundesländer den diesbezüglichen Vorreitern Baden-Württemberg und Sachsen (vgl. oben III 1a) folgen werden. Damit verbindet sich freilich keine Liberalisierung, weil ein privates Tätigwerden unabhängig vom Willen der kommunalen Monopolisten nicht möglich sein wird.

a)   Zuordnung

Hinsichtlich der dogmatischen Einordnung ist davon auszugehen, dass es sich nicht um einen Fall der Beleihung, sondern um eine Aufgabenprivatisierung zugunsten eines privaten Konzessionärs handelt.[94] Zwar lässt die Rahmenvorschrift des § 18a Abs. 2a WHG aus kompetenzrechtlichen Gründen insoweit beide Optionen offen;[95] die bisher ergangenen landesgesetzlichen Regelungen

---

[93]   Mit der Wirtschaftlichkeitsberechnung bei funktionaler Privatisierung im Bereich der Abwasserbeseitigung befassen sich die Analysen von *Brösel/Hering/Matschke*, ZögU 1999, S. 182 ff., 273 ff.

[94]   In diesem Sinne auch *Nisipeanu*, NuR 1998, S. 467 ff.; *Brüning*, SächsVBl. 1998, S. 201 ff.; a.A. *Gruneberg*, Der Gemeindehaushalt 1999, S. 179; *Kummer/Giesberts*, NVwZ 1996, S. 1170; *Lübbe-Wolff*, ZUR 1997, S. 61 (67 f. mit daran anschließenden verfassungsrechtlichen Bedenken hinsichtlich der angeblich erforderlichen Übertragung von Rechtsetzungskompetenzen); *Queitsch*, UPR 2000, S. 247 (251 f.). Die diesbezügliche Diskussion verläuft weitgehend parallel zu der, die sich an der ähnlich strukturierten Vorschrift des § 16 Abs. 2 KrW-/AbfG entspannt hat, und in der sich mittlerweile die Waage zugunsten einer Qualifizierung als Aufgabenprivatisierung, nicht als Beleihung zu senken scheint (vgl. nur *Frenz*, in: Ziekow [Hrsg.], Wirtschaft und Verwaltung vor den Herausforderungen der Zukunft, 2000, S. 137 [143 ff.] m.w.N.).

[95]   Ebenso *Spillecke*, in: Nisipeanu, Privatisierung (Fn. 1), S. 141 (150 f.); zu der getroffenen Regelung war der Bund befugt, und sie war auch erforderlich (entgegen *Dahme*, in: Sieder/Zeitler/Dahme, WHG, Stand 1.8.1997, § 18a Rdnr. 1a), weil die Länder sonst an der grundsätzlichen Zuweisung der Abwasserbeseitigungspflicht an „öffentlich-rechtliche Körperschaften" durch § 18a Abs. 2 Satz 1 WHG nicht vorbeigekommen wären. Namentlich die Festschreibung einer Beleihung im WHG wäre kompetenziell aber problematisch, weil es sich hierbei um eine verwaltungsorganisationsrechtliche Regelung handelte, für die dem Bund nur ausnahmsweise, unter den Voraussetzungen des Art. 84 Abs. 1 GG, eine Gesetzgebungskompetenz zustünde.

haben jedoch auf die Übertragung hoheitsrechtlicher Befugnisse verzichtet. Da die privaten Träger der Abwasserbeseitigungspflicht weder zum Erlass von Verwaltungsakten noch von Satzungen, und das heißt, weder zur Erhebung von Gebühren noch zur Begründung eines Anschluss- und Benutzungszwangs befugt werden, ermangelt ihnen die die Beleihung nach heutigem Verständnis kennzeichnende hoheitliche „Rechtsstellung".[96] Der bloße Übergang der als solcher befugnislosen Abwasserbeseitigungspflicht reicht nicht aus, vielmehr verliert diese Pflicht mit ihrem Übergang auf einen privaten Träger selbst ihre öffentlich-rechtliche Natur. Dieses Ergebnis ist von großer praktischer Bedeutung, weil damit feststeht, dass es sich nicht mehr um einen Fall der Erfüllung von Staatsaufgaben (vermittels eines Beliehenen) handelt, sondern dass das Staatsaufgabenregime während des Zeitraums der privaten Trägerschaft suspendiert ist. Dabei erweisen beide Landeswassergesetze der Selbstverwaltungsgarantie Respekt, indem sie die Entscheidungskompetenz für die Bewirkung einer Aufgabenprivatisierung den bislang abwasserbeseitigungspflichtigen Kommunen zuweisen.[97]

Ist eine Aufgabenprivatisierung in diesem Sinne erfolgt, obliegt die Abwasserbeseitigung dem privaten Träger, der auf privatrechtlicher Grundlage direkte Beziehungen mit den Grundstückseigentümern begründet. Diese sind aufgrund spezieller landesgesetzlicher Bestimmung ihm gegenüber überlassungspflichtig.[98] Hinsichtlich einer Bezeichnung für jenen Privaten, der ja weder Verwaltungshelfer noch Beliehener ist, sei hier der Vorschlag gemacht, den europarechtlichen Kontext von vornherein einzubeziehen und mit einem dadurch von

---

[96] Nach heute ganz herrschendem Verständnis sind Beliehene Privatrechtssubjekte, die dazu befugt worden sind, Staatsaufgaben in den Handlungsformen des öffentlichen Rechts selbstständig wahrzunehmen (BVerwG, DVBl. 1970, S. 737; BVerwG, NJW 1981, S. 248; *Maurer*, Allgemeines Verwaltungsrecht, 12. Aufl. 1999, § 23 Rdnr. 56). Weder in Baden-Württemberg noch in Sachsen findet sich beispielsweise eine Einräumung der Befugnis zur Gebührenerhebung, wie dies etwa durch § 9 Abs. 4 LAbfG NW im Hinblick auf die Übertragung der Abfallbeseitigungspflicht auf private Dritte geschehen ist.

[97] Vgl. § 45c Abs. 1 WG BW; § 63 Abs. 4 Satz 1 SächsWG (allerdings „nach Beteiligung der zuständigen Wasserbehörde"). Überlegungen, die Entscheidungskompetenz ganz oder teilweise den Landesbehörden zuzuweisen (angestellt etwa von *Nisipeanu*, in: ders., Kosten [Fn. 2], S. 158; *Spillecke*, in: Nisipeanu, Privatisierung [Fn. 1], S. 154), haben insoweit keinen Niederschlag gefunden. Angesichts des rein objektiv-rechtlichen Gehalts der übertragenen Pflicht und der Ausrichtung der Privatisierungsvoraussetzungen strikt am Gemeinwohl dürfte diesbezüglich kein (Ermessens)Anspruch interessierter Privater bestehen (a. A. *Nisipeanu*, NuR 1998, S. 473; ebenso *Czychowski*, WHG [Fn. 12], § 18a Rdnr. 23a).

[98] In Baden-Württemberg statuiert § 45b Abs. 1 Satz 4 WG eine Überlassungspflicht zugunsten des „jeweiligen Beseitigungspflichtigen"; während in Sachsen in § 63 Abs. 4 Satz 4 Ziff. 5 WG in der Verordnungsermächtigung vorgesehen ist, dass Regelungen zu treffen sind „in Anbetracht der nach Abs. 5 Satz 1 angeordneten Überlassungspflicht". Es kann daher offen bleiben, ob die Anordnung eines Anschluss- und Benutzungszwangs nach den allgemein-kommunalrechtlichen Vorschriften trotz Suspendierung der kommunalen Aufgabenträgerschaft möglich wäre.

historisch begründeten Vorurteilen befreiten,[99] modernen Verständnis den Begriff des Konzessionärs zugrunde zu legen. Die jüngst publizierte Mitteilung der EG-Kommission zu „Auslegungsfragen im Bereich Konzessionen im Gemeinschaftsrecht" versteht darunter diejenigen privaten Dritten, denen der Staat „Dienstleistungen überträgt, die grundsätzlich in seine Zuständigkeit fallen und für die der Dritte die Nutzung trägt";[100] dies in Abgrenzung zu Dritten, die den Staat in dessen Nutzungsträgerschaft mit Dienstleistungen unterstützen.

b)   Einzelfragen und Bewertung

Mit dem Ende der kommunalen Abwasserbeseitigungspflicht endet auch der kommunale Einfluss auf die Leistungserbringung als solche. Mangels fortbestehendem Benutzungsverhältnis bestehen keine Möglichkeiten mehr zur satzungsmäßigen Regulierung, auch nicht betreffend die Indirekteinleitungen. Im Unterschied zur Situation nach einer funktionalen Privatisierung reguliert die Gemeinde hier nicht mehr die Verfolgung ihrer eigenen Zwecke durch einen privaten Helfer, sondern das autonome Tätigwerden eines privaten Konzessionärs. Freilich stehen auch hier Gemeinwohlbelange auf dem Spiel, vor allem das Interesse an der Einhaltung der allgemeinen Umweltstandards und die Interessen der Verbraucher. Von großer Bedeutung ist ferner das Interesse an einer kontinuierlichen Leistungserbringung und deren geordneter Beendigung. Der Staat

---

[99]   Der Begriff der Konzession gehört seiner ursprünglichen Konzeption nach, verstanden als Begründung eines Rechts zur Ausübung eines „Stücks öffentlicher Verwaltung" (so zuletzt E. R. Huber, Wirtschaftsverwaltungsrecht, 1. Band, 2. Aufl. 1953, S. 66), in die „Geschichte des Verwaltungsrechts" (so zutreffend *Wieland*, Die Konzessionsabgaben, 1991, S. 117; näher hierzu *Pielow*, Versorgung [Fn. 47], S. 499 ff.). Er wird heute verwendet zur Bezeichnung eines Handlungsmittels der Verwaltung in (faktisch bedingten oder legitimerweise rechtlich herbeigeführten) Knappheitssituationen (wie etwa im Bereich der Straßen vgl. III 1 b), durch das den Bürgern Möglichkeiten für die freie unternehmerische Tätigkeit eröffnet wird (vgl. *Wieland*, ebenda, S. 89 ff., 124 ff., und *Koenig*, Die öffentlich-rechtliche Verteilungslenkung, 1994, S. 100 ff.). Während seine Verwendung für den Bereich der Verwaltungshilfe bereits abgelehnt worden ist (*Burgi* [Fn. 5], S. 282 f.), sollte im vorliegenden Bereich der Anregung *Schmidt-Aßmanns*, dieses Instrument für „Privatisierungsvorgänge dogmatisch zu reaktivieren" (in: Hoffman-Riem/*Schmidt-Aßmann* [Hrsg.], Öffentliches Recht und Privatrecht als wechselseitige Auffangordnungen, 1996, S. 32), gefolgt werden. In diesem Umfang könnte der Konzessionsbegriff neben den hier diskutierten Konstellationen etwa auf die Fälle des § 16 Abs. 2 KrW-/AbfG und auf weitere in den kommenden Jahren zu erwartende Verantwortungsverschiebungen im Bereich der Infrastruktur (etwa im Personenbeförderungsrecht) Anwendung finden.

[100] Der im Amtsblatt der EG (C 94) vom 7. 4. 1999 veröffentlichte Entwurf einer entsprechenden Mitteilung ist nunmehr in der endgültigen Fassung (unter dem Datum vom 12. 4. 2000) von der Kommission im Internet veröffentlicht worden (**http://simap.eu.int**) und als Beilage Nr. III zu Heft 7 der NVwZ (Jahrgang 2000) publiziert worden. Die im Text referierte Definition findet sich auf S. 9 unter Ziffer 2.4.

versucht, diesen Interessen gerecht zu werden, indem er in § 18a Abs. 2a WHG und in den beiden Landeswassergesetzen Regulierungsvorgaben aufgestellt hat, die die Gemeinden im Einzelfall zu vollziehen haben (vgl. § 45c Abs. 1 Satz 2 Ziff. 1 – 3 WG BW; § 63 Abs. 4 Sätze 2 – 4 SächsWG). Im Kern geht es dabei um die Leistungsfähigkeit des Konzessionärs und seiner Einrichtungen. Diese Vorgaben begrenzen die kommunalen Spielräume bei einer Übertragungsentscheidung.[101] Da das Wie der Leistungserbringung, d.h. die Entscheidung über die technische, personelle und organisatorische Handhabung im Alltag der Abwasserbeseitigung – und dazu gehören auch die lokalen ökologischen Aspekte – jenseits dieser Vorgaben liegt, kann die Gemeinde insoweit nichts regulieren, weder bei der Auswahl des Privaten[102] noch in der zu treffenden Übertragungsvereinbarung. Das staatlich vorgegebene Regulierungsrecht bietet der Verfolgung lokalpolitischer Anliegen keine Grundlage.

Die Bewertung dieser Privatisierungsoption fällt daher aus der Sicht der kommunalen Selbstverwaltung negativ aus, wobei die Gemeinden über ihren Rückzug aus der Leistungserbringung und damit auch aus der Umweltgestaltung immerhin selbst bestimmen können. Auf Seiten des Staates wird eine Verstärkung der allgemeinen Umweltüberwachung erfolgen müssen,[103] mit entsprechendem Kostenbedarf, den dann aber nicht die Einrichtungsbenutzer, sondern die Steuerzahler zu decken haben werden. Ob die Unternehmen der Privatwirtschaft von der ihnen hierdurch eröffneten, durchaus risikoreichen Option in größerem Umfang Gebrauch machen werden, bleibt abzuwarten.

3. Ökologische Regulierung bei der Aufgabenprivatisierung in der Wasserversorgung

Auch im Bereich der Wasserversorgung ist das Bestehen kommunaler Monopole prägend, weswegen es wiederum um Privatisierung, nicht um Liberalisierung geht.

---

[101] Eingehend zu den Privatisierungsvoraussetzungen vgl. *Nisipeanu*, in: ders., Kosten (Fn. 2), S. 152 ff.

[102] Insoweit findet übrigens das Vergaberecht der §§ 97 ff. GWB keine Anwendung, weil es nicht um einen „entgeltlichen Auftrag" (vgl. § 99 Abs. 1) geht, sondern die Gegenleistung in der Einräumung der Berechtigung zur Nutzung, d.h. in der Eröffnung der Möglichkeit zur Abrechnung mit den Abwassererzeugern besteht; um die Umschreibung solcher Fälle geht es u.a. in der soeben erwähnten Mitteilung der EG-Kommission (Fn. 101); vgl. ferner *Reidt/Stickler/Glahs*, Vergaberecht, 2000, § 99 Rdnr. 33. Für die Unanwendbarkeit der §§ 97 ff. GWB im Bereich des § 16 Abs. 2 KrW-/AbfG vgl. *Kulartz/Niebuhr*, NZBau 2000, S. 6 (9).

[103] Dies sieht auch *Nisipeanu*, NuR 1998, S. 474.

a)   Zuordnung

Unstreitig mit einer Aufgabenprivatisierung (und nicht etwa mit einer Beleihung) hat man es im Bereich der Wasserversorgung dann zu tun, wenn ein privatwirtschaftliches Unternehmen als sog. Fremdversorger (vgl. III 1 b) eingeschaltet wird, der unter dem Dach einer kommunalen öffentlichen Einrichtung und auf der Basis eines von der Kommune angeordneten Anschluss- und Benutzungszwangs[104] unmittelbare Rechtsbeziehungen zu den Wasserkunden unterhält. Auch insoweit sind die soeben 2a geschilderten Begriffsmerkmale der Konzession erfüllt, wobei hier noch hinzukommt, dass das Tätigwerden des privaten Fremdversorgers auf einem Konzessionsvertrag im Sinne des Straßen- und Wegerechts, d.h. auf der Einräumung einer bürgerlich-rechtlichen Sondernutzungsberechtigung beruht. Eines Tätigwerdens des jeweiligen Landesgesetzgebers bedarf es insoweit nicht.

b)   Einzelfragen

Die Spielräume für eine kommunale Regulierungspolitik sind hier aus systematischen Gründen etwas größer als im Bereich der Abwasserbeseitigung. Denn zum einen verfügen die Gemeinden in Gestalt der Einrichtungssatzung über ein Instrument, das ihnen dort fehlt und zum andern ist der eigentliche Privatisierungsakt, der Konzessionsvertrag, einfachgesetzlich fast gar nicht determiniert. Dies erlaubt es den Gemeinden, innerhalb des verfassungsrechtlichen Rahmens auch umweltpolitische Festlegungen zu treffen, beispielsweise eine Verpflichtung zur bevorzugten Verwendung verbrauchsnaher Ressourcen zu statuieren.[105] Damit kann der privatautonomen Tätigkeit des Fremdversorgers allerdings nur ein Rahmen vorgegeben werden, innerhalb dessen für gemeindliche Vorstellungen kein Platz mehr ist, zumal für solche, die sich erst während der Laufzeit des Konzessionsvertrags entwickelt sollten. Wiederum bewirkt die Aufgabenprivatisierung eine Reduzierung der kommunalpolitischen Gestaltungsmacht, nicht nur im Vergleich mit der kommunalen Eigenwahrnehmung, sondern auch im Vergleich mit der Situation nach einer funktionalen Privatisierung. Gegenstand

---

[104]   Weil es sich trotz Aufgabenprivatisierung im Bereich der Wasserversorgung noch um eine kommunale öffentliche Einrichtung handeln kann (vgl. oben III 1 b), ist jene auch in Bundesländern möglich, die im Rahmen der grundsätzlichen Bestimmung der Wasserversorgung zur kommunalen Pflichtaufgabe die Möglichkeit der Aufgabenprivatisierung nicht explizit vorsehen.

[105]   Sofern diese nicht bereits im jeweiligen Landeswassergesetz gegenüber allen Wasserversorgern allgemein statuiert ist (wie etwa in § 97a Abs. 5 BerlWG).

staatlicher Regulierung wird die von der EG-Kommission jüngst postulierte ökologische Orientierung der Wasserpreise sein müssen.[106]

c) Diesbezügliche Bedeutung des § 103 Abs. 1 GWB a.F.

Die eingangs erwähnte Privilegierungsvorschrift des § 103 Abs. 1 GWB a.F. ermöglicht es den Kommunen, einem Fremdversorgungsunternehmen das Recht
zur ausschließlichen Versorgung des Gemeindegebiets mit Wasser einzuräumen.
Diese Möglichkeit fiele weg, würde § 103 Abs. 1 GWB a.F. aufgehoben. Überr-
dies wäre es den Versorgungsunternehmen nicht mehr ohne weiteres möglich,
die Versorgungsgebiete untereinander gebietsweise abzugrenzen. All das würde
indes nichts an der beschriebenen Schlüsselstellung der Gemeinden ändern, da
diese – im Unterschied zum Bereich der Energieversorgung[107] – nicht auf der
Einräumung von Wegerechten, sondern auf ihrem wasser- bzw. kommunalrechtlich fundierten Monopol beruht. Die Abschaffung lediglich des § 103 Abs. 1
GWB a.F. würde daher allenfalls die kommunale Entscheidungsmacht um den
Anteil verringern, der aus dem Recht zur Vergabe einer Exklusivberechtigung
erwachsen sein mochte;[108] zudem könnte sich die Höhe der Konzessionsabgabe
reduzieren. Dem stünde immerhin der Vorteil einer Auswahlmöglichkeit zwischen mehreren potentiellen Fremdwasserversorgungsunternehmen infolge des
Wegfalls der Gebietsabsprachen gegenüber.

4. Sonderfall Unechte Privatisierung

Einen Sonderfall (aus systematischer Sicht, nicht zahlenmäßig) stellt es dar,
wenn eine Kommune als Betreiber (d.h. nach funktionaler Privatisierung) oder
als Konzessionär in der Abwasserbeseitigung[109] bzw. in der Fremdversorgung

---

[106] Laut Pressemitteilung der Europäischen Kommission vom 28. 7. 2000 (mitgeteilt in NJW 2000,
Heft 35, XLVII) geht es der Kommission um die Verabschiedung einer Preispolitik, mit der sie
einen nachhaltigen Umgang mit den Wasserressourcen fördern will, insbesondere im Zusammenhang mit der bereits erwähnten Wasser-Rahmenrichtlinie (oben I 1). Dieses Vorhaben ist
m.E. trägerneutral, d.h., unabhängig davon, wem in dem jeweiligen Mitgliedstaat die Wasserversorgung konkret obliegt.

[107] Vgl. hierzu *Hoffmann-Riem/Schneider*, in: dies. (Hrsg.), Umweltpolitische Steuerung in einem
liberalisierten Strommarkt, 1995, S. 13 (18ff.); *Pielow*, Versorgung (Fn. 47), S. 620f.

[108] Zur Frage der Vereinbarkeit mit Art. 28 Abs. 2 GG vgl. oben IV 2.

[109] Sowohl in § 18a Abs. 2a WHG als auch in den §§ 45c Abs. 1 Satz 1 WG BW, 63 Abs. 4 Satz 1
SächsWG ist lediglich von „Dritten" bzw. „Personen des Privatrechts" die Rede, so dass nicht
von einer Beschränkung auf „echte" Private ausgegangen werden muss.

mit Wasser ein Unternehmen engagiert, an dem sie selbst oder gar eine andere Kommune[110] beteiligt ist, das also zuvor aus einer Organisationsprivatisierung hervorgegangen ist. Interessant sind dabei weniger die Eigengesellschaften,[111] sondern die sog. gemischt-wirtschaftlichen Unternehmen,[112] in denen der kommunale Träger mit „echten" Privaten kooperiert; daneben hat jüngst die im Stadtstaat Berlin praktizierte Beteiligung Privater in einer als Anstalt des öffentlichen Rechts organisierten Einheit Schlagzeilen gemacht.[113] In diesen Fällen tritt den beschriebenen Regulierungsinstrumenten als weitere kommunale Kompetenz die Einwirkung qua Beteiligung an die Seite. Die Verfolgung lokaler ökologischer Anliegen kann sich über das Instrument der Unternehmensführung einen weiteren Pfad erschließen, weswegen diese Modelle jedenfalls ein Mehr an kommunaler Selbstverwaltung versprechen.

Die mit ihnen verbundenen organisations- und wirtschaftsrechtlichen Probleme sind allgemeiner Natur, d. h. ohne speziell wasserrechtlichen Bezug, so dass an dieser Stelle der Hinweis genügen muss, dass die Beteiligung Privater in Verwaltungseinheiten Fragen nach der demokratischen Legitimation[114] aufwirft und im

---

110 Denkbar ist auch die Übertragung auf eine Tochtergesellschaft eines Wasser- und Bodenverbandes.

111 Im Hinblick auf die Beurteilung der Betrauung von Eigengesellschaften mit bloßen Durchführungsaufgaben, die nach hiesigem Verständnis als unechte funktionale Privatisierung zu sehen ist (ebenso *Gruneberg*, Der Gemeindehaushalt 1999, S. 179; *Queitsch*, UPR 2000, S. 251; jeweils für den Abwasserbereich), wird allerdings teilweise von einer bloßen Organisationsprivatisierung ausgegangen (so etwa OLG Dresden, NVwZ 1998, 1331, und *Brüning* [Fn. 40], S. 204 [im Hinblick auf die Wasserversorgung]). Diese Einordnung ändert nichts an der Richtigkeit der im Text gemachten Aussagen zu den Möglichkeiten ökologischer Regulierung. M. E. ist die Betrauung von Eigengesellschaften mit der Durchführung von Abwasserbeseitigungsaufgaben mehr als eine bloße Organisationsprivatisierung, weil § 18a Abs. 2 Satz 1 WHG und die Landeswassergesetze die Pflicht zur Abwasserbeseitigung als solche einer „öffentlich-rechtlichen Körperschaft" zuweisen (vgl. näher hierzu *Bodanowitz* [Fn. 23], S. 25 ff., 34 ff.).

112 In der Literatur finden sich bisweilen Darstellungen über die Funktionsweise entsprechender Modelle, so etwa aus Schwerte (*Rehling/Nisipeanu*, in: Nisipeanu, Privatisierung [Fn. 1], S. 223 ff.) und aus Bremen (*Behr/Voigt*, KA 1999, S. 973 ff.).

113 Vgl. VerfGH Berlin, DVBl. 2000, S. 51, und hierzu von *Bechtolsheim/Abend*, LKV 2000, 337; *Wolfers*, NVwZ 2000, 765. Hierbei handelt es sich auch deswegen um einen Sonderfall, weil die dem vorliegenden Beitrag zugrundeliegende Unterscheidung zwischen Land und Kommunen im Stadtstaat Berlin nicht gleichermaßen relevant ist, und weil der Anstalt des öffentlichen Rechts „Berliner Wasserbetriebe" durch § 2 Abs. 6 Ziffern 1 u. 2 Berl. Betriebegesetz (GVBl. 1993, S. 319) die Aufgaben der Wasserversorgung und der Abwasserbeseitigung unmittelbar zugewiesen sind. Kein Fall der Privatisierung, sondern eine Konstellation der Mitwirkung Privater „in der Verwaltung" liegt im Hinblick auf Wasser- und Bodenverbände vor, zu deren Mitgliedern auch Personen des Privatrechts gehören, was gegenwärtig auf dem Prüfstand bundesverfassungsgerichtlicher Überprüfung steht (aufgrund zweier Normenkontrollanträge des Bundesverwaltungsgerichts [NVwZ 1999, S. 870; BVerwGE 106, 64]) vgl. zu den sich hierbei stellenden Fragen allgemein *Britz*, VerwArch 91 [2000], S. 418 ff.

114 Diese Fragen werden seit Jahrzehnten diskutiert (vgl. aus der neueren Literatur nur *von Danwitz*, AöR 120 [1996], S. 606; *Burgi* [Fn. 5], S. 316 ff.). Der VerfGH Berlin (DVBl. 2000, S. 51) hat sich damit im Hinblick auf das soeben erwähnte Berliner Privatisierungsmodell in der Wasserwirtschaft auseinandergesetzt.

Hinblick auf die konkurrierenden, nicht zum Zuge gekommenen privaten Unternehmen kartell-[115] und vergaberechtliche Herausforderungen[116] impliziert.[117] Ob überhaupt, und unter welchen Bedingungen die Kommunen in dieser Weise unternehmerisch agieren dürfen, ist anhand der allgemeinen Bestimmungen des kommunalen Wirtschaftsrechts zu beantworten.[118] Dieses gibt auch Auskunft darüber, ob kommunal beherrschte Wasserwirtschaftsunternehmen am Wettbewerb um den Markt in einer anderen Gemeinde teilnehmen, also „extra muros"[119] tätig werden dürfen. Wenngleich sie sich dabei jedenfalls nicht mehr auf Art. 28 Abs. 2 GG stützen können (vgl. oben IV 1), scheint ihnen der europa- (vgl. I 1) und landesrechtliche Trend (vgl. etwa den neu gefassten § 107 Abs. 3 GO NRW) Rückenwind zu geben, allerdings um den Preis des Verlustes der politischen Identität kommunalunternehmerischer Existenz.

VI. Ausblick: Die Option „Liberalisierung" – Wettbewerb im Markt

Der Schritt von der Privatisierung zur Liberalisierung würde neben der bereits diskutierten Abschaffung des § 103 Abs. 1 GWB a.F. die Beseitigung der gegenwärtigen Monopolstrukturen zugunsten der Gemeinden in Abwasserbeseitigung und Wasserversorgung erfordern. Überdies müsste ein schlüssiges Durchleitungskonzept entwickelt werden, das den eingangs geschilderten technischen Gegebenheiten gerecht wird. Sollte sich der politische Wille in den nächsten Jah-

---

[115] Diese Fragen waren im Abfallrecht bereits Gegenstand gerichtlicher Erörterung (vgl. insbesondere OLG Düsseldorf, WuW/E 5213; einen bündigen Überblick über die Problematik geben *Kniesel/Scheerbarth*, Der Städtetag 1998, S. 340 [345]).

[116] Insoweit sind drei Fragen auseinanderzuhalten: Ist das Vergaberecht der §§ 97ff. GWB anwendbar bereits bei der Gewinnung privater Mitgesellschafter? Wie sieht es aus im Hinblick auf die funktionale Privatisierung zugunsten von öffentlichen Unternehmen und welchen Anforderungen sind schließlich diese Unternehmen bei der Vergabe von Aufträgen im Rahmen ihrer späteren Entsorgungs- bzw. Versorgungstätigkeit unterworfen? Insoweit kann für den ersten Einstieg an dieser Stelle nur hingewiesen werden auf *Kniesel/Scheerbarth*, Der Städtetag 1998, S. 344f.; *Müller-Serten*, NZBau 2000, S. 120; *Kämper/Heßhaus*, Der Städtetag 2000, S. 36ff., sowie auf die Judikate des EuGH, EuZW 2000, S. 246 (Teckal SrL/Gemeine Viano u.a.) sowie des OVG Schleswig, NordÖR 1998, S. 314.

[117] Zu Fragen der Gebührenerhebung nach funktionaler Privatisierung vgl. nur Peine, DÖV 1997, S. 353 (358f.); *Burgi* (Fn. 5), S. 357f., jeweils m.w.N.; aktuell ging es darum in der Entscheidung des Berl. VerfGH (vgl. Fn. 114).

[118] Dabei geht es erstens um die (unveränderte?) Beurteilung als „wirtschaftliche Tätigkeit" (vgl. oben III 1) und zweitens um die Prüfung der in den jeweiligen Landesgesetzen aufgestellten Anforderungen in materieller Hinsicht (öffentlicher Zweck, Subsidiaritätsklausel) sowie in organisatorischer Hinsicht (vgl. zur Verschaffung eines Überblicks an dieser Stelle nur *Held* und *Otting*, NWVBl. 2000, S. 201 u. 206; *Hösch*, DÖV 2000, S. 393ff., sowie die vieldiskutierte Entscheidung des OLG Düsseldorf (NVwZ 2000, S. 111) zum Abfallrecht.

[119] Terminus nach *Ehlers*, NWVBl. 2000, S. 1 (6).

ren tatsächlich in diese Richtung entwickeln, so seien bereits an dieser Stelle folgende Merksätze formuliert: Der Bund verfügt über die Gesetzgebungskompetenz für das Wettbewerbs- und Wirtschaftsrecht (vgl. Art. 74 Abs. 1 Ziff. 11 u. Ziff. 16 GG), nicht aber für das Kommunalrecht, und er ist auch im Bereich des Wasserrechts nur im „Rahmen" des Art. 75 Abs. 1 Satz 1 Ziff. 4 GG zum Erlass von Regelungen über den „Wasserhaushalt" befugt, wozu ein komplettes Liberalisierungskonzept nicht unbedingt zählen dürfte. Im Hinblick auf die Vereinbarkeit entsprechender Maßnahmen mit der Garantie der kommunalen Selbstverwaltung nach Art. 28 Abs. 2 GG wären sowohl der Schutz der Eigenverantwortlichkeit der unternehmerischen Leistungserbringung wie der Schutz der Eigenverantwortlichkeit bei der ökologischen Gestaltung zu berücksichtigen. Aus der Perspektive des kommunalen Wirtschaftsrechts dürfte sich mittel- und langfristig die im Abfallrecht bereits heute diskutierte Frage nach der Legitimität fortgesetzter kommunaler Aktivitäten stellen.[120] Erheblicher Regulierungsbedarf bestünde schließlich aus ökologischen Gründen. Ihm müsste wohl im Zusammenwirken von Bundes- und Landesgesetzgeber entsprochen werden, entweder im Sinne einer eher wettbewerbsrechtlichen Lösung (wie im Recht der Energieversorgung; vgl. nur § 6 Abs. 3 EnWG) oder im Sinne einer eher behördlichen Lösung, wie sie etwa in Großbritannien gewählt worden ist.[121] In diesem Zusammenhang wären auch die Konsequenzen der Markt- und Netzöffnung für den Gefährdungshaftungstatbestand des § 22 WHG und für das Gewässerstrafrecht zu bedenken.

VII. Schluss

Um auch auf der Ebene der schöngeistigen Zitate jeden Eindruck von Einseitigkeit zu vermeiden, sei nach dem Dramatiker *Brecht* auf den Klassiker *Goethe* verwiesen,[122] der gesagt hat: „Alles ist dem Wasser entsprungen! Alles wird durch das Wasser erhalten!" Ob ihm dabei bewusst war, dass eben auch hier manches „zum Gelde drängt und am Gelde hängt"?

---

[120] Vgl. nur OLG Düsseldorf, NVwZ 2000, S. 111, und *Tettinger*, in: Hendler u.a. (Fn. 65), S. 55; vgl. ferner die Nachweise in Fn. 118.

[121] Dort obliegt die ökologische Kontrolle der „National River Authority" und dem „Drinking Water Inspectorate" (vgl. *Rat von Sachverständigen für Umweltfragen* [Fn. 2], S. 145 f.). Allgemein zur ökologischen Verantwortung in Infrastrukturbereichen vgl. *Hermes* (Fn. 63), S. 483 ff.

[122] Beide Zitate entstammen dem Werk „Faust. Der Tragödie Erster Teil".

Erwartungen wirtschaftlicher Unternehmen an den kommunalen Umweltschutz

Rainer Römer

Das Zusammenspiel zwischen wirtschaftlichen Unternehmen und Kommunen ist auf dem Gebiet des Umweltschutzes von vielen Aspekten geprägt. Ich möchte mich heute konzentrieren auf die Agenda 21. Sie ist seit ihrer Verabschiedung auf der Konferenz für Umwelt und Entwicklung der Vereinten Nationen in Rio de Janeiro im Jahre 1992 das Strategiepapier für die Weiterentwicklung des Umweltschutzes. Ziel ist es, gemäß dem Leitbild der „Nachhaltigen, zukunftsverträglichen Entwicklung" unseren Bedürfnissen gerecht zu werden, ohne zukünftigen Generationen die Möglichkeit der freien Entfaltung zu nehmen. Dieser Leitgedanke hat sich etabliert, und ist sowohl auf politischer als auch auf Seite der Wirtschaft akzeptiert. Wir stehen allerdings erst alle am Anfang einer zielgerechten Umsetzung.

Kernaussage des Konzeptes der „Nachhaltigen Entwicklung" ist ein Optimierungsansatz, der von drei Parametern bestimmt wird. Es gilt nicht, allein den Umweltschutz zu verbessern, sondern bei allen Verbesserungsanstrengungen auch soziale Belange und die Belange der Wirtschaft zu berücksichtigen. Das Ziel ist also nicht, Umweltschutz um jeden Preis zu betreiben, sondern im Gleichgewicht mit gesellschaftlichen und ökonomischen Interessen.

Dieser globale Ansatz kann nur Wirkung entfalten, wenn jeder sich an der Umsetzung beteiligt. Mit der sogenannten lokalen Agenda 21 werden die Kommunen gefordert, Konzepte zur Ressourcenschonung einzubringen, welche auf die eigenen, besonderen Bedingungen abgestimmt sind.

Auch die Industrie und insbesondere die chemische Industrie stellt an sich den Anspruch, nachhaltig zu handeln. Die BASF Aktiengesellschaft setzt diesen Anspruch um, indem Produkte entwickelt werden, die einen optimalen Gebrauchsnutzen haben, Ressourcen schonen sowie Werte schaffen. Hierzu gehört auch, dass unsere Produkte mit umweltschonenden und effizienten Verfahren hergestellt werden. Die BASF hat das Prinzip der Nachhaltigkeit in ihre Unternehmensleitlinien übernommen, so dass es als Verpflichtung für jeden Einzelnen unsere Arbeit im Unternehmen bestimmt.

Meine Damen und Herren, mit meiner Einführung möchte ich verdeutlichen, dass sich Kommune und Industrie dem gleichen Leitbild verpflichtet fühlen. Beide arbeiten an zukunftsfähigen Konzepten, beide haben das gleiche Ziel einer sauberen Umwelt und hohem Lebensstandard. Verständigungsbedarf besteht an den Schnittstellen. Die ökologischen, ökonomischen und sozialen Belange der jeweiligen Gemeinschaft sind nicht durchgehend deckungsgleich. Es gilt daher, über einen aktiven Dialog gemeinsame Lösungen zu entwickeln.

Ich möchte im Folgenden an einigen Beispielen Berührungspunkte, Konflikte, Gemeinsamkeiten und Lösungen zwischen Kommune und Industrie darstellen, natürlich ausgerichtet an dem Blickwinkel der BASF AG in Ludwigshafen.

Er ist geprägt von der Lage mitten im Rhein-Neckar-Dreieck mit den Städten Ludwigshafen, Mannheim und Frankenthal in unmittelbarer Nachbarschaft.

1. Beispiel: Wirtschaftliche Entwicklung

Die Industrielandschaft ist seit Mitte der 90er Jahre von einem unaufhaltsamen Strukturwandel geprägt. Es ist zunehmender Druck auf Industrieunternehmen zu beobachten, schlanker zu werden und die Effizienz zu steigern. Die Steigerung der Effizienz ist nur durch ständige Forschungsaktivitäten und Investitionen in den technologischen Fortschritt möglich.

Die chemische Industrie hat das Ziel, ihre Produkte immer ressourcenschonender herzustellen. In den letzten 10 Jahren gingen aufgrund des Einsatzes neuer Prozesse die Belastungen der Umweltkompartimente Luft, Wasser und Boden pro Tonne Produkt auf einen Bruchteil der ursprünglichen Werte zurück.

Investitionen in neue Technologien erfolgen nicht zuletzt auch im Sinne unseres vorher angesprochenen Leitbildes, der „Nachhaltigen Entwicklung". Es gilt nicht nur die Ökonomie zu verbessern, sondern auch den Umweltschutz voranzutreiben. Neue Produktionsanlagen der BASF arbeiten grundsätzlich ressourcenschonender und ökoeffizienter als die Altanlagen, die sie ersetzen. Ich komme an dieser Stelle zurück auf die 3 Säulen, auf denen die Leitlinie der „Nachhaltigen Entwicklung" beruht:

Ökonomie, Ökologie und Gesellschaft.

Die Industrie ist in einem Dilemma: Fast jede Effizienzsteigerung in der Produktion, sei es Rohstoff- oder Energieeinsparung, ist nur durch den Einsatz modernster Technik möglich. In Ludwigshafen stellt beispielsweise ein hoch effizientes neues Gas- und Dampfturbinenkraftwerk viermal so viel Strom zur Verfügung wie das alte stillgelegte Kohlekraftwerk und hat dabei deutlich weniger Kohlendioxidemissionen. Es ist also ein hervorragender Beitrag zur Ressourcenschonung. Doch andererseits sind dort nur noch 24 statt der vorher 250 Mitarbeiter beschäftigt. In den letzten 10 Jahren ging so die Zahl der Mitarbeiter der BASF AG um insgesamt 10 000, das entspricht 20 %, zurück.

Zwar entstehen neue Arbeitsplätze beispielsweise in der Forschung und durch neue, innovative Produkte, doch die Zahl derer, die durch den technologischen Fortschritt wegfallen, können nicht vollständig in einem Unternehmen kompensiert werden. Die Schaffung von Arbeitsplätzen durch industrielles Wachstum kann den Arbeitsplatzschwund nicht ausgleichen. Der Ansatz der BASF Aktiengesellschaft, dieser Situation zu begegnen, sind eigenverantwortliche Beiträge, wie die „Ausbildungsplatzinitiative Pfalz", der „BASF Innovationsfond" oder die „Initiative für Beschäftigung". Auf diesem Wege versuchen wir unseren Teil der sozialen Verantwortung wahrzunehmen.

Das industrielle Wachstum wird aber auch von wirtschaftlichen Rahmenbedingungen bestimmt, die nicht zuletzt auf kommunaler Ebene festgelegt werden. Daher ist die weiterhin sinkende Zahl von Arbeitsplätzen ein vorrangiges Thema der Kommunalpolitik. Dem Arbeitsplatzverlust kann auf kommunaler Ebene nur entgegengewirkt werden, wenn eine breitere wirtschaftliche Basis geschaffen wird. Dazu gehören ganz allgemein Investitionsanreize und die Schaffung von industriefreundlichen Rahmenbedingungen wie

- Anbindung an Verkehrswege
- Abwasserentsorgung
- Energieversorgung
- Kongresszentren
- Hotels
- Parkplätze

um nur einige Beispiele zu nennen.

Der Beitrag der Kommune an der Schaffung von Arbeitsplätzen liegt auch in einer nachhaltigen Stadtentwicklung. Schon in der Bauleitplanung muss z.B. die Annäherung von Industrieansiedlungen an die Wohnbebauung bedacht werden mit all den sozialen Spannungen, die durch Emissionen, Verkehr, Lärm- oder Geruchsbeeinträchtigungen ausgelöst werden können.

Gerade für die chemische Industrie ist es wichtig, dass in Flächennutzungsplänen keine immissionstechnischen Anweisungen und landespflegerischen Maßnahmen getroffen werden, die eine industrielle Weiterentwicklung behindern. Die Nutzungsregelungen können erhebliche Auswirkungen auf Produktionsstandorte haben. Hierzu zählen insbesondere:

- Naturschutzgebiete
- Landschaftsschutzgebiete
- Naturdenkmäler
- geschützte Landschaftsbestandteile
- Wasserschutzgebiete
- Überschwemmungsgebiete
- Richtfunktrassen
- Bauschutzbereiche nach dem Luftverkehrsgesetz.

Wirtschaftliche Unternehmen haben ein Interesse an höchster Flexibilität für Planungen und Maßnahmen bei Flächendispositionen. Die mögliche Einschränkung vermeintlicher Flächenressourcen durch geplante, angrenzende Landschaftsschutzgebiete kann ein Beispiel für die Auswirkungen einer ökologisch überbetonten Umsetzung der lokalen Agenda 21 sein. Die Industrie fordert daher, vermehrt die langfristigen wirtschaftlichen Konsequenzen jeder Flächennutzungsplanung mit Partnern aus Kommunen und wirtschaftlichen Unternehmen und auch den Bürgern zu diskutieren, um eine ausgewogene Entwicklung gewährleisten zu können.

Umweltbelastung je Tonne Verkaufsprodukt (kg/t) bei der BASF Aktiengesellschaft

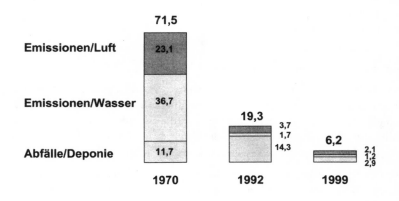

2. Beispiel: Abwasserentsorgung

Das Werk Ludwigshafen der BASF AG entnimmt dem Rhein pro Jahr mehr als eine Milliarde Kubikmeter Wasser. 15 % dieser Wassermenge werden als Fabrikationswasser und als Reaktionsmedium bei chemischen Prozessen verwendet. Die BASF-eigene Kläranlage reinigt dieses Abwasser. Die restlichen 85 % nicht behandlungsbedürftiges Kühlwasser fließen in einem eigenen Kanalnetz über 14 Auslaufkanäle direkt in den Rhein.

Die Inbetriebnahme der BASF-Kläranlage im Jahr 1974 war ein Meilenstein bei der Lösung des Abwasserproblems im Werk Ludwigshafen. Neben den betriebseigenen Abwässern werden seit dieser Zeit auch die Abwässer der Stadt Ludwigshafen und der Stadt Frankenthal und einer kleineren Gemeinde in der Kläranlage gereinigt. Bei der Planung der Anlage ging man von einer mittelfristig zu reinigenden Abwassermenge von 700.000 Kubikmetern pro Tag aus. Die BASF

Abwasserentsorgung Vorderpfalz

verfügt damit über die größte biologische Reinigungsanlage für industrielle und kommunale Abwässer.

Ende der 80iger Jahre setzten intensive Bemühungen ein, durch Verfahrensverbesserungen die Abwasserbelastungen zu reduzieren. Dies konnte so erfolgreich umgesetzt werden, dass in den Folgejahren die Abwassermengen und organischen Frachten deutlich zurückgingen und seit 1994 bei ca. 400.000 Kubikmetern Abwasser pro Tag liegen.

Damit war die Anlage nicht mehr ausgelastet. Die BASF war bestrebt, die Anlage mit hohem Fixkostenanteil wirtschaftlicher zu betreiben und suchte daher zusätzliche Einleiter. Parallel zu dieser Entwicklung erteilten 1991 die Behörden den Betreibern kommunaler Kläranlagen die Auflage, bis Ende 1998 ihre Anlagen um eine 3. Reinigungsstufe zur Eliminierung von Phosphor und Stickstoff zu erweitern. Zahlreiche Kommunen in der Vorderpfalz sahen sich genötigt, bis zu diesem Zeitpunkt ihre Abwasser- und Klärschlammentsorgung zu erweitern oder nachzurüsten. Damit bot sich als wirtschaftlich abzuwägende Alternative ein Klärverbund für alle Städte und Gemeinden der Vorderpfalz mit der BASF an.

Um diesen Klärverbund realisieren zu können, war eine Gemeinschaftslösung mit einer Gruppe von Kommunen erforderlich. Diese Gruppe musste eine Mindestmenge an zusätzlichem Abwasser liefern, um ein zu erstellendes Leitungsnetz wirtschaftlich betreiben zu können.

Für die Kommunen ließen sich im Wesentlichen folgende Vorteile ableiten:

• Überschaubare, günstige Abwassergebühren durch einen langfristigen Vertrag
• Sanierungsmaßnahmen und Investitionen in Neuanlagen entfallen
• Einheitliche Qualität der Abwasserreinigung auf hohem Standard
• Gesicherte Klärschlammentsorgung durch Verbrennung in moderner BASF-eigener Anlage
• Verminderung des wirtschaftlichen und haftungsrechtlichen Risikos für die einzelnen Kommunen
• Gesicherte Entsorgung auch bei Abwasserspitzen („Weinkampagne").

Das Echo auf das BASF-Angebot in den Kommunen und den Medien reichte von vorbehaltloser Zustimmung bis zu spontaner Ablehnung.

Gegenargumente waren:

• Abhängigkeit auf lange Zeit
• Verlust von Arbeitsplätzen

- Aufgabe kommunaler Selbstbestimmung in der Kernkompetenz Awasserreinigung
- Verlust von Aufträgen für Handwerks- und Zulieferbetriebe
- Die BASF-Kläranlage entspricht nicht dem ökologischen Standard
- Austrocknung von Bächen und Feuchtbiotopen in Trockenzeiten.

Die ökologischen Bedenken konnten mit Hilfe eines Gutachtens und ergänzenden Untersuchungen ausgeräumt werden. Die BASF konnte nachweisen, dass die behördlich festgelegten Grenzwerte für die eingeleitete Menge an wasserfremden Stoffen nicht nur eingehalten, sondern sogar unterschritten werden.

Bei den wirtschaftlichen Vergleichsrechnungen ergaben sich für die einzelnen Kommunen erhebliche Unterschiede, die vor allem von dem jeweils erforderlichen individuellen Nachrüstaufwand abhingen. Insgesamt konnte damit die für eine wirtschaftliche Realisierung des Projektes notwendige kritische Abwassermenge nicht erreicht werden und der Klärverbund Vorderpfalz scheiterte.

Von umstrittenen Ansätzen der vorgelegten Wirtschaftlichkeitsberechnungen einmal abgesehen, lassen sich zwei Punkte anführen, die wesentlich zum Scheitern des Projektes beigetragen haben:

a) Keine Gesamtbewertung des Konzepts

Wirtschaftliche Vorteile für jede Kommune waren eine Kernforderung der Beteiligten. Damit war das Gelingen des Klärverbundes von der Entscheidung jeder einzelnen Kommune abhängig. Die Ergebnisse von zwei Einzelobjekten mit bedeutenden Abwassermengen waren daher ausschlaggebend für das Scheitern des Klärverbundes. Eine Gesamtwirtschaftlichkeitsbetrachtung aller Kommunen, die aufgrund der EU-Richtlinie Nachrüstungen und Erweiterungen ihrer Kläranlage durchführen mussten, war nicht möglich.

b) Aufgabe der Abwasserreinigung als Kernkompetenz kommunaler Entsorgungsaufgaben

In verschiedenen Stellungnahmen der Parteien und Städtevertreter spielten bei den Verhandlungen die Selbständigkeit der Kommunen im Entsorgungsbereich eine große Rolle.

Wenn man den geschilderten Projektverlauf unter dem Aspekt der lokalen Agenda 21 betrachtet, muss man sich fragen, ob insgesamt der Auftrag für eine „Nachhaltigen Entwicklung" erfüllt wurde. Die ökologischen Argumente gegen den Klärverbund stellten sich als vordergründig und haltlos heraus. Im Gegenteil, eine Verbundlösung hätte eine verlässliche Abwasserreinigung nach dem neuesten Stand der Technik bei gleichbleibender hoher Qualität garantiert. Soziale Härten für die kommunalen Mitarbeiter, die ihre Arbeitsplätze verloren hätten oder einen Arbeitsplatz in einem neuen Aufgabengebiet hätten akzeptieren müssen, wären zu diskutieren gewesen.

Bei den wirtschaftlichen Vorteilen, die eine überkommunale Lösung geboten hätte, wären aber auch für eine Lösung möglicher sozialer Probleme die finanziellen Freiräume geschaffen worden.

Das Konzept, dieses Projekt unter Berücksichtigung der ökologischen, sozialen und ökonomischen Randbedingungen zu optimieren, konnte nicht verwirklicht werden. Im Ergebnis stehen Kosten, die die Bürger zu tragen haben, um teure Einzellösungen zu finanzieren. Leidtragende sind vor allem die kleineren Gemeinden, für die die relativen Kosten aufgrund der geringeren Anzahl an Einwohnern überproportional steigen.

3. Beispiel: Stadterneuerung

Das Thema „Stadtflucht" ist heute ein Problem, mit dem sich viele Kommunen und Städte auseinandersetzen müssen. Wirtschaftliche Unternehmen haben ein Interesse an adäquatem Wohnraum für ihre Mitarbeiter im näheren Umfeld, während Städte und Kommunen den Faktor Wohnen als standortbildendes Element erkannt haben und entsprechende Anstrengungen unternehmen, insbesondere städtische Wohngebiete aufzuwerten. Ziel ist es, einer Abwanderung von Wohnraumsuchenden in das preiswertere Umland entgegenzuwirken.

Die BASF Aktiengesellschaft ist in der Position, einen aktiven Beitrag zur Verbesserung der Situation leisten zu können. Mit eigenen Wohnungsunternehmen baut und verwaltet unsere Firma Wohnraum für Mitarbeiter. In Ludwigshafen wird derzeit das Brunckviertel, ein Wohnviertel aus den 30er Jahren, modernisiert, das direkt an das Betriebsgelände der BASF anschließt. Das Brunckviertel steht für die typischen Probleme innerstädtischer Wohngebiete, die heutigen Anforderungen nicht mehr gerecht werden. Durch ein integriertes Gesamtkonzept soll die Revitalisierung eines großen Wohngebietes erreicht werden. Die Maßnahmen reichen von einer grundlegenden Sanierung und Rekonstruktion nach

Originalplänen bis zur Entfernung von Gebäuden und Neubau von Stadthäusern nach neuesten Konzepten.

Das Projektmanagement umfasst Arbeitskreise mit Vertretern der Kommune, der Bürger, des Landes Rheinland-Pfalz und der BASF AG, um die verschiedensten Aspekte frühzeitig in der Planung berücksichtigen zu können. Die wichtigsten Aspekte sind:

- Städtebau und Infrastruktur
- Bau, Sanierung, Umfeld und Energie
- Finanzierung
- Bauen und Wohnen mit BASF-Werkstoffen
- Schichtarbeiter- und altengerechtes Wohnen.

Nicht zuletzt werden auch die Mieter in die Planungen eingebunden, um den neuen Wohnraum bedarfsgerecht gestalten zu können.

Kernelemente unserer Stadterneuerungspolitik sind neben Bedarfsorientierung auch die Bündelung von Know-how der BASF zu innovativen Problemlösungen des Marktes „Altbausanierung". Das Projekt Brunckviertel ist ein Vorreiter beim Einsatz moderner Techniken mit hoher Energieeffizienz.

Als weiterführendes Projekt wird bei der Sanierung des Brunckviertels ein „Dreiliterhaus" realisiert. In einem bestehenden Wohnviertel sollen der Großstadtalltag gelebt und wissenschaftliche Ergebnisse mit einem dreijährigen Messprogramm gewonnen werden. Herzstück des hochmodernen Konzeptes ist eine lokale, stationäre Energieversorgung mittels Brennstoffzelle, kombiniert mit progressiver Haustechnik und neuen Baustoffen. Ziel des Projektes ist es, ein reales Abbild über Energieeffizienz, Kosten und die Betriebstüchtigkeit zu erhalten, um Antworten zu Praktikabilität, Marktfähigkeit und Zukunftschancen zu gewinnen. Mit dem als Prototyp verstandenen „Haus der Zukunft" wird dokumentiert, wie sich die Betriebskosten eines Altbaus ökonomisch und ökologisch sinnvoll optimieren lassen.

So wird derzeit in Ludwigshafen ein wohnungswirtschaftliches Kooperationsprojekt verwirklicht, das von starken, kompetenten und engagierten Partnern lebt. Die Nachhaltigkeit der städtebaulichen Entwicklung drückt sich in einem hohen gesellschaftlichen Gesamtnutzen aus:

- Neue Wohn- und Lebensqualität für die Bürger
- Hoher Identifizierungsgrad bei Mietern und Öffentlichkeit
- Motivation zum Handeln, Know-how-Transfer durch vorbildhafte Projekte
- Gemeinsames, verantwortungsvolles Handeln von öffentlicher Hand und privatem Sektor

- Imagegewinn für alle Partner durch soziales Engagement
- Positive Auswirkungen auf den Arbeitsmarkt
- Technologische Kompetenz der BASF durch Innovation im Bereich Bauen und Wohnen.

Der enge Zusammenhang zwischen Wohnqualität und Standortpolitik wurde erkannt. Durch eine erfolgreiche Kooperation zwischen Kommune und Industrie kann die Revitalisierung innerstädtischer Wohngebiete vorangetrieben werden. Stadterneuerungspolitik ist Gemeinschaftsaufgabe und Beispiel einer angewandten lokalen Agenda 21!

4. Beispiel: Gütertransport

Die BASF Aktiengesellschaft unternimmt seit Jahren erfolgreiche Anstrengungen, Straßentransporte auf die Bahn zu verlagern, wo immer dies technisch und organisatorisch machbar und wirtschaftlich vertretbar ist. Trotz deutlich verschärfter Wettbewerbsbedingungen – resultierend aus rückläufigen Frachtpreisen im Straßengüterverkehr – ist es der BASF gelungen, den Anteil der Bahn am gesamten Versandaufkommen des Stammwerks Ludwigshafen (1999: 9,5 Mio. t) nicht nur zu halten, sondern von 1,9 Mio. t im Jahr 1995 auf 2,4 Mio. t im Jahr 1999 zu steigern.

Eine Möglichkeit zur Förderung von Bahntransporten besteht im „Kombinierten Verkehr", bei dem Container oder LKW-Auflieger direkt vom Lastwagen auf die Bahn umgeschlagen werden. Die Abwicklung des „Kombinierten Verkehrs" der BASF erfolgt zur Zeit über die beiden Mannheimer Terminals Handelshafen und Rangierbahnhof.

Durch die geographische Lage dieser Terminals sind innerstädtische Räume mit Lastwagenverkehr hoch belastet.

Deshalb entsteht derzeit auf dem Werksgelände der BASF AG ein eigenes Kombiverkehrsterminal. Durch den direkten Zugang zum „Kombinierten Verkehr" mit dem Bau dieses Terminals soll eine ökonomische und ökologische Optimierung der Transportlogistik erreicht werden. Die ökologische Optimierung wird durch die Verkehrsentlastung insbesondere innerstädtischer Straßen in der Region Ludwigshafen / Mannheim erzielt.

Nachteile ergeben sich im Besonderen aus der neuen Schallimmissionssituation durch die Verkehrskonzentration im Bereich des Terminals. Des weiteren sind die Wohngebiete im Bereich des Anbindungsgleises des neuen Kombiterminals mit einem in der Endphase um ca. 66 % erhöhten Zugaufkommen konfrontiert. Diese zusätzliche Belastung wurde von den Gutachtern als erheblich eingestuft, da die Schallemissionen in entsprechendem Maße zunehmen werden.

Den großräumigen Entlastungseffekten durch den Wegfall von insbesondere innerstädtischen LKW-Güterverkehren stehen lokal begrenzten Belastungseffekte gegenüber.

Die Kommune ist hier gefordert, den übergeordneten Nutzen von Projekten der Industrie ihren Bürgern gegenüber zu vertreten. Nicht zuletzt werfen sich hier wieder Fragen der Standortsicherung und Flächennutzungsplanung auf, die bereits mit dem ersten Beispiel behandelt worden sind. Die BASF ist bestrebt, in allen Planungsprozessen ein verträgliches Miteinander herbeizuführen und braucht dafür die Unterstützung der Kommune. Flexible Denkansätze bei der Interpretation von Gesetzen und Richtlinien und ein mutiges Ausschöpfen des Ermessensspielraumes können durchaus dazu beitragen, einen Standort weiterzuentwickeln, ohne den Umweltschutz zu vernachlässigen.

Kombiverkehrsterminal
Ausgehender Güterverkehr der BASF 1999

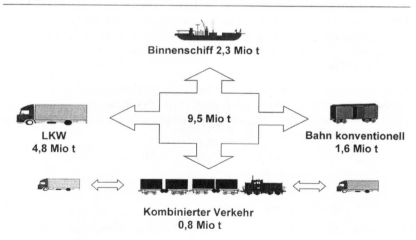

Binnenschiff 2,3 Mio t

9,5 Mio t

LKW
4,8 Mio t

Bahn konventionell
1,6 Mio t

Kombinierter Verkehr
0,8 Mio t

5. Beispiel: BASF-Verkehrskonzept

Die große Zahl von Mitarbeitern der BASF Aktiengesellschaft in Ludwigshafen stellt besonders hohe Anforderungen an das Verkehrssystem. Die rund 1600 Gebäude der Produktion und Verwaltung mit Laboratorien und Werkstätten auf dem Werksgelände müssen mit einem leistungsfähigen Straßen-, Schienen- und auch Radwegenetz erschlossen werden. Der Weg der Mitarbeiter zum Arbeitsplatz endet aber nicht an der Werksgrenze. Die Größe des Standortes von über 7 km² erfordert, dass viele Mitarbeiter auf dem Werksgelände selbst noch erhebliche Wegstrecken zurückzulegen haben. Die einzelnen Arbeitsplätze werden entweder zu Fuß, per Fahrrad oder Moped, mit Auto, Bus oder auch Bahn erreicht.

Dem allgemeinen Trend entsprechend wird die BASF mit den erheblich gestiegenen Verkehrsproblemen in Ballungszentren konfrontiert. Die Mitarbeiter haben zum Teil große Entfernungen zum Arbeitsplatz zurückzulegen. Über 20 % legen täglich eine einfache Wegstrecke von mehr als 30 km zurück, wobei der Zugang zum öffentlichen Personennahverkehr oft nicht gegeben oder unattraktiv ist.

Bereits im Jahr 1989 wurde deshalb ein gemeinsamer Arbeitskreis mit den Kommunen gegründet. Aufgabe dieses Arbeitskreises war und ist es, geeignete Maßnahmen zur Verbesserung der Verkehrssituation innerhalb und außerhalb des Werkes zu erarbeiten und umzusetzen. Grundlage für Entscheidungen bilden Umfragen zum Personenverkehr, in die alle Mitarbeiter des Unternehmens einbezogen werden.

Auf der Basis der gewonnenen Fakten wurde aus der Auswertung der Umfragen ein Gesamtverkehrskonzept erarbeitet. Oberstes Ziel dieses Konzeptes ist die Verkehrsentlastung und die Erhöhung der Sicherheit sowohl innerhalb als auch außerhalb des Werksgeländes durch

- reibungslosen Gütertransport, Bus-, PKW- und Bahnverkehr
- sichere Wege von und zum Arbeitsplatz
- optimale Verkehrsmittel für die notwendigen Dienstwege
- Stärkung des öffentlichen Personennahverkehrs.

Das Gesamtverkehrskonzept umfasst zahlreiche Einzelprojekte, deren Bearbeitung zu einem großen Teil auch die Einbindung der Kommune Ludwigshafen erfordert. Beispiele für solche Projekte sind:

- Förderung von Fahrgemeinschaften
- Einbindung öffentlicher Buslinien in das Werksgelände
- Einbindung der Deutschen Bahn AG

- Externe Verkehrsbeschilderung
- Änderung der Verkehrsführung
- Überregionale Verkehrs- und Infrastrukturprojekte.

Die BASF stellt Fahrgemeinschaften attraktive Parkplätze in unmittelbarer Nähe eines Werkstores zur Verfügung. Die Förderung von Fahrgemeinschaften hat zu einer Entlastung der Verkehrswege von über 2000 Fahrzeugen pro Tag mit einer entsprechenden Steigerung der Wohnqualität geführt. Der frei gewordene Parkraum ermöglicht der Kommune, problemlos „Anliegerparken" für die an das Werksgelände anschließenden Wohnstrassen einzuführen. Für die BASF erübrigte sich der Neubau von weiteren Parkhäusern.

Die BASF hat im Jahr 1991 ein flächendeckendes Busnetz auf dem Werksgelände eingeführt. Das Busnetz umfasst 6 Linien, die im 20-Minuten-Takt bedient werden. Um die Akzeptanz des internen Busnetzes zu steigern, wurden in enger Zusammenarbeit mit der Stadt Ludwigshafen auch öffentliche Buslinien in den Werksverkehr integriert. Durch dieses Angebot konnten Autofahrer zum Umsteigen auf den öffentlichen Personennahverkehr bewegt werden. Die Verkehrssituation in der Stadt und im Werk konnte erheblich entschärft und sicherer gemacht werden.

Des weiteren fährt die Deutsche Bahn AG direkt auf das Werksgelände der BASF und bedient dort drei Haltestellen. Täglich befördern diese Züge rund 3500 Personen. Ein Teil der Züge ermöglicht die direkte Einfahrt ohne Umsteigen am Hauptbahnhof Ludwigshafen.

Ganz allgemein gilt für den öffentlichen Nahverkehr, dass nur Strecken mit kurzen Taktzeiten und verkehrsgünstiger Infrastruktur auch gut angenommen werden.

Insgesamt ist der Anteil des öffentlichen Nahverkehrs daher immer noch sehr gering.

Mit den Vertretern der Kommune und den öffentlichen Verkehrsträgern wird deshalb über weitere Verbesserungen überregionaler Infrastrukturprojekte diskutiert. Themen sind zum Beispiel die Einführung der S-Bahn Rhein-Neckar und das im Bau befindliche Kombi-Verkehrs-Terminal, welches vorher bereits ausführlich behandelt wurde.

Eine Verfeinerung des Konzeptes und steigender Aufwand, nicht zuletzt auch finanzieller Art, sind angesagt. Ausschlaggebend wird sein, dass die Notwendigkeit einer weiteren Verzahnung werksinterner und –externer Systeme von der Kommune mit getragen wird.

6. Beispiel: Boden- und Grundwasserschutz

Eine besondere Situation, die flexible rechtliche Ansätze erfordert, ist durch unser Werksgelände mit seiner wechselvollen Historie gegeben. Die über 100jährige Produktionsgeschichte des Werkes Ludwigshafen und erhebliche Kriegsschäden haben zu Belastungen von Boden und Grundwasser geführt, mit denen wir heute konfrontiert sind. Aufgrund der wechselnden Nutzung des Werksgeländes durch verschiedenste Produktionsanlagen sind konkret abgegrenzte Bereiche schädlicher Bodenveränderungen aber schwer zu identifizieren. Bei einer räumlichen Ausdehnung des Stammwerks von über 7 km² liegt es daher auf der Hand, dass die Thematik Boden- und Grundwasserschutz flächenbezogen und nicht anlagenbezogen angegangen werden muss.

Die BASF verfolgt dabei die Strategie, alle Überwachungs- und Sanierungsmaßnahmen so anzulegen, dass eine negative Auswirkung auf das Grundwasser außerhalb des Werksgeländes vermieden wird. Hierzu ist ein System von Messstellen geschaffen worden, das Wanderungsbewegungen von wasserfremden Stoffen frühzeitig erkennen lässt. Für Belastungen aus Schadensfällen, die sich lokal eingrenzen lassen, sind Sanierungsbrunnen errichtet worden, die verunreinigtes Grundwasser gezielt fördern, um so die Konzentrationswerte abzubauen. Das geförderte Wasser wird in unserer Kläranlage gereinigt.

Das Anliegen der BASF ist ein verantwortungsvoller Umgang mit den Fremdstoffen in Boden und Grundwasser, der uns aber auch Planungssicherheit gewährleistet. Neubauvorhaben setzen auf dem Werksgelände oft den Abriss einer Altanlage voraus. Bei der Stilllegung von Anlagen sind Vorschriften verschiedener Rechtsgebiete zu beachten, so des Bundesimmissionsschutzgesetzes, des Bundesbodenschutzgesetzes und des Wasserhaushaltsgesetzes. Der klassische Ansatz ist hier die Einzelfallbetrachtung. Stilllegungen werden singulär und ohne Zusammenhang zum benachbarten Gelände gesehen und von Seiten der Behörden vorsorgende Maßnahmen in Form von Erkundungsbohrungen verlangt. Die Konsensfindung für eventuell notwendige Sanierungskonzepte ist ein zeitraubender Vorgang. Die lokale Sanierungsmaßnahme ermöglicht die Neuinvestition unter Umständen erst zu einem unbestimmbaren Zeitpunkt.

Das Ziel der BASF ist es, einen ganzheitlichen Ansatz im Umgang mit der Altlastensituation auf unserem Werksgelände zu erreichen. Untersuchungen sollen stattfinden, um in begründeten Fällen die Arbeitssicherheit zu gewährleisten und Entsorgungsfragen zu klären. Routinemäßige Probebohrungen bei jeder Stilllegung müssen vermieden werden. Nicht zuletzt stellt sich auch die Frage der Sinnhaftigkeit, da lokale Sanierungsmaßnahmen keinen erkennbaren Nutzen für die Umwelt haben. Das beprobte Gelände wird wieder industriell genutzt und die Oberfläche bei Baumaßnahmen in der Regel versiegelt.

Genereller Maßstab für die Umweltrelevanz des BASF-Geländes muss die Grundwasserbelastung sein, denn nur über diesen Pfad können Fremdstoffe auch ausgetragen werden. Um in diesem Sinne das rechtlich komplexe Vorschriften-gefüge des Boden- und Grundwasserschutzes pragmatisch vollziehen zu können, wird derzeit in Abstimmung mit den zuständigen Behörden, also auch der Kommune Ludwigshafen, der Abschluss eines öffentlich-rechtlichen Vertrages ange-strebt. Das Werksgelände soll als Gesamtheit bei allen Fragen von Untergrund-beeinträchtigungen betrachtet werden. Für die BASF ergibt sich aus diesem An-satz die überaus wichtige Planungssicherheit für Investitionen in den Standort .

Die Möglichkeit eines öffentlich-rechtlichen Vertrages zwischen Behörde und BASF zur Regelung des Vollzuges ergibt sich aus dem Verwaltungsverfahrens-gesetz und dem Bundesbodenschutzgesetz als Alternative zu den anordnenden Verwaltungsakten unseres Ordnungsrechts. Vorteile eines öffentlich-rechtlichen Vertrages für dieses Beispiel sind

- die Schaffung von mehr Rechtssicherheit für Behörden und Unternehmen im pragmatischen Vollzug des Boden- und Grundwasserschutzes
- die Verringerung des behördlichen und BASF-internen Verwaltungsaufwan-des
- die Vermeidung ineffizienter zeit- und kostenintensiver Einzelfallbetrach-tungen
- die generelle Abdeckung von Forderungen und Pflichten aus dem Umwelt-recht
- die Schaffung eines Regelungsrahmens für die eigenverantwortliche Bear-beitung des Themenkomplexes Boden- und Grundwasserschutz für die BASF.

Insbesondere in der Abkehr von starren, allgemein gültigen Regelungen und For-derungen von Behörden sehen wir einen Impuls für eine richtungweisende, mo-derne Standortpolitik.

Resümee

Meine Damen und Herren, lassen Sie mich zusammenfassen. Für die BASF Ak-tiengesellschaft am Standort Ludwigshafen stellt sich die Zusammenarbeit mit den Kommunen positiv dar. Der Umgang ist von Offenheit und Verständnis für die gegenseitigen Positionen geprägt.

Die Grundlagen für eine konstruktive Zusammenarbeit sehen wir im ständigen Dialog mit Vertretern der Kommunen und den Bürgern. Die Kommune hat einen Bildungsauftrag, den sie dazu nutzen kann, ein sauberes, klares Bild wirtschaftlicher und technischer Zusammenhänge zu schaffen. Einer oft festzustellenden Technikfeindlichkeit muss früh begegnet werden. Ein konsensfähiges Umfeld kann nur erzeugt werden, wenn Probleme sachlich analysiert werden können. Nicht zuletzt bereitet oft die Nichtakzeptanz von wissenschaftlichen Erkenntnissen in der Umweltdiskussion große Probleme. Wir streben an, dass wissenschaftliche und nicht emotionale Argumente vermehrt Eingang in die Diskussion von Umweltthemen finden und fordern von den Kommunen eine aktive Unterstützung.

Die BASF nutzt vielfältige Möglichkeiten, sich sachlich einzubringen, um nicht zuletzt die Randbedingungen zu erläutern, die zu wirtschaftlichen Entscheidungen führen. Unser Ziel ist es, das Verständnis für wirtschaftliche Zusammenhänge zu vertiefen und die Atmosphäre einer Kompromissbereitschaft zu schaffen.

Der Ansatz der Agenda 21, dass „Nachhaltige Entwicklung" im kleinen beginnen müsse, ist sicher richtig. Es ist aber auch richtig, dass die lokalen Bemühungen sich zu einem optimierten Ganzen zusammenfügen lassen müssen. Ziel sollte aber bei den lokalen Aktionen eine Kommunikation auf überkommunaler Ebene sein, um sich einer optimalen, gesamtwirtschaftlichen Lösung anzunähern.

Es gibt viele Hindernisse, die bis zu einer derartigen Betrachtungsweise überwunden werden müssen. Ein Hindernis ist die kommunale Verwaltungsstruktur, die sich mit den Gemeindeordnungen am Örtlichkeitsprinzip orientiert. Die Denkweise in den Kommunen ist zu sehr an diesem Prinzip ausgerichtet. So werden Kooperationen verhindert oder gar nicht erst in Betracht gezogen.

Die BASF ist in Ludwigshafen als Verbundstandort konzipiert. Das heißt, die einzelnen Betriebe werden nicht als unabhängige Einheiten betrachtet, sondern im Zusammenhang mit dem Gesamtsystem BASF. Die Abhängigkeiten gehen so weit, dass etliche Produktionsbetriebe durch Vernetzungen von Produkt- und Energieströmen nur zusammen mit den Netzwerkpartnern betrieben werden können. Ergebnis ist eine für das Ganze hochoptimierte Produktionsstruktur, die Energie- und Transportkosten spart und der BASF erhebliche Wettbewerbsvorteile bringt.

Genauso sehen wir die Notwendigkeit, einen Verbund der lokalen Agenden 21 zu schaffen, um ein volkswirtschaftlich optimiertes Ergebnis zu erzielen. Die rein lokale Betrachtung kann Ergebnisse herbeiführen, die für die Anstrengungen zugunsten einer Entwicklung im Sinne des Nachhaltigkeitsgedankens nicht das Optimum darstellen.

Für unsere unmittelbare Zusammenarbeit im Verwaltungsvollzug wünschen wir uns generell Flexibilität. Öffentlich-rechtliche Verträge sind ein Beispiel hierfür.

Diskussionsbericht zu den Referaten von Prof. Dr. Burgi und Dr. Römer

Thorsten Manegold

In der von *Reinhardt* geleiteten Diskussion wurden die beiden Vorträge von *Burgi* und *Römer* getrennt erörtert. Der Diskussionsleiter eröffnete die Erörterungen mit einer eigenen Frage an *Burgi*, indem er sich erkundigte, ob der Referent, als er im Zusammenhang mit der Wasserrahmenrichtlinie von Flussgebietseinheiten gesprochen habe, den Begriff der Einheit im institutionellen Sinne verstanden habe, und ob er hier möglicherweise Ansatzpunkte für Privatisierungen sehe.

Burgi antwortete, daß er dies nicht so gemeint habe. Er habe Einheit abgegrenzt gegenüber Behörden und Unternehmen, weil im entstehungsgeschichtlichen Verlauf der Wasserrahmenrichtlinie auch der Begriff der Flussgebietsbehörde im Spiel war, bevor das von *Breuer* und anderen kritisiert wurde. Der heutige Begriff Einheit sei völlig neutral, also trägerneutral und organisationsneutral, und sage insbesondere nicht, daß diese Einheit dem privaten oder öffentlichen Sektor entstammen muß. Dies sei an der Rahmenrichtlinie für das Thema das eigentlich Relevante. Die Richtlinie, und natürlich auch die Flussgebietseinheiten, würfen zahlreiche weitere Fragen auf, die aber nicht mit dem Privatisierungsthema unmittelbar verknüpft seien. Daraus könne für dieses Thema lediglich folgen, daß der Diskussionsdruck im Hinblick auf die Schaffung größerer gebietsübergreifender Einheiten Auftrieb erhalten dürfte. Es sei aber keine zwingende Vorgabe darin enthalten und insbesondere auch nicht, daß das private Einheiten sein müßten.

Reinhardt bemerkte dazu, daß *Breuer* wohl nach wie vor der Ansicht sei, daß diese Einheit doch diese Behörde bedeutet.

Hennecke meinte, *Burgi* habe zum Ausdruck gebracht, daß die kommunale Selbstverwaltungsgarantie ein Teil des Staatsorganisationsrechtes sei und die Gemeinden im Sinne einer Kompetenzsperre vor dem Zugriff des Staates schütze. Die kommunale Selbstverwaltung habe also nur eine Wirkrichtung ge-

gen staatlichen Zugriff. Dies sei zutreffend und wohl auch weitgehend anerkannt. Die Frage sei jedoch, ob nicht mit der Zuweisung an die kommunalen Gebietskörperschaften von Verfassungs wegen auch eine inhaltliche Kompetenzzu-
weisung in dem Sinne gemeint sei, daß bestimmte Sachaufgaben in öffentlicher
Regie bleiben müssen, über die auch der Staat durch seine Gesetzgebung nicht
disponieren könne. Für die Selbstverwaltung bestünde nicht nur die Gefahr leer
zu laufen, weil der Staat Dinge an sich zieht. Das sei nur die eine Richtung. Die
Gefahr leer zu laufen, bestünde auch dann, wenn es dem Staat freigestellt wäre,
darüber zu entscheiden, welche Sachaufgaben die Gemeinden überhaupt wahr-
nehme dürfen. Er fragte *Burgi* daher, ob in der kommunalen Selbstverwaltungsgarantie nicht ein Kernbestand öffentlicher Tätigkeit enthalten sei und vorausge-
setzt werde, der gerade nicht zur staatlichen Disposition im Sinne einer Privatisierung nach außen hin steht.

Seine zweite Frage leitete *Hennecke* mit der Bemerkung ein, *Burgi* habe ausgeführt, daß die Rahmengesetzgebungskompetenz nach dem Grundgesetz nicht
dazu legitimiere, ein Privatisierungskonzept zu realisieren. Dem stimme er im
Verhältnis Bund und Land zu. Er fragte, ob die Kompetenzregelung des Art. 75
GG voraussetze, daß bestimmte Sachaufgaben in öffentlicher Regie bleiben
müssen. Schließlich sei gerade auch Inhalt der verfassungsrechtlichen Rahmengesetzgebungskompetenz, daß das Wasserrecht in öffentlicher Regie bleibt. Die
Unzulässigkeit eines Privatisierungskonzeptes ergäbe sich dann nicht aus der
Rahmengesetzgebungskompetenz als solche, sondern möglicherweise auf der
inhaltlichen Seite, weil die Gesetzgebungskompetenz das öffentliche Regime ihrerseits vorschreibe.

Burgi ging zunächst auf die Bedeutung des Art. 28 II GG ein. Dieser stehe im
Abschnitt Bund und Länder und betreffe deswegen das Verhältnis zum Staat, zu
Kreisen und zu anderen öffentlich-rechtlichen Körperschaften, nicht das Verhältnis zu Privaten. Es sei aber so, daß eine Aufgabe, die bisher von der Gemeinde wahrgenommen wird, nicht automatisch von einem Privaten wahrgenommen werden könne. Dafür sei erforderlich, daß der Staat dazwischentritt, indem er z.B. zwangsweise anordnen könnte, daß man diese Aufgabe in Zukunft
durch Private erledigen läßt. Würde er dies tun, so lägen darin zwei Maßnahmen:
Die erste Maßnahme wäre der Entzug dieser Aufgabe von den Gemeinden und
der zweite Teil wäre die Zuordnung zu den Privaten. Das wären zwei verschiedene Gehalte und damit zwei „Eingriffe", wenn man diesen Begriff bei der
Selbstverwaltungsgarantie verwenden wolle, die kein Grundrecht sei. Diese
zwei „Eingriffe" unterlägen der Rechtfertigungspflicht. Diesbezüglich müsse
unterschieden werden zwischen dem Kernbereich und dem Randbereich. Das
habe er zwar nicht vertiefen können, aber er sei der Meinung, daß alles, was im

Zusammenhang mit dem Thema diskutiert werde, jedenfalls nicht soweit gehe, daß dadurch der Kernbereich berührt sei. Mit dem Kernbereich sei es umgekehrt wie mit dem Ozonloch. Dieser werde im Laufe der Jahre immer kleiner. Es gebe seit Jahren keine Entscheidung des BVerfG, die etwas in den Kernbereich hineingezogen hätte. Er sei der Meinung, daß dieser auch hier nicht betroffen sei. Daher habe er sich auf den Randbereich konzentriert. Dort brauche man eine Rechtfertigung für die erste Maßnahme („bloßer Entzug") durch eine Art Verhältnismäßigkeitsprüfung. Dies sei zwar keine grundrechtsidentische Verhältnismäßigkeitsprüfung, aber es gehe in diese Richtung. Darüber hinaus habe das BVerfG in der Rastede-Entscheidung noch eine zusätzliche Hürde errichtet, und zwar für den Fall, daß Aufgaben anschließend bei einer anderen staatlichen Einheit landen, d. h. für den Fall der Hochzonung. Dies sei das Aufgabenverteilungsprinzip. Die zweite Hürde sei nicht zu beachten, wenn die Aufgabe nicht hochgezont werde, sondern bei einem Privaten lande. In diesem Bereich sei also nur der erste Teil, der bloße Entzug, zu rechtfertigen, wobei jedoch nur verhältnismäßig schwache Anforderungen in Gestalt einer Art Verhältnismäßigkeitsprüfung bestünden. Das aus der Sicht der Gemeinden viel stärkere Aufgabenverteilungsprinzip greife hingegen nicht ein, wenn der, dem die Aufgabe zugeteilt werde, ein Privater sei. Er verstehe das System des Grundgesetzes so, daß am Anfang der Grundrechtsteil sei. Dem Grundrechtsträger stehe der Staat gegenüber. Der Staat sei im Interesse der Freiheitlichkeit u. a. noch einmal untergliedert in die Gemeinden. Diese seien deswegen eine Art Staat „light", wenn man das so sagen dürfe, aber sie seien Staat, d. h. man könne sie im Verhältnis zu den Privaten, die in ihrer Grundrechtsträgerschaft dastünden, nicht ausspielen oder vorziehen. Das sei nicht seine eigene Erfindung, sondern der herrschende Stand der Dinge in diesem Themenkomplex.

Bezüglich der Rahmenkompetenz sei er dankbar für jeden Beitrag, da darüber bisher noch nicht nachgedacht worden sei. Art. 75 GG gebe dem Bund eine Rahmengesetzgebungskompetenz für den Wasserhaushalt. Da stehe nichts von Privater oder öffentlicher Trägerschaft. Man könne sagen, Haushalt bedeute, es müsse eine Art Bewirtschaftungsregime geben. Damit stimme er mit *Hennecke* überein. Dessen Abschaffung stehe hier auch nicht in Frage. Wie gesagt seien hier Land, Bund und Gemeinde als Bewirtschafter eines Systems nicht betroffen. Sie seien nur als Erbringer der Leistung Wasserversorgung betroffen. Es solle nicht die Entscheidung über Erlaubnisse, Bewilligungen oder Wasserwirtschaftsrahmenpläne usw. abgeschafft werden, sondern nur die Tätigkeit der Wasserversorgung. Da komme die Pointe hinzu, daß diese bisher im WHG nicht normiert sei. Eine der Schwierigkeiten seines Themas habe darin bestanden, daß die Wasserversorgung bisher normativ ein absolutes Schattendasein führe. Sie sei in allen Umweltrechtslehrbüchern nicht einmal erwähnt, weil man in der Regel Paragraphen suche, denen man dies zuordnen könnte. Im WHG gebe es keinen Abschnitt über die Wasserversorgung, obgleich sie als Begriff im Rahmen der Erlaubniserteilung auftauche. Es sei nicht geregelt, wie z. b. bei der Abwasserbeseitigung in § 18a WHG, wer das mache und wie das verteilt werde. Daran sehe man schon, daß der Bezug zum Wasserhaushalt sehr peripher sei. Würde der Bund das ändern und dort regeln wollen, daß es die Privaten machen, so meine er, daß der Bund dafür nicht die Rahmengesetzgebungskompetenz in Anspruch nehmen könnte. Wie gesagt sei dieses Thema vor allem deswegen derzeit durch kommunale Monopolstellungen gekennzeichnet, weil dies in den Landeswassergesetzen und dem Landeskommunalrecht so angeordnet sei. Auf diese beiden Materien könne der Bund aber nicht zugreifen, weswegen er meine, daß man aus der Sicht eines Landes, das sich Sorgen um diese Entwicklung mache, eigentlich verhältnismäßig beruhigt sein könne, insbesondere in einem Land wie Rheinland-Pfalz, das heute die Wasserversorgung als Pflichtaufgabe der Gemeinden statuiere. Diesen Paragraphen könne der Bund jedenfalls nicht aufheben.

Ekardt meinte, er habe nicht verstanden warum aus Art. 75 GG eine Pflicht zur Wasserbewirtschaftung folgen solle, weil Kompetenzen keine Pflicht zu deren Wahrnehmung beinhalteten. Wenn es eine Pflicht zur Bewirtschaftung gebe, so entnehme er diese eher aus Art. 20a GG. Seine Frage beziehe sich auf eine Privatisierungsform, die *Burgi* nicht erwähnt habe, nämlich die Finanzierungsprivatisierung alias die private Vorfinanzierung. In Rheinland-Pfalz habe sie bei Landesstraßen in letzter Zeit eine große Rolle gespielt. Am Beispiel Kläranlagen könne man in Ostdeutschland viele Beispiele dafür finden. Finanzierungsprivatisierung solle an dieser Stelle heißen, daß nicht ein Privater mit einer Aufgabenwahrnehmung betraut wird und er dann selber dafür zu sorgen hat, daß er das investierte Geld wiederbekommt, sondern daß im Grunde genommen eine verdeckte Kreditaufnahme stattfindet: Ein Privater übernimmt die Aufgabenerfüllung, wird aber vom Staat oder von der Kommune dafür bezahlt. Das Problem dieser Finanzierungsprivatisierung bei Straßen sei, daß die Ausgaben der öffentlichen Hand, die mit dieser Finanzierungsform verbunden sind, faktisch höher seien, als wenn die Kommune selber einen Kredit aufnähme und dann die Kläranlage baute. Die Kommune erhalte nämlich als Teil der öffentlichen Hand im Zweifel günstigere Kredite. Bei der Finanzierungsprivatisierung wollten hingegen mehrere Private verdienen, nämlich ein Bauträger und ggf. auch noch eine Bank. Nach Meinung von Rechtswissenschaftlern, die er teile, sei die Finanzierungsprivatisierung bei Straßen wegen Verstoßes gegen 114 II GG, dem Wirtschaftlichkeitsgrundsatz, verfassungswidrig. Auch aus einigen anderen

Gründen, die er jetzt weglasse, ergebe sich die Verfassungswidrigkeit. In Bezug auf rheinland-pfälzische Landesstraßen habe der Verfassungsgerichtshof Rheinland-Pfalz vor drei Jahren entschieden – allerdings durch einen prozeduralen Trick –, daß er zu der Frage nicht Stellung nehmen müsse. Er fragte *Burgi*, ob er den Wirtschaftlichkeitsgrundsatz hier als Schranke für die kommunale Finanzierungsprivatisierung erkennen könne.

Burgi erklärte, daß die Frage, ob Art. 75 GG für den Staat eine Pflicht enthält, ein Bewirtschaftungsregime aufrechtzuerhalten, an *Hennecke* gerichtet werden müsse, weil er in diese Richtung argumentiert habe. Er stellte klar, daß sein Anliegen gewesen sei, darauf hinzuweisen, daß das jedenfalls nichts mit dem Gebiet der Leistungserbringung zu tun habe.

Mittlerweile sei es so, daß Kompetenznormen unter bestimmten Voraussetzungen auch ein materieller Gehalt zuerkannt werde. Zu denken sei etwa an den alten Art. 87 I GG, der Post als eine Aufgabe der unmittelbaren Bundesverwaltung statuierte, woraus man geschlossen habe, daß es eine Art Kern an Postdienstleistung in staatlicher Hand geben müsse. Deswegen habe man das Grundgesetz in Gestalt des heutigen Art. 87f GG geändert, um die Postprivatisierung durchbringen zu können. Dies habe man tun müssen, weil die alte Kompetenzregelung eine Art Pflichtaufgabe zumindest in einem Kern der Aufgabe der Post und auch der Telekommunikation – der Eisenbahn übrigens ebenfalls – beinhaltet habe. Insofern könne man mit näherer Begründung bei Art. 75 GG auch aus dem Begriff des Wasserhaushalts einen solchen materiellen Kern entnehmen, der darauf hinauslaufe, daß der Staat eine irgendwie geartete Wasserbewirtschaftung unternehmen müsse. Er wolle dies hier jedoch nicht weiter vertiefen, weil es bei seinem Thema nicht darum gehe. Die bewirtschaftende Tätigkeit des Staates im Bereich Wasser stehe überhaupt nicht zur Disposition, sondern nur der kleine, wenn auch von der Bedeutung wichtige, Ausschnitt der Versorgung der Bevölkerung mit Wasser, der heute nicht einmal im WHG angesprochen sei. Das sei etwas anderes als die Bewirtschaftung der Gewässer.

Bezüglich der Finanzierungsprivatisierung sehe er die erwähnten Formen der Vorfinanzierung als Unterfall der funktionalen Privatisierung an, wobei sich der Beitrag des Privaten hier nicht so sehr in einer Betriebsleistung oder einer Betriebsführerleistung manifestiere, sondern in der finanzierenden Rolle. Er meine aber, daß man dafür nicht eine weitere dogmatische Kategorie brauche, sondern es handle sich hier um eine durch den Finanzierungsaspekt besonders gekennzeichnete Form der funktionalen Privatisierung, so daß alles, was er dazu gesagt habe, auch hier gelten könne. Natürlich kämen dann je nach Fall immer noch spezielle Konstellationen bzw. Maßstäbe dazu, wie das von *Ekardt* sowie im

Vortrag angesprochene Wirtschaftlichkeitsprinzip. Das sei jedoch nur ein Maßstab. Hinzu kämen dann noch haushaltsverfassungsrechtliche Bestimmungen,
wie das Verbot der Kreditaufnahme in einer bestimmten Höhe sowie die Grundsätze der Vollständigkeit und Wahrheit des Haushalts, wenn nicht richtig aufgeführt werde, daß Private etwas beigesteuert haben. Es gebe viele weitere, im
Rahmen der Vortragszeit nicht angesprochene Komplexe, die je nach Einzelfall
zu prüfen seien. Wie *Ekardt* angeführt habe, habe der Verfassungsgerichtshof
Rheinland-Pfalz dies bereits vor einigen Jahren im wesentlichen abgesegnet.
Entscheidend sei, daß es beim Wirtschaftlichkeitsprinzip nicht auf eine rein betriebswirtschaftliche Betrachtung ankomme. Man müsse darüber hinaus auch die
gesamtwirtschaftlichen Effekte einbeziehen. Dann könne es im Einzelfall durchaus sein, daß zwar auf die Dauer gesehen die private Vorfinanzierung teurer ist,
daß man aber nur auf diese Weise zum gegenwärtigen Zeitpunkt eine bestimmte
Straße bauen kann. Dies bringe wieder eine Reihe weiterer Vorteile mit sich, wie
z. B. besseren Verkehrsfluß, was zu stärkerer Wirtschaftsleistung führe. Letzteres bringe wieder Steuern ein, die insgesamt vielleicht Nachteile kompensieren
könnten. Bei einer derartigen Gesamtbetrachtung sei das Wirtschaftlichkeitsprinzip kein Maßstab, von dem man am Tisch eines Podiums sagen könne, der
stehe als Schranke schlicht dafür oder dagegen. Dies hänge von der Prüfung aller
Gegebenheiten ab. Bei einer Straße etwa, die sich bisher als Nadelöhr präsentierte, könne ein solcher Weg sinnvoll sein, auch wenn er per Saldo nach zwanzig
Jahren insgesamt für den Steuerzahler teurer gewesen sein sollte. Denn ohne
diese Aktion hätte man die Straße vielleicht überhaupt nicht gebaut, mit allen
Nachteilen, die das dann wieder mit sich gebracht hätte.

Reinhardt merkte zur verfassungsrechtlichen Bewirtschaftungspflicht noch an,
daß sich das BVerfG in der Naßauskiesungsentscheidung an etwas versteckter
Stelle dazu geäußert habe, jedenfalls in der Gestalt, in der sie im Wasserhaushaltsgesetz vorgesehen sei. Es habe diese als repressives Verbot mit Befreiungsvorbehalt angesehen, wobei es dies nicht aus Art. 75 GG, sondern, wenn er es
richtig in Erinnerung habe, aus den Grundrechten und der überragenden Bedeutung des Wassers hergeleitet habe. Insofern sei ein verfassungsrechtlicher Anknüpfungspunkt gegeben.

Rebentisch erklärte, er wolle noch einmal zurückkommen zu der kompetenzrechtlichen Frage, die auch *Hennecke* angeschnitten habe, und dort den Blick auf
die parallele Situation der Energieversorgung, insbesondere der Elektrizitätsversorgung, lenken. Dazu habe das BVerfG bekanntlich gesagt, die Elektrizitätsversorgung gehöre im Rahmen der Daseinsvorsorge zu einem überragenden Gut im
überwiegenden öffentlichen Interesse. Daraus, so glaube er, könnten aber keine
kompetenzrechtlichen Schlußfolgerungen gezogen werden, sondern der Staat

habe – und ähnliches werde auch für das Wasserrecht in Anspruch genommen – eine Gewährleistungsfunktion. Insoweit habe der Staat die Handlungspflicht, wenn etwa die Wasserversorgung oder die Elektrizitätsversorgung nicht wahrgenommen wird. Anders als bei z.b. Bratwürsten oder Pralinen sei der Staat bei Gütern von überragendem Interesse verpflichtet, ein Defizit auszugleichen. Es bestehe jedoch keine Wahrnehmungspflicht. Die Frage sei, ob die Parallelen nicht in ähnlicher Weise auch im Gewässerbereich und in der Wasserversorgung zu ziehen seien.

Burgi antwortete, *Rebentisch* spreche ein Grundproblem eines jeden Privatisierungsthemas an, daß man sich nämlich immer zunächst bewußt machen müsse, was die Aufgabe ist, die privatisiert werde. Im Grunde ziele auch die Themenformulierung „der Wasserversorgung" und „der Abwasserbeseitigung" auf Aufgabenfelder, aber nicht auf einzelne Aufgaben. In diesen Feldern seien zahlreiche Aufgaben versammelt. Man müsse hier genau differenzieren. Die Privatisierung des Strafvollzugs sei ein anderes Beispiel, das dies veranschauliche, weil es noch viel spektakulärer sei. Wenn man näher hinschaue, müsse man unterscheiden, ob die Gefängnisküche, die Reinigung, der Fahr- und Botendienst oder die eigentliche Bewachung privatisiert werde. Das seien fundamentale Unterschiede in der rechtlichen Beurteilung. Dieses Beispiel zeige vielleicht, daß auch hier ein aufgabendifferenzierender Ansatz notwendig sei. Dabei zeige sich, wie im Energiebereich, daß man trennen müsse zwischen der Aufgabe, selbst z.B. Strom zu erzeugen, zu verteilen und dem einzelnen Kunden zu liefern. Das waren schon immer drei verschiedene Kategorien. Auch hier – die einen betreiben den Stausee, der Zweite verteilt das Wasser, der Dritte ist der eigentliche Wasserverkäufer – müsse man sich jede der einzelnen Funktionen anschauen und fragen, wo genau die Privatisierung stattfinde. Je nach dem sei der Maßstab dann unterschiedlich. Verfassungsrechtlich gefordert sei nach seiner Auffassung, daß der Staat dafür garantieren müsse, daß überhaupt eine Versorgung mit ordentlichem und gesundem Wasser erfolgt. Das heiße aber nicht, daß dieser das selbst in eigener Regie tun müsse. Wenn es ein funktionsfähiges System privater Erzeugung und Verteilung gebe, was momentan aber noch nicht existiere, dann reduziere sich während der Jahre des Funktionierens die Rolle des Staates auf die des Regulierers und Überwachers. Es bestehe wohl auch eine Art Ausfallbürgschaft. Letzteres zwinge wiederum zur Vorsicht bei Vertragsabschlüssen, denn es müsse darauf geachtet werden, daß das ganze „Mobiliar" in diesen Jahren nicht verschleudert werde. Es bestehe die Gefahr, daß die Gemeinde nach Ablauf des Betreibervertrages nach zwanzig Jahren mit einer völlig heruntergewirtschafteten Anlage dastehe und dann die Versorgung wieder selber machen müsse. Das seien aber Dinge, die man entsprechend regeln könne und müsse. Unter den genannten Voraussetzungen sei es nicht verfassungswidrig, sich daraus zurückzuziehen. Der Staat habe in Kriegszeiten auch die Lebensmittelversorgung übernommen (mit Lebensmittelkarten und dergleichen). Als der Markt dann wieder funktionsfähig wurde, habe er sich daraus zurückgezogen. Übrigens sei es auch im Wasserbereich schon heute so, daß in der Regel nicht mehr Wasser aus dem Wasserhahn getrunken werde, sondern Wasser aus Flaschen, die durchgehend von Privaten erzeugt und vertrieben würden. Insofern müsse man auch schon heute differenzieren.

Rahner zeigte sich verwundert über einen Satz im Referat von *Burgi*. Dieser habe gesagt: „ ... dann würde keinerlei Satzungseinfluß der Gemeinden mehr bestehen." Er denke, es sei hier möglicherweise nicht hinreichend differenziert worden. Abwasserbeseitigung heiße einerseits Transport im Kanalsystem, andererseits Betrieb der Kläranlage. Wenn die Gemeinde nur die Kläranlage privatisiere, verbleibe noch der Transport im gemeindeeigenen Kanalnetz. Dann brauchte man auf jeden Fall eine Gemeindesatzung, weil auch das Kanalnetz geschützt werden müsse. Er denke, dies sei unstreitig. Aber auch wenn beides privatisiert werde, sei ihm nicht ganz klar, wie die Vertragsverhältnisse zwischen den Bürgern (vor allem Neubürgern oder neuansiedlungswilligen Unternehmen) und dem privaten Dritten, der die Abwasserbeseitigung betreibt, ausgestaltet werden sollten. Es könne doch nicht sein, daß der private Betreiber der Abwasserbeseitigung mit jedem Neuanschlußwilligen einen eigenen Verhandlungsvertrag ausarbeite. Er denke, es müsse dafür auch wieder auf der Gemeindeebene eine Satzungsregelung geben, die Mindeststandards festsetze, damit die Basis klar definiert sei. Die Bundes- oder Landesgesetze reichten seines Erachtens dazu nicht aus, weil diese das ganze Land über einen Kamm scheren müßten. Schon allein bei einem Ort im Mittelgebirge, der viel Gefälle habe, oder bei einem Ort im Flachland existierten für das Kanalnetz völlig andere Bedingungen. Daher leuchte ihm nicht ein, daß *Burgi* meine, die Gemeinde sei mit ihrem Satzungsrecht vollkommen außen vor. Er bat diesbezüglich um Erläuterung.

Burgi erklärte, daß ihm eine weitere Differenzierung in der einen Stunde seines Vortrages nicht möglich gewesen sei. Mit dem o. g. Satz habe er gemeint, daß die Aufgaben der Abwasserbeseitigung, also Kläranlage und Leitungen, en bloc weitergegeben werden. Wenn eines von beiden zurückbehalten werde, könnten in diesem Umfang auch wieder Satzungsregelungen getroffen werden. Das sei klar. Ausgehend davon, daß beides privatisiert werde, könne in Hessen, da *Rahner* einer hessischen Gemeinde entstamme, die Situation nur die der Durchführung, sprich funktionalen Privatisierung, sein, weil es in Hessen momentan noch keine Vorschrift gebe, die in Ausfüllung des § 18a IIa WHG die komplette Übertragung der Aufgabe auf Private ermögliche. Dazu habe er gesagt, daß nach wie vor das Verhältnis zu den Benutzern durch die Gemeinde verantwortet werde, d.h. es gebe immer noch einen Anschluß- und Benutzungszwang, die Möglichkeit der öffentlich-rechtlichen Gebührenerhebung und die Möglichkeit des Erlasses von Indirekteinleiter-Satzungen. Sein Satz sei daher in Hessen momentan mangels Ausführungsvorschrift nicht relevant.

Er nehme aber an, daß *Rahner* auch interessiere, was wäre, wenn auch in Hessen ein Gesetz existierte, wie in den Ländern Baden-Württemberg und Sachsen, auf die er sich im folgenden beziehe. Am weitesten sei die Situation in Baden-Württemberg gediehen. Dort gebe es schon länger ein Gesetz, das den § 18a WHG ausführe. Um handhabbar zu sein, bedürfe es jedoch einer Verordnung, die sich gegenwärtig in der Verbändeanhörung befinde, ihm aber vorliege. Dort sei es so, wie auch in Sachsen, daß der erste angesprochene Punkt der Überlassungspflicht in diesem Gesetz, bzw. in der dazu ergangenen Verordnung, ausdrücklich geregelt sei. Daraus folge, daß die Grundlage der Überlassungspflicht der Benutzer wegen Fehlens einer Satzung nicht mehr der kommunale Anschluß- und Benutzungszwang sei, sondern eine im Gesetz und in der Verordnung angeordnete Überlassungspflicht des Publikums. Übrigens sei dies so ähnlich wie im Abfallrecht.

Bezüglich der Frage, ob man nicht noch mehr Regelungen im Hinblick auf das Verhältnis auch zu den Benutzern brauche, meinte er, daß die ebenfalls in der Diskussion bzw. im Entwurfsstadium befindliche Verordnung auf der Basis des § 27 AGBG, was es im Wasserbereich schon gebe, in die Bresche springen solle. Eine solche Verordnung solle nun auch im Abwasserbereich kommen. Diese werde dann solche Fragen wie Hausanschluß und Baukostenzuschüsse, d.h. die gesamten Beziehungen zu den Benutzern, regeln. Diese Verordnung gelte dann speziell für den Fall, daß das Verhältnis vor Ort nur noch zwischen zwei Privaten bestehe. Insofern scheine dem Regelungsbedarf entsprochen werden zu können. Seine These, daß die Gemeinde in diesem Modell jedenfalls nichts mehr als Unternehmensinhaber machen könne, sei deshalb berechtigt. Die Gemeinde betreibe nämlich kein Unternehmen mehr, und auch ihre Möglichkeiten als Satzungsgeber existierten nicht mehr, weil eine Satzung zum Anschluß- und Benutzungszwang nicht mehr erforderlich sei. Da sie weiterhin nicht mehr selbst in Rechtsbeziehungen zu den Indirekteinleitern stehe, habe sie auch keine Grundlage mehr für Indirekteinleiterregelungen. Das sei jedenfalls seine momentane Auffassung zu dieser Sache.

Reinhardt leitete nunmehr zum Vortrag von *Römer* über und bemerkte, hier habe im Mittelpunkt u.a. die Nachhaltigkeit gestanden. Er habe sich nach seinem Vortrag vor drei Jahren eigentlich vorgenommen, sich mit dem Thema nicht mehr zu beschäftigen, weil es ihn überwiegend deprimiere. Nun bringe ihn das organisatorische Konzept der Veranstaltung wieder in die Pflicht. Er habe dem Vortrag von *Römer* entnommen, daß man erst am Beginn der Diskussion stehe, was Nachhaltigkeit sei. Seit 1992, als der Begriff in Rio reanimiert worden sei, sei man seines Erachtens noch nicht viel weiter gekommen, im Unterschied zu der von *Römer* angesprochenen Reduzierung der Umweltbelastung von 1992 bis heute – ein Drittel weniger. Wenn beim Begriff der Nachhaltigkeit ein Drittel mehr gekommen wäre, wäre das schon sehr viel. Er wolle jedoch der Frage von *Ekardt* nicht vorgreifen.

Ekardt wies darauf hin, daß jede wissenschaftliche Überlegung und auch jede Steuerung mit der Richtigstellung der Begriffe beginne. Er frage sich, ob die von *Römer* gewählte Verwendung des Begriffs Nachhaltigkeit günstig sei. *Römer* habe, wenn er es richtig verstehe, Nachhaltigkeit im wesentlichen mit einem Dreieck oder drei Kreisen identifiziert, also Nachhaltigkeit gedeutet als Notwendigkeit des Ausgleichs ökonomischer, ökologischer und sozialer Belange. Das könne man zwar häufig so lesen, er habe dazu aber einige Einwände. Zunächst sei bei diesem Ausgangspunkt die Nachhaltigkeit als Rechtsprinzip seines Erachtens überhaupt nichts Neues, weil nur ein schlichtes Abwägungsgebot positiviert worden wäre. Zum zweiten sei es so, daß der Entstehungsprozeß zur Agenda 21 zeige, daß das Nachhaltigkeitsgebot – oder die nachhaltige Entwicklung, wie es ja korrekt heiße – aus der entwicklungspolitischen Diskussion stamme. Die Dreiecksvorstellung richte sich zunächst an die sog. Entwicklungsländer. Es solle damit gezeigt werden, daß diese sich entwickeln dürften, wenn eine Gesamtschau möglicher Anforderungen stattfinde. Gegenüber den Industrieländern sei im Agenda 21-Prozeß immer deutlich gemacht worden, daß es um relativ hoch entwickelte Volkswirtschaften mit einer recht ausgeprägten sozialen Sicherung gehe. Deshalb müsse die ökologische Komponente, wenn ein solches Dreieck überhaupt Sinn ergebe, im Vordergrund stehen. Er meine sogar, daß die Unterscheidung als solche nicht wirklich durchführbar sei. Wenn man annehme, daß der eigentliche Kern von Nachhaltigkeit darin bestehe, Energie- und Stoffverbrauch zu reduzieren, und nicht, wie das die Umweltpolitik in Deutschland bisher maßgeblich getan habe, Schadstoffe zu reduzieren, dann frage er sich, ob dies eine ökologische oder eine ökonomische Anforderung sei. Er frage sich auch, wo dann der klare Unterschied liegen solle. Zudem habe jede Maßnahme, die zur Reduktion ergriffen werde, auch soziale Auswirkungen. Folglich meine er, daß die Drei-Kreise-Vorstellung nicht weiterhelfe. Er sehe den Kern von Nachhaltigkeit, und so habe es auch die Brundtland-Kommission 1987 definiert, in der intergenerationellen Gerechtigkeit, also der Zeitschiene. Es gehe darum, daß das gegenwärtige Handeln fortschreibungsfähig sein solle, und zwar prinzipiell ad infinitum. Außerdem solle es auch intragenerationell auf andere Länder übertragbar sein, d.h. es solle kein Lebensstil und keine Wirtschaftsweise gepflegt werden, die, sobald sie 1,3 Milliarden Chinesen und 1 Milliarde Inder ebenfalls praktizieren würden, unmittelbar zum Zusammenbruch der Biosphäre führten. Vor diesem Hintergrund möchte er *Römer* fragen, nachdem in seinem Vortrag viel über die Schadstoffbilanz der BASF Ludwigshafen ausgeführt worden sei, wie z.B. die CO_2-Bilanz oder die Energie- und Stoffverbrauchsbilanz aussieht.

Römer stimmte zunächst zu, daß der Begriff der Nachhaltigkeit keine neue Erfindung sei, sondern daß man sich schon immer um diesen Aspekt gekümmert habe, wenn auch nicht so pointiert und mit so vielen Diskussionen wie in der letzten Zeit. Insoweit gehe es nicht um einen neuen Gedanken. Es gebe viele Dinge, die in seinem Unternehmen schon immer getan worden seien, die aber unter diesem Aspekt zu bewerten und in die Diskussion mit einzubringen seien.

Hinsichtlich der wichtigsten Einflußgrößen und der wichtigsten Möglichkeiten, sich im Sinne der Nachhaltigkeit zu bewegen, meinte *Römer,* man sei wohl noch in einem Such- und Findungsprozeß. Auch in seinem Unternehmen falle es schwer, sich konkret im Sinne von Nachhaltigkeit zu bewegen und Steuerungsgrößen zu erkennen. Zwar hätten sie einige Ansätze zu diesem Thema, die sicher etwas mehr seien, als was gewöhnlich nur mit Ressourcenschonung und weniger Energieverbrauch bezeichnet werde. Aber es sei für sie natürlich wichtig, daß sie mittelfristig erkennen, wo sich ihr Unternehmen hinbewegen werde und was die Zielgröße sei, auf die sie sich zubewegten.

Ein wichtiger Ansatzpunkt unter diesem Aspekt sei, was sie mit „Öko-Effizienz" bezeichneten. Sie seien sich wohl bewußt, daß sie im Sinne der Nachhaltigkeit die drei Säulen nur sehr schwer unter einen Hut bekämen. Sie hätten mit anderen intensive Diskussionen geführt, um auch die sozialen Aspekte stärker mit gewichten zu können. Ein wirtschaftliches Unternehmen sei gezwungen, sich den wirtschaftlichen Rahmenbedingungen zu stellen. Unter dem Strich bleibe, daß auch sie sich nur nachhaltig entwickeln könnten, wenn ihre wirtschaftliche Kraft erhalten bleibe. Das sei eine wesentliche Basis. Sie könnten jedoch das Gesamtproblem der sozialen Komponente nicht aus eigener Kraft lösen. Für sie sei daher der Schwerpunkt Ökonomie und Ökologie. Dies versuchten sie durch den Begriff „Öko-Effizienz" zu steuern.

Sie hätten eine eigene Methode erarbeitet, die die BASF anwende, um ihre Produkte neu zu entwickeln und um Produkte nicht nur im Sinne von Kosten, sondern auch im Sinne von Umweltauswirkungen zu betrachten. Beides werde miteinander in Beziehung gesetzt, um die richtige, die „öko-effiziente", Lösung zu finden. In diese Überlegungen seien nicht nur Energie- und Ressourcenschonung, sondern selbstverständlich auch Emissionen von Schadstoffen mit einbezogen worden. Es werde auch eine Bewertung in bezug auf die Wirkung der Produkte vorgenommen, wobei toxikologische und ökotoxische Eigenschaften eine Rolle spielten. Dies alles werde bei dieser Methode mit gewichtet, um ein entsprechenden Zielvektor zu erhalten. In ihrem Unternehmen sei dies mittlerweile eine strategische Steuerungsgröße, um auch ihre Produkte in diesem Sinne auszurichten.

Bezüglich der Frage CO_2- und Energiebilanz erklärte er, die BASF betrachte bei der CO_2-Emission, was im Rahmen der Energieerzeugung – von Strom und Dampf und auch um die Prozesse zu betreiben – an CO_2 emittiert werde. Nicht in die Bilanz einbezogen sei das CO_2, welches im Prozeß selbst entstehe. Sie selbst hätten sich das Ziel gesetzt, eine Reduktion um 20 % innerhalb von 10 Jahren zu erreichen. Sie seien gegenwärtig unterhalb dieser Größe. Ihnen helfe an dieser Stelle nicht nur die CO_2-Reduktion wegen effizienterer Energieerzeugung durch neuere Technologien, wie Gas- und Dampfturbinenkraftwerke. Ihnen helfe an dieser Stelle auch, daß sie nicht nur CO_2-Emissionen hätten, sondern auch andere bedeutsame Klimagase wie z.B. Lachgas. Lachgas sei in Bezug auf die Klimarelevanz, nach seiner Erinnerung etwa 300 bis 350 mal stärker zu bewerten als CO_2. Sie hätten ihre Lachgas-Emission stark reduziert, was sie in die Lage versetze, die klimarelevanten Gase der BASF AG, um, wenn er sich recht erinnere, 60 bis 70 % zu reduzieren. An dieser Stelle seien sie also einen wesentlichen Schritt nach vorn gegangen, um insgesamt zu dem Ziel, weniger Klimagas zu erzeugen, beizutragen.

Reinhardt hob hervor, daß er nur unterstreichen könne – worauf *Römer* in seinem Vortrag auch hingewiesen habe –, daß die Diskussion von wissenschaftlichen Methoden gestützt und getragen sein sollte und nicht von Emotionalität. Er fürchte, daß die Diskussion durch den Begriff der Nachhaltigkeit sehr stark auf diese emotionale Schiene gelenkt werde. Er nehme an, daß man das in künftigen Diskussionen noch schmerzlich spüren werde und es noch längere Zeit brauche, bis klar sei, was der Begriff bedeute.

Römer stimmte dem mit der Einschränkung zu, daß man sehen müsse, daß sie in ihrem Unternehmen auch mit der Politik sehr intensive Diskussionen über die Nachhaltigkeit sowie über das, was sie als Nachhaltigkeitsgedanken verträten, führten. Dort sei teilweise viel Emotion dabei. Interessant sei, daß auch die Politik nach konkreteren Anhaltspunkten suche, um sich selbst auszusteuern. Das Beispiel „Öko-Effizienz" – die Methode der „Öko-Effizienz" – sei ebenfalls in der Diskussion. Sie führten die Diskussion mit allen politischen Parteien und auch im Land Rheinland-Pfalz. Nicht nur Industrieunternehmen suchten nach konkreteren Möglichkeiten, sich auszusteuern, sondern das Land Rheinland-Pfalz suche ebenfalls danach, um sich im Sinne von Nachhaltigkeit richtig zu bewegen. Auch die Politik suche nach konkreteren Handlungsanweisungen, um sich diesem allgemeinen Gedanken anzuschließen und ihn zielgerichtet zu unterstützen.

Schröder widersprach bezüglich des Nachhaltigkeitsprinzips teilweise. Es sei sicher richtig, daß das ganze Konzept noch sehr unklar sei. Darüber könne man kaum diskutieren. Es fehle das Bemühen, den Begriff zu konkretisieren und ihn mit wissenschaftlichen Methoden und Kriterien aufzuarbeiten. Solange das nicht der Fall sei, dürfe man sich nicht wundern, wenn in der politischen Diskussion Nachhaltigkeit bald mehr im ökologischen Sinne, bald mehr im entwicklungspolitischen Sinne oder im emotionalen Sinne – wie *Römer* sagte – aufgefüllt werde. Einfach zu sagen, das bringe nichts und sei etwas Schlechtes, führe auf die Dauer nicht weiter. Was gemacht werden müsse, sei der Versuch, die Sache etwas zu konkretisieren. Dabei sei ein sicherlich wichtiger Gesichtspunkt, der auch von *Ekardt* angesprochen worden sei, daß es nach Regionen und nach Gesellschaften in der Welt unterschiedliche Konzepte, Teil-Konzepte oder Inhalte des Nachhaltigkeitsprinzips geben werde oder geben müsse. Man könne nicht sagen, daß das, was irgendwo in Süd-Amerika oder in Ost-Asien Inhalt des Nachhaltigkeitsprinzips sei, auch hier mit den entsprechenden Akzentsetzungen so sein müsse. Er plädiere dafür, nicht nur zu sagen, das bringe nichts, das habe man alles irgendwie schon mal gemacht. Vielmehr sei es notwendig, die Dinge auch wissenschaftlich aufzuarbeiten. Daran fehle es allerdings bisher.

Hennecke wollte, nachdem so viele Blinkfeuer in Richtung der Politik gesetzt worden seien, für sein Haus, das Ministeriums für Umwelt und Forsten Rheinland-Pfalz, noch die eine oder andere Bemerkung hinzufügen. Im Ministerium verträten sie sehr dezidiert die Nachhaltigkeitspolitik. Sie seien von vornherein um Entideologisierung und Entemotionalisierung bemüht. Sie versuchten das Thema nicht auf emotionaler Schiene voranzubringen. Allenfalls auf kommunaler Ebene könne und solle ein gewisses bürgerschaftliches Engagement als – auch emotionaler – Impuls in die lokale Agenda 21 hineingetragen werden. Für sie sei die Nachhaltigkeit jedoch zunächst ein theoretischer Begriff, der ihnen erlaube, das Ökonomische und das Ökologische auf einer theoretischen und auch wissenschaftlichen Ebene zusammenzuführen. Zweitens sei ihnen das Nachhaltigkeitsprinzip ein Suchprinzip, und zwar insofern, als sie in einer ganzen Fülle politischer Teilsektoren sehr konkret nach Nachhaltigkeitspotentialen suchten. Nachhaltigkeitspotentiale ergäben sich aus zwei Blickrichtungen. Zum einen bedeute Nachhaltigkeit, auf der Ressourcenseite – auf der Seite des wirtschaftlichen Ressourcenzugriffs – möglichst schonend vorzugehen. Zum anderen erfordere es auf der Entsorgungsseite – der Entlassung von Schadstoffen in Medien –, begrenzend zu verfahren. Das sei durchaus sehr konkret und reiche bis in die Gebäudebewirtschaftung, die Energiewirtschaft und selbstverständlich in alle geltenden Regelungen des Umweltschutzes. Im Prinzip leiste der Umweltschutz bisher seit Jahrzehnten Emissionsbegrenzung, also Schonung der natürlichen Entsorgungsmedien im Sinne einer nachhaltigen Regenerationsfähigkeit. Ebenso verringere z.b. der Naturschutz auf der Ressourcenseite – auf der Seite der natürlichen, biologischen und genetischen Ressourcen – den ökonomischen Siedlungszugriff. Nach beiden Seiten hin habe man dies also bisher immer getan. Die Nachhaltigkeit sei, und er sage das gern, ein willkommener Begriff, bisherige Maßnahmen in ein theoretisches Konstrukt zu überführen.

Zur wissenschaftlichen Fundierung könne er *Schröder* nicht widersprechen. Dabei sei man derzeit weithin auf Plausibilitätskriterien angewiesen. Was diese Plausibilitätskriterien wert seien, merke man z.B. in der Abfallwirtschaft, wo man sehr schnell plausibel meine, daß die Mehrwegverpackung ökologischer sei als andere Verpackungen. Das bedürfe gewiß mancher wissenschaftlichen Fundierung, diese seien allerdings auf dem Wege. Insgesamt bedeute Nachhaltigkeit für sie, und damit fügten sie beide Seiten – die Ressourcen- wie die Entsorgungsseite – zusammen, die weitest-mögliche Herstellung von Kreislaufwirtschaften. Dies funktioniere technisch schon in Teilaspekten. Der Radius des Kreislaufes einer Kreislaufwirtschaft bezeichne dabei, um auch wieder ein wissenschaftliches Kriterium einzufügen, das Maß der Entwicklung.

Reinhardt bemerkte, daß er und *Schröder* sowie *Hennecke* inhaltlich nicht divergierten. Er neige jedoch zu etwas mehr Pessimismus, was die Begrifflichkeiten angehe.

Hoppe wollte gerade nach der Diskussion über das Nachhaltigkeitsprinzip auf seine Skepsis zurückkommen, die er diesem Begriff gegenüber immer gehabt habe. Er stimme insoweit *Reinhardt* zu, der dies schon seit langer Zeit vertrete. Er zeigte sich erstaunt, daß das Nachhaltigkeitsprinzip vor einigen Jahren verkündet wurde, und er heute höre, daß es erst einmal wissenschaftlich aufgearbeitet werden müsse und daß hier ein theoretisches Modell propagiert werde. *Ekardt* spreche im Schwerpunkt darüber, daß es ein Prinzip sei, daß intergenerativ wirkt, und lehne das von *Römer* entwickelte Modell ab. Hingegen, wenn er *Hennecke* richtig verstanden habe, führe er doch wieder die drei Gebiete Ökonomie, Ökologie und Soziales zusammen. Die Ministerkonferenz für Raumordnung mißbrauche dieses Prinzip als Kriterium für die Nichtzulassung von Factory-Outlet-Centers in zentralörtlichen Gliederungen, die nicht Oberzentren sind. Im Raumordnungsgesetz und im Baugesetzbuch erscheine das Prinzip, jedoch wisse man bis heute nicht, was damit gemeint sei. Deshalb sei seine Skepsis nach wie vor sehr groß. *Reinhardt* habe recht, daß man das Nachhaltigkeitsprinzip immer wieder durch andere uns durchaus bekannte rechtliche Kategorien ersetzen könne. Dieses Hin und Her sowie letztlich auch der Mißbrauch und insbesondere die Beschlußfassung der Ministerkonferenz für Raumordnung rege ihn maßlos auf. Es gehe nicht an, daß sogar Zulässigkeitskriterien für Genehmigungen aus dem Nachhaltigkeitsprinzip abgeleitet würden. Er meine daher, man solle sehr zurückhaltend mit dem Nachhaltigkeitsprinzip umgehen.

Sünner hob hervor, daß die Beispiele von *Römer* sehr deutlich gemacht hätten, daß viele Dinge überhaupt nicht mehr im Bereich der einzelnen Kommune lägen, sondern über die einzelne Kommune hinausgingen und nur im größeren Verbund tatsächlich vernünftig geregelt werden könnten. Das Klärverbund-Beispiel sei diesbezüglich sehr aussagekräftig gewesen. Hier komme es ganz deutlich zu Insellösungen, die suboptimal seien, und zwar suboptimal sowohl vom Umweltschutz als auch vom Effizienzgedanken her. Für ihn stelle sich die Frage, ob man hier den Egoismen der einzelnen Kommunen, wie sie nun einmal auch in der Kommunalverfassung angelegt seien, tatsächlich nach wie vor in diesem ausgeweiteten Sinne Rechnung tragen dürfe und müsse. Die Frage sei, ob es hier nicht stattdessen übergeordnete Prinzipien zu entwickeln gelte, die die einzelne Kommune zwinge, über ihre Eigenständigkeit und ihre eigenen, sicherlich zu beachtende Nutzvorstellungen hinaus, auch überregionale Gesichtspunkte zu berücksichtigen. Damit komme man letztendlich von der deutschen Kleinstädterei weg und beziehe eine Art Gruppennützigkeit zur sachgerechten Lösung von Umweltschutzfragen mit ein. De lege lata sei das so sicherlich bislang in der Kommunalverfassung nicht angelegt. Man müsse jedoch darüber nachdenken, daß die großen Lösungen auch im Umweltschutz heute nicht mehr an den Grenzen der Kommune scheitern dürften, sondern überregionale, möglicherweise dann im Regionalverbund zu erarbeitende Lösungen möglich gemacht werden müßten. Dazu seien vielleicht auch Änderungen in der Kommunalverfassung erforderlich.

Römer stimmte dem zu. Anhand seines Abwasserverbund-Beispiels habe er versucht zum Ausdruck zu bringen, daß sie an den von *Sünner* dargelegten Problemen gescheitert seien. Es gebe andere ähnliche Beispiele. Das Beispiel Verkehrsentlastung hier, Verkehrsbelastung dort, was oft nicht die Frage einer einzelnen Gemeinde oder einzelnen Stadt sei, sondern, wie in ihrem Fall, die Frage der einen oder der anderen Stadt. Dort seien die Interessen oft so unterschiedlich, daß es sehr schwierig sei, zu einer vernünftigen Lösung zu kommen. Auch bei den anderen genannten Gegenständen brauchten sie Unterstützung im Sinne von „die Stange halten", von Technikunterstützung und von Unterstützung in kritischen Fragen, die die Bevölkerung kontrovers diskutiere. Dies sei oft eine von sehr eigenständigen lokalen und zeitlichen Gesichtspunkten geprägte Frage, wie ob es kurz vor oder nach der Wahl sei. Da brauchten sie mehr Kontinuität und mehr Abstimmung zwischen den einzelnen Gemeinden.

Fuchs fragte, ob *Römer* es sich nicht etwas zu einfach mache, wenn er die Verantwortlichkeit für bestimmte kommunale Entwicklungen dem örtlichen Bürgermeister oder einem Wahltermin, der irgendwie bevorstehe, zuweise. Man habe z. B. das interkommunale Abstimmungsgebot, das müsse man nicht alles neu erfinden, es sei schließlich da. Natürlich gebe es eine fragwürdige Ansiedlungspolitik der Gemeinden. Das könne man beklagen. Aber die Gemeinden konkurrierten mehr um Betriebe als um Einwohner. Insofern seien sie eingebunden in ein vorhandenes System. Auch bezüglich der dritten These aus *Römers* Thesenpapier frage er sich, ob man sich das so einfach machen könne und den Kommunen einfach zuschreiben solle, daß sie mehr dafür tun müßten, daß wir in Deutschland eine wirtschaftlich freundlichere Situation erleben. Hier seien doch wohl vor allem die Unternehmen selbst gefragt, etwas dafür zu tun, insbesondere indem sie Transparenz schafften. Ihm komme es ein bißchen so vor, als wolle man nur die eine Seite der Medaille betrachten. Zur Rückseite komme man dann später. Hinsichtlich der Diskussion um das Nachhaltigkeitsprinzip gebe er *Schröder* darum recht, daß hier noch etwas wissenschaftlich aufgearbeitet werden müsse. Allerdings komme das Nachhaltigkeitsprinzip, was es immer wieder zu betonen gelte, aus dem Forstwesen, das eine bewirtschaftbare Ressource sei. Es seien aber endliche Ressourcen zu betrachten, z. B. Öl oder Gas. Das gehe in der allgemeinen Diskussion häufig durcheinander. Da diese irgendwann verbraucht seien, müsse man sich vielleicht Gedanken machen, wie man zu einer „Bewirtschaftung" dieser Ressourcen komme, und nicht nur zu einer Schonung usw. Er bat *Römer,* dazu noch etwas zu sagen.

Römer meinte, er halte die Frage der Nachhaltigkeit für eine schwierige Frage, über die man lange diskutieren könne. Vielleicht habe er zu holzschnittartig formuliert. Natürlich könne man die Verantwortung nicht nur den Gemeinden und deren Vertretern – insbesondere den Bürgermeistern und den Vertretern der Verwaltung – geben. Er habe aber auch versucht klar zu machen, daß sie bei der BASF natürlich zu ihrer Verantwortung, einer Verantwortung im Dialog, stünden. Sie versuchten, ihre Gesichtspunkte und ihre Sichtweise in die Diskussion auf vielen Ebenen einzubringen. Sie führten ständig Diskussionen mit den Vertreten der Verwaltung, der Stadtparlamente bis hin zu den Ortsbeiräten, und sie versuchten in letzter Zeit auch über ein sog. Bürgerforum, unabhängig von den gewachsenen Strukturen in der örtlichen Selbstverwaltung, die Diskussion aufzunehmen, um ihre Argumente, ihre Situation und ihre Forderungen auch den Bürgern und den Gemeinden klarer und verständlicher zu machen. Sie setzten große Hoffnungen darin, weil natürlich alles nur funktioniere, wenn alle in den Prozeß mit einbezogen würden, und alle sich auch verstünden.

Podiumsdiskussion: Kommunale Umweltpolitik vor dem Hintergrund der Lokalen Agenda 21

Gesprächsleitung: Klaus Lange

Reinhard Hendler:

Meine Damen und Herren, wir setzen unsere Tagung mit der abschließenden Podiumsdiskussion fort. Ich begrüße Frau Dr. Zahrnt und die Teilnehmer der Podiumsdiskussion. Ich werde aber das Podium nicht weiter vorstellen, da ich mit Herrn Professor Lange vereinbart habe, daß die Vorstellung durch ihn vorgenommen wird. Insofern möchte ich das Wort gleich an den Leiter der Podiumsdiskussion, Herrn Professor Lange, übergeben.

Klaus Lange:

Meine Damen und Herren, es ist gut acht Jahre her, daß sich im Juni 1992 die 178 Teilnehmerstaaten der Konferenz der Vereinten Nationen über Umwelt und Entwicklung in Rio de Janeiro verständigten auf ein gemeinsames langfristiges Aktionsprogramm für das 21. Jahrhundert, die Agenda 21.

Ein Teil dieses Aktionsprogramms betrifft die Lokale Agenda 21. Im Zusammenhang des Aktionsprogramms für das 21. Jahrhundert wurde den Kommunen als Politik-, Planungs- und Verwaltungsebene, die den Bürgern am nächsten steht, eine entscheidende Rolle beigemessen. Die Vorstellung, die in der Agenda 21 zum Ausdruck kommt, ist die, daß auf der lokalen Ebene Konsultationsprozesse entstehen sollen, die einmünden in einen Konsens über Leitbild und Ziele einer Agenda 21 für das örtliche Gemeinwesen, also einer Lokalen Agenda 21, an der sich kommunale Strategien, Programme und Maßnahmen orientieren sollen.

Ziel der Agenda 21 ist eine nachhaltige und damit jedenfalls die Belange künftiger Generationen einbeziehende Entwicklung. Ein besonderes Anliegen der Agenda 21 ist es, Entscheidungsprozesse so umzugestalten, daß ökologische, ökonomische und soziale Aspekte nicht getrennt, sondern gemeinsam, integriert wahrgenommen werden. Ein weiteres Kennzeichen ist eine umfassende Öffent-

171

lichkeitsbeteiligung bei der Entwicklung der Agenden, hier der Lokalen Agenden 21, unter einer systematischen Einbeziehung von Nichtregierungsorganisationen und gesellschaftlichen Gruppen.

Nehmen wir das alles zusammen, dann sieht das fast so aus, als sei das Konzept der Lokalen Agenda 21 geradezu formuliert worden, um als Thema einer Podiumsdiskussion zum Abschluß dieser Tagung zu dienen – einer Tagung über Umweltschutz, Wirtschaft und kommunale Selbstverwaltung. Denn die Lokale Agenda 21 hat eben gerade das Ziel, diese Belange zusammenzuführen.

Es scheint, daß die Beschäftigung mit der Lokalen Agenda 21 in Deutschland – wie auch in anderen Staaten – langsam in Gang gekommen ist, aber inzwischen doch einen beachtlichen Stand erreicht hat. Um dem genius loci Referenz zu erweisen: Auch in Trier scheint sie nicht allzu früh in Gang gekommen zu sein, aber jetzt mit einer Vielzahl von Aktionen im laufenden und im vergangenen Jahr eine eindrucksvolle Dynamik gewonnen zu haben.

Ich freue mich sehr, eine Diskussion moderieren zu dürfen, die für eine sachkundige und, wie ich denke, von unterschiedlichen Erfahrungen und Standpunkten geprägte Erörterung des Themas der kommunalen Umweltpolitik vor dem Hintergrund der Lokalen Agenda 21 besonders qualifiziert ist.

Sie sehen von sich aus links Herrn Doll, den Vorsitzenden des Städtetages Baden-Württembergs und Oberbürgermeister von Bruchsal. Neben ihm sitzt Herr Prof. Dr. Henneke, Erster Beigeordneter des Deutschen Landkreistages. Frau Dr. Zahrnt, Vorsitzende des Bundes für Umwelt und Naturschutz Deutschland e. V., sehen Sie rechts von mir. Herr Dr. von Holleben, der Geschäftsführer des Verbandes der Chemischen Industrie, hat sich entschuldigen müssen. Zu unserer Freude ist Herr Dr. Rebentisch bereit gewesen, an seiner Stelle zu kommen. Er wird diese Lücke als exzellenter Sachkenner mit Sicherheit vorzüglich ausfüllen können. Herr Dr. Rebentisch ist Justitiar der Vereinigung der Deutschen Elektrizitätswerke e. V. Ich freue mich sehr, daß er aus der Sicht der Wirtschaft zu dem Thema Stellung nehmen wird.

Ich schlage folgende Verfahrensweise vor: Zunächst haben die Teilnehmer des Podiums Gelegenheit, ein Statement abzugeben, das sicherlich nicht länger als 10 Minuten jeweils dauern sollte. Danach weiten wir die Diskussion aus und diskutieren im Plenum insgesamt, um am Ende hier aufs Podium zurückzukehren. Mein Vorschlag wäre, daß Herr Doll beginnt, weil er dem örtlichen kommunalen Bereich am engsten und intensivsten verhaftet ist. Dann würde ich gerne Frau Dr. Zahrnt bitten. Damit haben wir die beiden Aspekte der Umweltpolitik und der kommunalen Rahmenbedingungen schon zunächst erfaßt. Dann würde ich es sehr begrüßen, wenn Herr Prof. Dr. Henneke wiederum aus dem kommunalen

Bereich, vermutlich etwas mehr aus der Sicht der Landkreise, Stellung nehmen würde und wenn Herr Dr. Rebentisch sich anschließen würde mit Äußerungen, die am ehesten die Perspektive der Wirtschaft betreffen würden.

Bernd Doll:

Herr Professor Lange, meine sehr geehrten Damen und Herren, wenn Sie eben anführten, daß die Lokale Agenda recht zögerlich zugange ist, dann haben Sie zweifellos recht, was die Zeitspanne zwischen Rio 1992 und Trier 2000 betrifft. In Baden-Württemberg, wo ich herkomme, haben wir glücklicherweise Gegenteiliges zu berichten. Inzwischen haben über 100 Städte in Baden-Württemberg den Gedanken aufgenommen und veranstalten die Lokale Agenda, initiiert durch unsere Landesregierung, aber auch durch unseren Städtetag.

Ich bin dankbar, daß Sie gleich darauf hingewiesen haben, daß die Lokale Agenda nicht nur die ökologische Seite der Medaille betrachtet, sondern daß wir in verstärktem Maße auch soziale und ökonomische Belange zu beachten haben. Dies hat sich auch bei der Konstituierung der Lokalen Agenden in unseren Städten gezeigt. Die Bürger haben sich glücklicherweise engagiert – was wir ja wollen und ausdrücklich betreiben – ich erinnere an die derzeitige aktuelle Diskussion über Bürgerentscheide oder Volksentscheide in Deutschland. Die Diskussion hat sich auf verschiedene Themen hin bewegt und es geht im Prinzip darum, insgesamt ein Stadtleitbild zu schaffen in den drei genannten Bereichen. Der Umweltaspekt verdient dabei eine besondere Aufmerksamkeit und deswegen sind wir auch so daran gegangen, daß wir den Bürgern freigegeben haben, in welchem Bereich sie sich beteiligen wollen. Die Umweltpolitik ist in starkem Maße angenommen worden, weil sich die Menschen glücklicherweise für diese Themen in den letzten Jahren am meisten interessieren. Sie wissen, da geht's nun einmal an die Grundlagen unseres Lebens und deswegen ist die Begeisterung, dabei zu sein, sehr groß gewesen und auch noch sehr groß. Die Sache läuft zum Beispiel in meiner Stadt seit einem Dreivierteljahr und ich möchte Ihnen einfach einmal beschreiben, wie so etwas abläuft, damit Sie ein Verständnis dafür bekommen, was da im einzelnen vor sich geht.

Wir haben zunächst im November des letzten Jahres ein Plenum einberufen und ich war als Oberbürgermeister unserer Stadt sehr überrascht, daß sich über 200 Bürger gemeldet haben, die nicht nur bereit waren, am Eröffnungsabend am Plenum teilzunehmen, sondern sich dann auch eingetragen haben zur Mitwirkung, zur Debatte, aber auch um Hand anzulegen an verschiedenen Projekten in verschiedenen Arbeitskreisen und Arbeitsgruppen. Was den Bereich der Umwelt betrifft, darauf möchte ich es etwas spezifizieren, um beim Thema zu bleiben, haben wir vor allen Dingen zwei Arbeitskreise gebildet, nämlich das Thema „Energie und Umwelt" und im Bereich der nachhaltigen Stadtentwicklung das Thema „Stadtentwicklung und Mobilität". Wir veranstalten diese so, daß die Arbeitskreise, etwas unterstützt durch die Stadtverwaltung, aber auch durch die Wissenschaft, diese Themen diskutieren, daß von dort her Agenden gezeichnet werden, wie was möglicherweise umzusetzen ist. Da wird es kurzfristige, mittelfristige und langfristige Maßnahmen geben und das Ganze wird jetzt im Oktober in einem Lenkungsausschuß behandelt. Dieser Lenkungsausschuß ist disziplinübergreifend und in diesem Lenkungsausschuß wird auch der Rat der Stadt mit den Fraktionen vertreten sein, damit diese Dinge – und dies möchte ich durchaus einflechten – nicht an der Sache, an der Machbarkeit überhaupt vorbeigehen. Es können viele theoretische Überlegungen getroffen werden. In der Stadtpolitik holt einen das immer wieder sehr schnell ein, wenn man weiß: Jetzt gilt es, etwas umzusetzen und jetzt muß etwas machbar sein. Dann bleibt sehr schnell einiges auf der Strecke, was eben nicht durchsetzbar ist. Dieser Lenkungsausschuß wird diese Dinge also bezüglich des Möglichen ein Stück weit sieben, bevor das ganze Bild dem Gemeinderat der Stadt vorgetragen wird, und der Gemeinderat diese Themen dann eben aufnimmt und diese Themen dann je nach Dringlichkeit umgesetzt werden.

Ich möchte Ihnen noch ein paar Beispiele geben und will versuchen, mit fünf Minuten fertig zu werden. Im Bereich „Energie und Umwelt" spielt das ganze Spektrum von Luft, Wasser und Boden eine Rolle: die Frage, wie sehen diesbezüglich künftige Bebauungspläne aus – also das Thema Niedrigenergiehäuser, Solareinrichtungen, die Ausrichtung der Bebauung, die Hauswassertechnik, inwieweit kann man Regenwasser wiederverwenden? Das Thema Geothermik spielt eine Rolle, überhaupt das Thema einer intelligenten Energienutzung – seit das Thema der Energieverteuerung auf der Tagesordnung steht – natürlich viel mehr. Natürlich verdienen auch der Naturschutz und der Landschaftsschutz große Bedeutung: die Frage, inwieweit man Flächen, inwieweit man Naturdenkmale, inwieweit man Grünstreifen, Grünzässuren und Ausgleichsmaßnahmen ausweisen kann? Das spielt alles in diesen Arbeitskreisen und Arbeitsgruppen eine Rolle, und es werden dann sehr schnell auch konkrete Vorschläge gemacht.

Im Bereich „Stadtentwicklung und Mobilität" spielen natürlich noch einmal das Thema der Verdichtung in den Städten eine Rolle und das Thema der Brachenöffnung, also die Frage, wie ich Brachen wieder der Bebauung zuführe. Ich habe gerade dieser Tage gelesen, daß wir seit 1879, als es bei uns am Oberrheingraben eine Auflistung gegeben hat, unsere Flächen zehnfach versiegelt haben. Seit dieser Zeit sind wir zehn Mal verstärkt mit unserem Gelände, mit unserem Grund und Boden umgegangen, und deswegen muß eine Verdichtung stattfinden, also:

wie bringe ich Bebauungspläne in der Innenstadt voran, bevor ich auf die grüne Wiese gehe? Wie finde ich Ausgleichsmaßnahmen nach dem Bundesnaturschutzgesetz? All dies wird diskutiert.

Im Bereich des Verkehrs geht es um die drängende Frage: Wie werden die Städte überhaupt noch mit ihren Verkehrsfragen fertig? Wie verbessere ich den ÖPNV? Wie verstärke ich Radfahrer- und Fußgängerverkehr – etwa durch Einführung verschiedener Medien? Wir haben gerade in meiner Stadt am vergangenen Samstag ein neues Stadtbus-System eingeführt, ein Rendezvous-System, bei dem alle Busse sich an einem Punkt treffen und dann achsenweise in die Stadt ausfahren und zu einem bestimmten Zeitpunkt sicher nach dem Fahrplan wieder am selben Punkt landen, damit die Leute umsteigen können. Ich denke, das sind alles Maßnahmen, und das wird in diesem Bereich alles diskutiert. Dies kann natürlich nur Zug um Zug umgesetzt werden, natürlich ausgehend von den finanziellen Möglichkeiten, die wir im kommunalen Bereich haben, ohne die natürlich gar nichts geht.

Also, das ist der Stand der Dinge im Moment. Wir sind sehr zuversichtlich. Ich bin sehr glücklich über die Beteiligung, möchte Ihnen aber auch sagen, daß das ganze Thema ein Stück weit konkurriert mit der repräsentativen Demokratie. Ich habe aufgrund der Publikationen der Arbeitskreise festgestellt, daß verschiedene Stadträte in meinem Rat natürlich etwas unwirsch auf diese Aktionen reagiert haben, weil sie meinen, daß sie die gewählten Vertreter der Bürgerschaft sind, aufgestellt von den Parteien- und Wählervereinigungen und jetzt plötzlich sozusagen ein „Nebengemeinderat" tätig wird, der die öffentlich relevanten Themen in diesem Bereich aufgreift. Dann muß man als Vorsitzender des Rates und Oberbürgermeister ein Stück weit Friedensvermittler sein, damit die Dinge nicht ausufern.

Also das ist der Stand der Dinge. Im Ganzen bin ich am meisten begeistert über die Beteiligung der Bürgerschaft. Denn wir wissen alle, daß wir für solche Themen heute sehr werben müssen und ich sehe, daß die Bürger doch bereit sind, nicht nur auf ihre eigenen Dinge zu achten, sondern auf das Wohl der Allgemeinheit. Das stimmt mich sehr zuversichtlich. Vielen Dank.

Klaus Lange:

Vielen Dank, Herr Doll, für diese anschauliche Darstellung des Lokalen Agenda-Prozesses in Ihrer Stadt.

Ich wäre sehr froh, wenn Frau Dr. Zahrnt jetzt etwas aus ihrer Sicht berichten würde, wobei sich die Frage natürlich aufdrängt, ob kommunale Umweltpolitik eigentlich ernsthaft profitiert von dem Agenda-Prozeß oder ob die Gemeinden nicht letztlich doch das machen, was sie ohnehin täten, und wie es aussieht mit der Integration wirtschaftlicher Belange, die gelegentlich auch als Gefahr für die Umweltpolitik gesehen worden ist.

Angelika Zahrnt:

Ich würde ganz gerne kurz, um Ihnen zu erläutern, aus welcher Sicht ich hier eine Position darstelle, den BUND vorstellen, der inzwischen 360 000 Mitglieder und Förderer hat. Was in diesem Themenzusammenhang besonders wichtig ist, der BUND ist ein föderal aufgebauter Verband, mit einem Bundesverband an der Spitze, dessen Vorsitzende ich bin, und dann Untergliederungen auf Landesebene, Regionalebene, Kreisebene bis eben zur Ortsebene, und wir haben ungefähr 2000 Ortsgruppen. Für die ist natürlich Lokale Agenda ein wichtiges Thema.

Vielleicht eine Korrektur noch zu der Ankündigung in Ihrem Programm. Da steht noch als Sitz des BUND Bonn. Inzwischen sind wir nach Berlin umgezogen, was auch heißt, daß wir als Bundesverband unseren Ort in Berlin und bei der Beeinflussung der Bundespolitik sehen. Auf der anderen Seite ist es auch Aufgabe eines Bundesverbandes, sich mit den Themen zu beschäftigen, die durchgängig auf allen Ebenen von den Gruppen aufgegriffen werden, und da spielt die Agenda 21 eine große Rolle.

Wir als Bundesverband haben nach der Konferenz in Rio 1992 zu Umwelt und Entwicklung gefragt: Was heißt Nachhaltigkeit denn nun für die Bundesrepublik konkret? Die Lokale Agenda als dickes Buch war zwar da, aber es blieb die Frage: Wie setzt sich das um in die Umweltpolitik der Bundesregierung auf der lokalen Ebene? Deswegen haben wir uns als Umweltverband mit einem Entwicklungshilfeverband, nämlich Misereor, der katholischen Entwicklungshilfeorganisation, zusammengetan und haben beim Wuppertal-Institut eine Studie in Auftrag gegeben, die heißt „Zukunftsfähiges Deutschland". Sie versucht, was in dieser Agenda 21 formuliert worden ist, umzusetzen auf die Bundesrepublik. Diese Studie hat zwei wesentliche Teile: Zum einen zeigt sie auf, wie weit wir in einem hochindustrialisierten Land wie der Bundesrepublik unseren Verbrauch an Rohstoffen, an Energien, an Fläche reduzieren müssen und zum anderen, welche Leitbilder es in einem nachhaltigen zukunftsfähigen Deutschland geben könnte in verschiedenen Themenfeldern und für verschiedene Akteure. Die Studie hatte einen relativ großen Erfolg, da sie der erste Versuch war, Nachhaltigkeit konkret zu fassen. Es gab dann zwei Jahre später eine Studie des Umweltbundesamtes, die im wesentlichen unsere Ergebnisse bestätigt hat.

Wir haben uns zur Aufgabe gemacht, nicht nur eine solche Studie auf den Weg zu bringen, sondern auch ihren Weg in die Öffentlichkeit zu begleiten und konnten dies auch dank einer Förderung der Deutschen Bundesstiftung Umwelt. Wir haben die Studie in vielen Veranstaltungen in allen Bundesländern vorgestellt, was dann dazu geführt hat, daß wir immerhin 100 000 Exemplare der Kurzfassung verkaufen konnten und das Buch mit 50 000 Exemplaren eine relativ gute Verbreitung gefunden hat. Der Bezug zur Lokalen Agenda ist der, daß bei diesen über 1 000 Veranstaltungen, die in den Jahren 1996/1997 gewesen sind, Werbung für Agenda-Prozesse gemacht wurde: Das, was ausformuliert war für die Bundesrepublik, sozusagen als Hintergrundfolie zu nehmen für die lokale Ebene. Von daher sind von den Vorstellungsrunden dieser Studie oft auch Initiativen ausgegangen zur Gründung Lokaler Agenda-Initiativen. Der Prozeß der Lokalen Agenda in der Bundesrepublik ist eher schleppend angelaufen, da sowohl vom Bundesumweltministerium wie auch von Länderseite zunächst kaum Initiative und auch keine finanzielle Unterstützung kam. Das war in skandinavischen Ländern anders, das war in Großbritannien anders. Von daher war es dort sehr viel früher mit dem Start und sehr viel dynamischer losgegangen. Deutschland hat jetzt deutlich aufgeholt.

Wir haben in unserem Verband selbst auch dazu aufgefordert, initiativ zu werden, zu versuchen, Agenda-Gruppen zu bilden, Anträge zu machen, bei den Kommunen derartige Prozesse zu initiieren. Interessant ist, daß bei einem Umweltverband es durchaus umstritten war, ob man sich an solchen Prozessen beteiligen sollte, bei denen die verschiedenen Themenbereiche zusammenkommen sollen: Umwelt, Ökonomie und Soziales. Ob uns das nicht zu weit wegführt von unserem originären Thema „Umwelt und Naturschutz"? Als BUND ist es uns nicht so schwer gefallen, diese Brücke zu schlagen und auch im Verband dafür eine Zustimmung zu bekommen, weil wir uns schon sehr frühzeitig nicht als reiner Naturschutzverband verstanden haben, weil wir gerade den Bereich der Ökonomie mit den Themenfeldern Ökologische Steuerreform und frühzeitig das Thema Nachhaltigkeit im Verband diskutiert hatten mit der Studie „Zukunftsfähiges Deutschland", so daß eine Bereitschaft vorhanden war, sich auf diese Grenzüberschreitungen auch einzulassen.

Natürlich gibt es auch immer noch die Diskussion, ob in solchen Prozessen, bei denen man ja dann mit der Wirtschaft zusammensitzt (die viele von uns, zumindest vor 15 Jahren, noch als traditionelles Feindbild hatten), ob das denn nicht zu Kompromissen nötigen würde, die man eigentlich besser nicht eingehen würde? Ob dadurch die klare ökologische Linie nicht verschwimmen würde? Und ob es nicht zu viele Kräfte bindet, in diesen ganzen neuen Gruppierungen mitzuarbeiten? Ob es nicht sehr viel sinnvoller ist, sich um seine Bachrenaturierung zu kümmern anstatt sich nun mit so vielen anderen Themenfeldern auch noch zu befassen? Diese Diskussion gibt es immer wieder vor Ort. Die Erfolgsbedingungen von Agenda-Prozessen sind ja auch sehr unterschiedlich. Aber insgesamt kann man sagen, daß wir diesen Prozeß positiv sehen und uns auch in unterschiedlichem Ausmaß, aber doch mit sehr vielen Gruppen daran beteiligen.

Vielleicht noch eins zu meiner Sichtweise: Ich war auch vier Jahre im Kommunalparlament, so daß ich auch die andere Sicht etwas kenne und dieses doch etwas brisante Konkurrenzverhältnis mit repräsentativer Demokratie.

Mein Fazit ist, daß die Agenda 21-Prozesse sehr vielfältig, sehr unterschiedlich gelaufen sind in der Bundesrepublik. Nicht zuletzt auch deshalb, weil es eben keine offizielle Unterstützung gegeben hat, die das alles ein bißchen vorstrukturiert hätte, sondern jede Kommune hat eine Zeit lang für sich experimentiert. Die Bundesländer haben fast alle ihren eigenen Leitfaden herausgegeben, wie solche Agenda-Prozesse laufen könnten. Von daher ist es eine sehr vielfältige Agenda 21-Prozeßlandschaft. Es gibt eine aktuelle Studie von der Münchener Projektgruppe für Sozialforschung, die diese Vielfalt durchaus als etwas Positives charakterisiert. Die Agenda-Prozesse sind unterschiedlich erfolgreich gewesen. Die Bedingungen in den Kommunen sind unterschiedlich gewesen, aber vielleicht können wir nachher noch auf ein paar Erfolgsfaktoren positiver Agenda-Prozesse eingehen.

Ich denke insgesamt, daß diese Prozesse uns auf dem Weg zur Nachhaltigkeit vorangebracht haben. Sie haben die kommunale Umweltpolitik belebt. Das, finde ich, ist eindeutig festzustellen. Sie haben dazu beigetragen, daß sich kommunale Umweltpolitik durch die Verbindung mit anderen Themenfeldern weiterentwickelt hat, und sie haben dazu geführt, daß die Verwaltung und die parlamentarischen Organe sich anders mit dem Thema „Bürgerbeteilung, Öffentlichkeit" auseinandersetzen mußten.

Es ist nicht neu, daß sich Bürger einmischen, und die Bürgerinitiativbewegung war ja vor 25 Jahren schon stark. Aber das waren vom Ansatz her etwas andere Initiativen, die sich zumeist ein Thema vorgenommen haben und das auch oftmals als Abwehr: Abwehr einer Umgehungsstraße, einer Müllverbrennungsanlage. Im Umgang mit dieser Initiative konnten die Parlamentarier oftmals relativ bequem sagen, das ist St. Florian. Außerdem ging es um ein begrenztes Thema. Wenn das erledigt war und z.B. das Planfeststellungsverfahren abgeschlossen war, dann konnte man sicher sein, daß man wieder – wie gewohnt – ohne unbequeme Bürger weitermachen kann.

Bei den Agenda 21-Prozessen haben diese Initiativen einen ganz anderen Charakter. Es handelt sich um eine Vielfalt von Themen. Diejenigen, die dort engagiert sind, sind definitiv uneigennützig, denn es geht nicht um irgendein konkretes Projekt. Diese Initiativen sind auf eine lange Perspektive angelegt, so daß man sich ernsthaft damit auseinandersetzen muß. Mein Eindruck ist, daß gerade dort die Lokalen Agenda-Prozesse erfolgreich gewesen sind, wo sich sowohl die Verwaltungen – und hier spielen gerade Bürgermeister und Bürgermeisterinnen, also die Spitze der Verwaltung, eine wichtige Rolle – und Kommunalparlamente auf diesen Weg mitbegeben haben, diese Agenda-Prozesse aktiv unterstützt haben, sowohl durch eine gewisse finanzielle Ausstattung wie auch durch eine Unterstützung von neuen Beteiligungsverfahren wie Zukunftswerkstätten, wie Mediationsprozessen oder auch nur durch die Zurverfügungstellung von professioneller Moderation.

Ich glaube, hier gibt es ein belebendes Element im kommunalparlamentarischen Raum, und ich glaube auch, daß unsere Kommunalparlamente und die Verwaltung das ganz gut gebrauchen können.

Klaus Lange:

Vielen Dank, Frau Dr. Zahrnt. Dann würde ich gerne Herrn Professor Henneke bitten.

Ich habe so ein bißchen den Eindruck gehabt, daß die Landkreise sich aus der Frage der Lokalen Agenda 21 lange Zeit etwas herausgehalten haben und sie primär als ein Problem der Gemeinden angesehen haben. Ich weiß nicht, ob diese Sicht heute zutrifft. Aber ich bin sicher, daß Herr Henneke mit Problemen der lokalen gemeindlichen Selbstverwaltung so verbunden ist, daß er auch dazu unmittelbar einiges wird sagen können – auch zu dem Aspekt, welche Chancen echte Bürgerbeteiligung in so auf Dauer angelegten Prozessen hat. Welche Chancen sie hat, nicht auf wenige Personen, die dann vielleicht nach begrenzter Zeit mehr oder minder frustriert aufgeben, beschränkt zu sein. Das ist sicherlich ein Problem, mit dem die Lokale Agenda 21 zu kämpfen haben wird.

Hans-Günter Henneke:

Herr Lange, für die Eingangsfrage möchte ich mich sehr herzlich bedanken, aber hier gerne von einer Detailschilderung absehen. Statt dessen möchte ich auf die von mir hier mitgeführte Zeitschrift „Der Landkreis", Heft 6/1999, S. 279-311, verweisen. In dieser Ausgabe der Zeitschrift werden ungefähr 15 Einzelbeispiele von Agenda-Prozessen auf Kreisebene geschildert. Man sieht also: Auch auf Kreisebene sind die Agenda-Prozesse lebendig. Überdies darf ich auf ein soeben erschienenes, sehr interessantes Buch aus Bayern verweisen, wo einzelne Agenda-Prozesse geschildert werden. Der von Glück und Magel herausgegebene Band: „Neue Wege in der Kommunalpolitik" behandelt auf den S. 131-153 den Agenda-Prozeß auf der Kreisebene mit der Schilderung einzelner Prozesse.

Daher darf ich, glaube ich, mit Fug und Recht behaupten, daß Agenda-Prozesse auch auf Kreisebene erfolgreich ins Werk gesetzt worden sind.

Dabei möchte ich es aber nicht bewenden lassen. Ich würde gerne die mir einge- räumte Zeit dafür nutzen, zu fragen, warum und in welcher Weise die Wirkungs- bedingungen für Agenda-Prozesse auf der Kreisebene anders als auf der Ge- meindeebene sind. Weiter möchte ich fragen, was Erfolgsbedingungen und Vo- raussetzungen für Agenda-Prozesse sind. Karikierend möchte ich sagen, daß es sich damit ebenso verhält, wie mit der Beteiligung an dieser Tagung: Die Nach- haltigkeit der Mitwirkung der Beteiligten hier im Raume läßt nach großartigem Beginn mit zunehmender Dauer der Veranstaltung ein wenig zu wünschen übrig. So ähnlich ist dies auch mit der Beteiligung an Initiativen auf lokaler und kreis- licher Ebene. Damit muß man leben; das muß man einfach unterstellen. Von da- her sind die gewachsenen Formen der Entscheidungsfindung im repräsentativen System mit ihrer Legitimation gar nicht so unweise.

Diesen Aspekt will ich mit einem Gedanken gerne vertiefen und dabei auf einige Fragen eingehen, die hier innerhalb der Veranstaltung seit Sonntag bisher eine Rolle gespielt haben: Wenn ich mich richtig erinnere, ist im Rahmen dieser Ta- gung das Wort „Landkreise" bisher noch gar nicht gefallen, obwohl wir uns mit zentralen Zuständigkeiten der Kreisebene befaßt haben. So haben wir zum Bei- spiel das Abfallthema am Beispiel kreisfreier Städte erörtert. Für die kreisfreien Städte waren die Betrachtungen sicherlich zutreffend. Dennoch muß man beden- ken, daß 96 % der Fläche der Bundesrepublik Deutschland dem kreisangehöri- gen Raum angehören, in dem mehr als zwei Drittel der in der Bundesrepublik Deutschland lebenden Menschen wohnen. Betrachtet man den kreisangehörigen Bereich, dann ist die Abfallwirtschaft aber nicht eine Aufgabe der Gemeinde- ebene, sondern eine Aufgabe der Kreisebene. Dies gilt für den Naturschutz ge- nauso wie für viele andere umweltrelevante Aufgaben auch.

Nehmen wir den kreisangehörigen Raum in den Blick, würde dies, was die ver- fassungsrechtlichen Parameter angeht, sofort zu einem Wechsel der verfassungs- rechtlichen Schutzgarantie kommunaler Selbstverwaltung führen. Die Rastede- Entscheidung des BVerfG, die zur Abfallwirtschaft erging, hat dies sehr deutlich gemacht. Wir wären dann nämlich nicht mehr im Bereich des Art. 28 Abs. 2 S. 1 GG mit der dort niedergelegten Aufgabenallzuständigkeitsvermutung der Ge- meinden, von der wir gestern ausschließlich gesprochen haben, sondern im Be- reich des Art. 28 Abs. 2 S. 2 GG. Dies führt dann zu einer deutlich veränderten Problemsicht, die bei den rechtlichen Betrachtungen leider oft auf der Strecke bleibt.

Es gibt aber nicht nur verfassungsrechtliche Unterschiede hinsichtlich der Schutzgarantie kommunaler Selbstverwaltung, sondern auch große tatsächliche Unterschiede. Für die faktische Organisation von Bürgerbeteiligungsprozessen spielt es eine große Rolle, daß Kreise, anders als Gemeinden, sehr groß und flächenhaft sind. Vor einigen Jahren habe ich formuliert: „Deutschland ist durch die Wiedervereinigung nicht nur größer, sondern auch ländlicher geworden." Damit habe ich gemeint, daß die durchschnittliche Bevölkerungsdichte je km² der einzelnen Landkreise in Ostdeutschland sehr viel geringer als in Westdeutschland ist. Wir haben es mit sehr viel dünner besiedelten Räumen in Ostdeutschland als im bisherigen Bundesgebiet zu tun. Die Organisation bestimmter Erörterungsprozesse in einem Gebiet von 1.000 km² als durchschnittlicher Kreisgröße in Westdeutschland und von über 2.000 bis nahezu 3.000 km², also z.T. einer größeren Fläche als dem Saarland, in einzelnen Gebieten Mecklenburg-Vorpommerns, Brandenburgs und Sachsen-Anhalts, ist rein tatsächlich wirklich nicht einfach.

Ich weiß insoweit, wovon ich spreche, da ich aus einer Kreisverwaltung, nämlich dem Landkreis Diepholz, stamme, die mehr als 2.000 km² Fläche umfaßt. In diesem wohnen 200.000 mehr oder minder engagierte Menschen. Diesen Menschen deutlich zu machen, daß die Probleme der Nachbargemeinde und auch die Probleme von 50 bis 60 km entfernt liegenden Gemeinden ebenfalls bedeutsam und lösungsbedürftig sind, war und ist nach meiner Erfahrung außerordentlich schwierig. Insofern muß man für die Kreisebene ganz deutlich sagen, daß für die Organisation nicht formierter Erörterungs- und Entscheidungsprozesse die Fläche ein ganz großes Problem darstellt. Das heißt also zum Beispiel für die Bildung von Arbeitsgruppen und Foren, die sich in den städtischen und gemeindlichen Bereichen geradezu anbietet und aufdrängt, daß dafür die Voraussetzungen im gemeindlichen Bereich anders und günstiger als auf Kreisebene sind. Die Mitwirkungsbarrieren auf der Kreisebene sind durch die Flächenhaftigkeit der Kreise und durch die abnehmende unmittelbare persönliche Betroffenheit der einzelnen Einwohner größer. Dadurch gewinnt auch das Zufallsprinzip hinsichtlich der Rekrutierung der Mitwirkungsbereiten eine größere Bedeutung. Außerdem wird die Dauerhaftigkeit der Mitwirkung angesichts der äußeren Rahmenbedingungen in kreislichen Bereichen auf eine weitaus größere Probe gestellt als im gemeindlichen Bereich. Was bedeutet das konkret?

Wenn wir nicht den stabilisierenden Faktor der repräsentativen Demokratie auf Kreisebene hätten, könnten wir wirklich nur zu Zufallsergebnissen und Zufallsentwicklungen, die nicht vorhersehbar sind, gelangen. Insofern kann es hinsichtlich der Frage der Organisation von Prozessen auf der Kreisebene m.E. nur darum gehen, Foren für die Entscheidungsvorbereitung im Sinne einer Entscheidungsunterstützung zu liefern. Es darf aber nicht zu einer Entscheidungsersetzung anstelle der gewählten Repräsentativorgane kommen. Das ist mir ein ganz wichtiger Gesichtspunkt.

Wir haben heute morgen gelernt, daß wir zwar einer gewissen Rationalität das Wort reden sollen, es aber bei der „Nachhaltigkeit" auch auf Emotionalität ankomme. Das ist unter dem Gesichtspunkt ganz sicherlich richtig, daß damit die Mitwirkungsbereitschaft erst einmal gefördert wird. Dennoch muß man ganz deutlich sagen, daß es im Ergebnis natürlich um Rationalität, um die Richtigkeit von Entscheidungsergebnissen geht. Und insofern möchte ich noch ganz schlaglichthaft auf einige Gesichtspunkte eingehen, die in der Veranstaltung im übrigen eine Rolle gespielt haben.

Wenn wir verantwortlich handeln, müssen wir Diskussions-, Erörterungs- und Beteiligungsprozesse im Kern dort initiieren, wo wir originäre kommunale Entscheidungszuständigkeiten haben. Diskussionsprozesse im luftleeren Raum führen uns demgegenüber zu Frustrationserlebnissen, weil sie nicht zu Entscheidungsumsetzungen führen können. Das heißt, daß im Kern eine Kongruenz von Befassungs- und Entscheidungszuständigkeit eines kommunalen Gremiums anzustreben ist. Dabei geht es mir nicht darum, Drittinitiativen auszugrenzen. Aber man muß hier mit sehr viel Augenmaß vorgehen.

Für den kreisangehörigen Bereich scheint es mir darüber hinaus wichtig zu sein, zu einer Vernetzung nicht nur innerhalb der Kreiszuständigkeiten im Sinne einer ganzheitlichen Entwicklung zu kommen, sondern die Chance zu nutzen, das Zusammenwirken der zuständigen Behörden innerhalb des kreisangehörigen Raumes, also sowohl der Gemeinden wie des Kreises, zusammenzufassen und hier zu einer gemeinsamen Entwicklung zu kommen. Insofern gibt es sehr interessante Ansätze in einzelnen Regionen der Bundesrepublik, wo mehrere Gemeinden gemeinsam übergreifend versuchen, sich in solche Prozesse einzuklinken.

Des weiteren sollten wir darauf achten, genau darauf zu schauen, welche Instrumente des Handelns wir denn in concreto zur Verfügung haben. Das heißt, daß es uns nichts nutzt, einen emotional getragenen Prozeß auf breiter Basis zu initiieren, um damit allein die Bewußtmachungsfunktion zu verstärken. Wir müssen die Prozesse in bestehende Entscheidungsstrukturen einbinden. Dabei muß stets bedacht werden, daß Verwaltung das Kleinarbeiten komplexer Fragestellungen ist. Darum geht es also!

Wir müssen im einzelnen die großen Fragen, die wir diskutiert haben, herunterbrechen auf kronkret zu erlassende Bescheide des Ordnungsrechts, des Gebührenrechts usw. Es geht also im wesentlichen um das Treffen von Einzelfallentscheidungen. Gut und richtig ist es, hier durch frühzeitige Beteiligung den Erörterungshintergrund zu erweitern, Transparenz zu schaffen. Dennoch müssen wir uns stets bewußt machen, daß sich die Tätigkeiten der Kommunen, insbesondere der Kreise, im wesentlichen auf der Grundlage des Vorbehalts des Gesetzes vollziehen. Das heißt also, daß der Wille zur guten Tat oder – wie es Herr Papier gestern formuliert hat: Die Frage umweltpolitischer Alleingänge – durch die Geltung des Vorbehalts des Gesetzes ganz außerordentlich eingeschränkt ist. Insofern erscheint mir dieser Gesichtspunkt doch ein sehr wesentlicher zu sein, so daß stets frühzeitig die Frage behandelt werden sollte, welche verwaltungsrechtlichen Instrumentarien uns in concreto zur Verfügung stehen.

Heute morgen hat Herr Römer insoweit ein großes Loblied auf den öffentlich-rechtlichen Vertrag gesungen und dabei u. a. gesagt, daß es sich dabei um ein Instrumentarium handelt, mit dem man von starren allgemeingültigen Regelungen abweichen kann. Nun gut, aber auch dies gilt nur innerhalb der gesetzlichen Vorgaben. Insofern war aus meiner Sicht die Erwartungshaltung von Herrn Römer an das Instrumentarium öffentlich-rechtlicher Verträge etwas überhöht. Auch das Plädoyer für das Informelle, was die Prozeßhaftigkeit der Diskussion hier ganz richtig beschreibt, ist bei der Umsetzung von Entscheidungen nach außen ein Aspekt, der uns allein nicht hilft. Insofern kann man das Plädoyer für das Informelle auf das Entscheidungsvorfeld unter den Gesichtspunkten Bewußtmachung, Beratung und Kooperationsprinzip durchaus nachdrücklich begrüßen. Was die Umsetzung in Verwaltungsentscheidungen angeht, muß aber vor Übererwartungen gewarnt werden.

Erlauben Sie mir noch einen kurzen Gedanken zu dem von Frau Zahrnt angesprochenen Aspekt, daß es keine finanzielle Unterstützung offizieller Art für einzelne sich beteiligende Gruppen gibt. Offen gesagt bin ich darüber ganz froh! Jedenfalls auf der Kreisebene kann man sich das finanziell regelmäßig gar nicht leisten. Überdies muß man sagen: Wenn wir nicht dauerhaft zu einer Konsolidierung der finanziellen Voraussetzungen für die kommunale Selbstverwaltung im gemeindlichen wie im kreislichen Bereich kommen, dann hält das vernünftige und gute Produzieren von Ideen dem Umsetzungstest nicht Stand, einfach weil die materiellen Umsetzungsvoraussetzungen fehlen.

Ein letzter Gedanke: Herr Battis hat gestern die These aufgestellt: Die Steuergestaltungspolitik sei die offene Flanke kommunaler Umweltpolitik. Auch das ist zweifellos ein wichtiger Gesichtspunkt, ob und wie wir über Instrumentarien der Abgabenerhebung versuchen, die Umwelt im gemeindlichen und im kreislichen Bereich zu gestalten. Insoweit besteht in 14 Tagen auf dem 63. Deutschen Juristentag in Leipzig die Gelegenheit, das Loblied auf die ökologische Lenkungsfunktion von Abgaben zu singen. Ich weise aber bereits heute darauf hin, daß die

Zusammensetzung eines Forums die Ergebnisse regelmäßig weitgehend bestimmt. Die auf dem Juristentag vorherrschende Auffassung dürfte sein, mit dem Abgabenrecht fiskalische Zwecke, nicht aber vorrangig Lenkungszwecke zu verfolgen. Insofern will ich es gerne wagen, daß Plädoyer von Herrn Battis: „Steuerrecht als offene Flanke kommunaler Umweltpolitik" in die Diskussion des 63. Deutschen Juristentages in Leipzig in zwei Wochen hineinzutragen.

Klaus Lange:

Vielen Dank, Herr Henneke.

Herr Rebentisch, es ist natürlich zu plakativ, wenn ich vorhin gesagt habe, sie würden nun aus der Sicht der Wirtschaft gefragt sein. Umweltpolitik und Umweltrecht sind Ihnen ja auch sonst nicht ungeläufig. Aber das ist wirklich – so glaube ich – einer der schwierigsten Punkte: die Integration von Ökologie und Ökonomie, von der man vieles erhofft, aber bei der sich die Frage stellt: Wie sehr kann sie gelingen?

Nun sitzen Sie und Frau Zahrnt schon nebeneinander. Die Frage ist jetzt: Wie sind die Möglichkeiten im Rahmen der Lokalen Agenda 21 aus Ihrer Sicht, Umweltpolitik und Umweltbelange mit ökonomischen Belangen zusammenzubringen und insgesamt ein positiveres Ergebnis zu erzielen, als bisher möglich war?

Manfred Rebentisch:

Vielen Dank, Herr Vorsitzender. Bekanntlich beißen ja den Letzten die Hunde. Er ist dann in der Situation, daß alles schon gesagt ist, aber noch nicht von jedem. Deswegen will ich mich kurz fassen und auf die Punkte eingehen, die mir wichtig erscheinen, insbesondere unter dem Aspekt „Die Bedürfnisse der Wirtschaft in diesem Prozeß".

Was die beiden Agenden angeht, also die auf die Weltstaatengemeinschaft bezogene Agenda 21 und die Lokale Agenda 21, glaube ich, muß man zunächst einmal feststellen, daß es sich jeweils nicht um spezifische Umweltprogramme handelt. Sie sind vielmehr von einem außerordentlichen holistischen Anspruch gekennzeichnet, nämlich dieser Symbiose von Ökologie, Ökonomie und auch sozialer Entwicklung unter Beteiligung der Öffentlichkeit, der Bürgerbeteiligung, der Partizipation, also des Partizipationsgedankens. Auch das sind zunächst keine grundsätzlich neuen Erkenntnisse. Jeder verantwortungsvoll Handelnde, auf welcher Ebene er auch immer tätig sein mag, ist sicher bestrebt, ein stabiles soziales System zu gestalten, also am Gemeinwohl orientiertes Gemeinwesen zu gestalten, in dem der Mensch Arbeit hat, in dem er ein behagliches Zuhause hat, in dem er im Krankheitsfalle und im Alter abgesichert ist, am öffentlichen Leben teilnehmen kann, verträgliche gesunde Lebensverhältnisse vorfindet. All das aber kann nur in einer gesunden Wirtschaft gewährleistet werden. Auch eine gesunde Wirtschaft ist nur in der Lage, die Voraussetzungen dafür zu schaffen, daß beispielsweise die Kommunen die notwendigen Gestaltungsmöglichkeiten und auch finanziellen Möglichkeiten haben, ihre Aufgaben in der Verwirklichung dieses Prozesses wahrzunehmen.

Aus diesem ökonomischen Ansatz heraus leitet sich für die Wirtschaft schlechthin – aber bezogen auf die Lokale Agenda ist das natürlich außerordentlich schwierig –, der Fokus auf die Wirtschaft, wobei immer die Frage ist: Was ist denn die Wirtschaft? Das ist schwer genug. Aber hier im konkreten lokalen Bezug kann das natürlich immer nur die Frage der jeweils einzelnen Unternehmen sein. Welche spezifischen Bedürfnisse stellen sich da ein? Und hier muß man darauf achten, welchen Handlungsrahmen die Kommunen jeweils haben bei der Gestaltung dieser Prozesse. Da kommt sicher die Frage ins Spiel, die für die Wirtschaft außerordentlich bedeutsam ist, nämlich die Gewährleistung von Investitionssicherheit, etwa im Bereich der Bauleitplanung, ein Instrument, von dem ich glaube, daß es für die Lokale Agenda eine ganz zentrale Funktion erfüllen muß.

Das Problem, das ich generell mit dem Titel „Lokale Agenda" und diesem „Dreisäulenkonzept" habe, das erinnert mich an die Diskussionen mit der Umweltverträglichkeitsprüfung. Herr Professor Reinhardt hat heute morgen gesagt, er möchte sich mit dem Begriff der Nachhaltigkeit eigentlich gar nicht mehr befassen, weil er ihn zutiefst deprimiert. Also den Zustand der Depression habe ich noch nicht erreicht, aber mich befällt auch der Zustand der Ratlosigkeit, denn das sind Begriffe, die ähnlich mystifiziert sind wie etwa der Begriff der Umweltverträglichkeitsprüfung. Nicht, damit ich mißverstanden werden: Das Institut der Eröffnungskontrolle unter umweltpolitischen, umweltspezifischen und umweltrechtlichen Aspekten steht außer Frage, das ist nicht das Thema. Aber Sie alle wissen, welche mystischen Erwartungen mit dem Begriff der Umweltverträglichkeitsprüfung sich lange Zeit verbunden haben, bis da etwas mehr Ernüchterung eingekehrt ist.

Ähnlich ergeht es mir mit dem Thema der Nachhaltigkeit. Auch da – glaube ich – fehlt die inhaltliche Ausgestaltung, die Prägung. Meine große Sorge ist, daß durch den holistischen Anspruch die Operationalisierbarkeit im konkreten Entscheidungsprozeß mehr und mehr verlorengeht. Möglicherweise wird man da auch zu der Erkenntnis kommen müssen: Man muß sich beschränken auf das gegenwärtig Erkennbare und Leistbare im jeweiligen Handlungsrahmen – also etwa im Bereich der Bauleitplanung oder in der Infrastrukturpolitik auf gemeindlicher Ebene. Wie sieht es aus mit den Standorten für Investitionstätigkeiten der Wirtschaft? Wie sind da die gegenseitigen Raumbeanspruchungen verträglich zueinander zu gestalten? Ich glaube, eine der am meisten mißachteten Vorschriften des Umwelt- und Planungsrechts ist der § 50 des Bundes-Immissionsschutzgesetzes. Würde der in seiner Intention in der praktischen Bauleitplanung stärker beachtet, dann hätten wir viele Planungs-Disparitäten und auch insbesondere Belastungen der Wirtschaft, die aus kleinräumigen Fehlplanungen resultieren, nicht.

Ich glaube, und das ist meine Botschaft hier, wir sollten die Dinge aus dem kryptisch und holistisch formulierten Anspruch dieser Nachhaltigkeitsphilosophie herunterbrechen auf die praktischen Bedürfnisse des konkreten gemeindlichen Bereichs und der jeweiligen ortsspezifischen Probleme der Wirtschaft vor Ort und dabei sehen, daß es sich nicht nur um ökologische Belange handeln kann, sondern eben ein vernünftiger Ausgleich mit den Belangen der jeweils tätigen Wirtschaftsunternehmen vor Ort unerläßlich ist, denn nur dann ist eine soziale Sicherung im örtlichen Rahmen gewährleistet.

Ich will es einmal bei diesen allgemeinen Postulaten bewenden lassen. Vielleicht können wir das in der Diskussion konkretisieren.

Klaus Lange:

Frau Zahrnt wollte jetzt unmittelbar hierzu etwas sagen und, wenn dann nicht von seiten des Podiums unmittelbar Erwiderungen gewünscht werden, öffnen wir die Diskussion zum Plenum hin.

Angelika Zahrnt:

Ich möchte deswegen gerne etwas sagen, weil ich etwas unruhig geworden bin, als Sie den Begriff der Nachhaltigkeit nur so als etwas nebulöses und mystifiziertes dargestellt haben. Das mag vielleicht am Anfang so gewesen sein, aber jetzt sind wir acht Jahre nach Rio und es gibt eine ganze Menge an Versuchen, diese Nachhaltigkeit zu konkretisieren. Es gibt natürlich auch Versuche, das möglichst nebulös zu lassen und dann zu sagen: Das rühren wir alles in einen Topf und dann machen wir so weiter wie bisher und dann kleben wir nur das Schild „Nachhaltigkeit" drauf. Ich denke, die Chemieindustrie hat sich da besonders hervorgetan mit ihrer Kampagne zur Nachhaltigkeit.

Ganz objektiv kann man feststellen, daß es eine Enquete-Kommission gegeben hat „zum Schutz des Menschen und der Erde", die sich sehr wohl bemüht hat, in einzelnen Themenfeldern Nachhaltigkeit ganz konkret zu machen. Da möchte ich ein Beispiel herausgreifen: das Themenfeld „Flächennutzung". Dort hat die

Enquete-Kommission das Ziel festgelegt für eine nachhaltige Entwicklung in der Bundesrepublik: daß man zum Jahre 2010 die Flächeninanspruchnahme auf 10 % der jetzigen Flächeninanspruchnahme reduzieren müsse.

Ich denke, das ist ein Ziel, das man im Rahmen des Nachhaltigkeitsprozesses herunterbrechen muß und an dem sich die Kommune orientieren muß. Es mag ja gute Gründe geben, daß in der Kommune A trotzdem noch Flächenausweisungen in größerem Maße vonstatten gehen, aber das Ziel, in der Bundesrepublik insgesamt zu dieser Stabilisierung zu kommen, das ist etwas, was man ernst nehmen muß, wenn man Nachhaltigkeit will. Dann kann es nicht nur darum gehen, welche Anforderungen die Wirtschaft im Hinblick auf Gewerbeflächenausweitung hat und wie der soziale Wohnungsbau das sieht und wie die Ansprüche des Verkehrs sind, sondern dann muß man auch diese übergeordnete Sicht des Flächenverbrauchs insgesamt mitberücksichtigen. Von daher meine ich, daß gerade auf der kommunalen Ebene deutlich wird, daß es bei Nachhaltigkeit nicht nur um schön formulierte Ausgleichsformeln geht, wie Ökonomie, Ökologie und Soziales zusammengehen können, sondern daß sich da sehr wohl die Ansprüche im Raume stoßen und man dann zu Abwägungsprozessen kommen muß. Das ist dann der Prozeß: „Wie sieht das langfristige Leitbild aus?" und „Wie kommen wir in Etappen dahin?". Das ist das, was Herr Doll skizziert hat. Von daher denke ich, sind wir aus der Phase der Allgemeinplätze zumindest auf kommunaler Ebene schon weit darüber hinaus.

Klaus Lange:

Herr Henneke noch mit einem kurzen Einwurf, dann würde ich gerne ins Plenum gehen.

Hans-Günter Henneke:

Ich sage jetzt nichts zur Nachhaltigkeit, sondern zu einem anderen Gesichtspunkt, der heute morgen schon bei Herrn Römer und jetzt bei Ihnen, Frau Zahrnt, eine entscheidende Rolle gespielt hat. Herr Römer und Sie haben dabei völlig verschiedene Blickwinkel angelegt. Ihr Anliegen ist aber auf die gleiche Grundfrage zurückzuführen. Wie weit soll unter der Geltung eines abstrakten Oberziels kommunale Selbstverwaltung noch autonom entscheiden dürfen? Das ist aus meiner Sicht ein ganz wichtiger Gesichtspunkt.

Herr Römer hat heute morgen ausgeführt, daß die Denkweise der Kommunen immer noch zu sehr an örtlichen Fragen orientiert sei. Die BASF sei demgegenüber als Verbundstandort konzipiert; die Kommunen mit einem BASF-Standort sollten daher, wenn sie die BASF auch weiterhin als Standort behalten wollten, darauf Rücksicht nehmen, daß hier ein übergreifender Planungsbedarf bestehe. Diese Aussage ist aus Unternehmenssicht legitim und nachvollziehbar. Das will ich durchaus unterstreichen.

Der von Frau Zahrnt angesprochene Gesichtspunkt, daß das Oberziel, den Flächenverbrauch einzudämmen, auf die einzelnen Kommunen hinteruntergebrochen werden muß, ist für sich ebenfalls legitim und nachvollziehbar. Das soll von mir hier auch nicht bestritten werden. Ich möchte nur zu bedenken geben, daß, wenn wir so argumentieren, von kommunaler Selbstgestaltung als Verantwortung der Gestaltung des eigenen Lebensumfelds vor Ort nichts übrig bleibt.

Deshalb möchte ich auf meiner vorhin gemachten Aussage beharren, daß das Einfließen unterschiedlicher Gesichtspunkte in Beratungsgremien sehr wichtig und richtig ist. Umgekehrt beansprucht aber auch die kommunale Entscheidung einen Eigenwert. Die Antwort der Stunde muß es daher sein, vor Ort in individueller Abwägung eine verantwortete Entscheidung durch Gegenüberstellung der Belange von Umwelt, Wirtschaft und Sozialem sowie weiterer Gesichtspunkten zu erreichen. Die Antwort kann demgegenüber nicht darin liegen, bundesgesetzliche und europarechtliche Vorgaben zu intensivieren. Damit würde nämlich jeweils nur ein einzelnes – für sich durchaus bedeutsames – Sachziel zur Geltung gebracht. Die kommunale Selbstgestaltung insgesamt bliebe dabei aber auf der Strecke. Und das wäre nicht nur ein sehr hoher, sondern m. E. ein zu hoher Preis.

Reinhard Sparwasser:

Mein Name ist Sparwasser, ich bin Rechtsanwalt in Freiburg. Da wir von der Umsetzung umweltpolitischer Ziele auf der örtlichen Ebene sprechen, interessiert mich das Verhältnis von örtlichen zu überörtlichen Entscheidungen.

Ich habe gelegentlich den Eindruck, daß ein für umweltpolitische Belange aufgeschlossener Bürgermeister ganz froh ist, wenn er mit überörtlichen Vorgaben in das Gemeindeparlament oder auch vor die gemeindliche Öffentlichkeit treten kann, um dort nicht erst von Anfang an um bestimmte ökologische Ziele zu kämpfen, sondern schon die bestmögliche Verwirklichung zu suchen. Das steht in einem gewissen Widerspruch zu dem, was Herr Professor Henneke gesagt hat: Wenn es zu viele Vorgaben gibt, dann bleibt nichts mehr für die Umsetzung. Letzten Endes ist es sicher ein Optimierungsproblem. Wir brauchen einigermaßen präzise ökologische Vorgaben. Wir brauchen dann natürlich auch das Engagement vor Ort, um diese Vorgaben auch umzusetzten.

Wie wichtig sind diese überörtlichen Vorgaben und wie weit könnte man diese zurücknehmen, um es der gemeindlichen Verantwortung und der Verantwortung derer zu überlassen, die sich auf der Gemeindeebene diese ökologischen Belange auf die Fahnen geschrieben haben? Herr Oberbürgermeister Doll, vor allem von Ihnen interessiert mich die Antwort, aber auch vielleicht nochmal ergänzend von Herrn Professor Henneke.

Bernd Doll:

Wenn Sie Ihre Kanzlei in Freiburg haben, dann haben Sie vielleicht über den Sommer in der Stuttgarter Zeitung gelesen, daß ich eine neue Verwaltungsreform in Baden-Württemberg angesprochen und eingeleitet habe – zum Schrecken aller Landräte. Herr Henneke, sehen Sie es mir nach. Ich will die Landkreise nicht abschaffen, sie aber vielleicht verändern, denn ich bin seit 21 Jahren Kreisrat und kann Ihnen, wenn Sie das so gemeint haben, nur bestätigen, daß eine Fülle von Gesetzen aus diesem Bereich abgeschafft werden könnte, weil inzwischen eine sehr starke Eigenverantwortung der Gemeinderäte eingetreten ist. Gleichwohl bleibt, was vorhin angesprochen worden ist, jederzeit die Verpflichtung und die Notwendigkeit, zwischen diesen Gütern einfach abzuwägen. Es wird keines dieser Güter von vornherein, Frau Zahrnt, absolute Priorität haben. Das möchte ich ausdrücklich sagen.

Ich komme gerade von Berlin vom Kongreß des Deutschen Städtetages, der ein Projekt eingeleitet hat „Zukunft der Stadt, Stadt der Zukunft". Ich habe dort das Forum zu „Stadt und Bürger" geleitet. Sie werden erstaunt sein, daß in diesem Forum aller Parteien über alle Farben hinweg kein Mensch gefordert hat, daß die repräsentative Demokratie sich weiter öffnen muß und daß mehr Bürgerentscheide, mehr Volksentscheide eingeführt werden müssen, weil dies nämlich möglicherweise in die falsche Richtung gehen kann. Sehen Sie mal die Situation in der Schweiz, wie die Schweiz auf der Stelle tritt. Was ich damit sagen will, ist, daß wir unter allen Umständen diesen Abwägungsprozeß, diesen selbstverantwortlichen Abwägungsprozeß brauchen. Ich denke, daß jeder Gemeinderat diese Verpflichtung in der Zwischenzeit in sich aufgenommen hat, dieses sehr wohl abzuwägen.

Ich möchte noch einmal ein Beispiel geben, warum das Thema der Umwelt und der Nachhaltigkeit nicht unbedingt in jedem Fall den Vorrang haben muß. Wir hatten zu Beginn dieses Forums in Berlin einen sehr provokanten Vortrag, des Herrn Ulrich Pfeifer, früher MD im Wohnungsbauministerium, heute bei EMPIRIKA Bonn, gehabt. Herr Pfeifer behauptet, unterlegt durch empirische Zahlen, daß das „graue Thema", also das Älterwerden der Menschen, in den nächsten 30 Jahren die Welt und die Kommunen weit mehr beschäftigen wird als das „grüne Thema". Ich bin ganz sicher, daß wir einen Kompromiß suchen müssen zwischen den grünen und den grauen und vielen anderen Themen, weil wir eine dermaßen veränderte Struktur bekommen.

Frau Zahrnt, ich bin wirklich ein sehr umweltbewußter Mensch. Ich bin gerade vom Rheintal ins Moseltal gefahren. Wenn ich durch die Landschaft von Frankreich oder Italien fahre und sehe, was dort in Europa läuft, wie weit die mit der Umwelt gekommen sind, dann bin ich eigentlich der Meinung, daß wir hier nicht das Kind mit dem Bade ausschütten dürfen, sondern daß alles ein Stück weit Verhältnismäßigkeit braucht. Gleichwohl begrüße ich, daß wir an dem Thema dran sind und dran bleiben. Es darf aber nicht so sein, daß vor lauter Euphorie die Rechte unserer Gemeinderäte ausgehöhlt werden und sich da ein Selbstläufer produziert, der schlußendlich wieder dort einmündet, was vorhin zitiert worden ist, daß im Prinzip nur noch Abwehr stattfindet gegen gewisse Projektmaßnahmen. Wenn es dabei bleibt, daß man bereit ist – ich kehre zur Lokalen Agenda zurück –, daß wir nicht nur Umweltpolitik machen; wenn es dabei bleibt, daß wir ein Forum haben, das bereit ist, die Dinge offensiv anzugehen, zu diskutieren und zu sagen: Ja, wenn wir ein Ergebnis gefunden haben oder auch wenn wir es kontrovers im Raum stehen lassen, dann hat der von den Bürgern gewählte Rat das letzte Wort. Dann ist die Lokale Agenda die richtige Art, miteinander umzugehen.

Angelika Zahrnt:

Ich kann mich nicht erinnern, gesagt zu haben, daß die kommunalen Agenda-Prozesse die Entscheidungsfreiheit und Entscheidungsaufgabe der kommunalen Parlamente aushebeln sollten. Das sehe ich genau so wie Sie, daß in den ganzen Partizipationsprozessen Vorarbeit geleistet wird und die eigentlichen Entscheidungen in den kommunalen Parlamenten getroffen werden.

Ich möchte aber einen Punkt von mir aus deutlich sagen: Wenn es Abwägungsprozesse gibt zwischen ökologischen, ökonomischen und sozialen Erfordernissen, so muß man in manchen Bereichen sehen, daß die Abwägungsprozesse dort an Grenzen stoßen, wo es um naturgesetzliche Entwicklungen geht. Wenn es um die ökologische Belastbarkeit des Klimas geht, um die Regenerationsfähigkeit von Flüssen, dann ist der Verhandlungsspielraum dort sehr viel enger als wenn es darum geht, bei Lohnforderungen etwas mehr zu- oder abzugeben.

Manfred Rebentisch:

Ganz kurz hierzu noch einen Einwand: Wir hatten vorhin schon von Herrn Doll den Hinweis auf die konkrete Machbarkeit gehört. Unser Thema lautet ja: Kommunale Umweltpolitik vor dem Hintergrund der Lokalen Agenda 21. Vor diesem Hintergrund muß man deutlich machen, die Agenda 21 ist – auch im Bereich der lokalen Facette – eine freiwillige Aufgabe. Sie kann nicht dazu führen, daß die Entscheidungskompetenzen der Kommunen verändert werden. Beispielsweise kann es nicht angehen, daß im Bereich der Investitionsentscheidungen ökologische Grundlagen und ökologische Anforderungen im kommunalen Bereich festgelegt werden, für die der Bund zuständig ist. Es erscheint unter populistischen Aspekten zunächst sicher verlockend, Emissions- und Immissionswerte in Bauleitplänen festzulegen, also eine Art ökologischen Überbietungswettbewerb im Verhältnis zu bundesrechtlichen Vorgaben zu veranstalten. Insoweit ist aber auf die kompetenziellen Schranken hinzuweisen, die den Kommunen gesetzt sind. Andernfalls käme es zu Investitionsunsicherheiten und zu mangelnder Vorhersehbarkeit von behördlichen Entscheidungen.

Werner Hoppe:

Ich bin etwa 40 Jahre mit Planungsprozessen befaßt und kann mir deswegen in etwa eine Vorstellung machen von Planung, Abwägung und Bürgerbeteiligung. Wenn ich mir vor Augen führe, was auf dem Podium gesagt worden ist über die Agenda-Prozesse, dann frage ich einmal provokativ: Was hat das eigentlich mit Nachhaltigkeit zu tun? Ich sehe in diesen Prozessen, so wie Sie sie schildern, nur eine qualifizierte und modifizierte Form einer umfassenderen Bürgerbeteiligung. Die vorgezogene Bürgerbeteiligung gab es zunächst nicht im BauGB. Wir haben immer gesagt: Sie hat zwei Funktionen, eine Rechtschutzfunktion und eine Informationsfunktion. Und so scheint mir dies auch jetzt zu sein. Es ist eine Anreicherung, es ist eine Verbesserung der Information für die Planung und zwar unter dem Aspekt aller relevanten Belange. Es ist ja immer die Rede von sozialen, von ökologischen und ökonomischen Belangen. Das ist nichts anderes als das, was dem Abwägungsgebot entspricht, und ich sehe im Augenblick nicht, daß jetzt aus einem irgendwie gearteten Nachhaltigkeitsprinzip zusätzliche oder übergeordnete Belange gemäß einem Optimierungsgebot, das ja gestern ex cathedra beiseite geschoben worden ist, als zu optimierende Belange in den Vordergrund gehören. Es ist eine umfassende Abwägung, die sehr zu begrüßen ist, aber es ist meines Erachtens nichts anderes als eine qualifizierte Bürgerbeteiligung, um das noch einmal zu sagen.

Ein zweites, was „Stadtleitbilder" anbelangt, Herr Doll. Ich habe das ja miterlebt. Sie brauchen ja nur die Geschichte der Baunutzungsverordnung zu verfolgen, welche Stadtleitbilder uns dort angeboten worden sind, beginnend bei der Charta von Athen. Dann gab es die Funktionen-Änderungen, da gab es die Funktionen-Mischung, dann gab es plötzlich die Idee des Stadthauses. Das variiert auch sehr stark und ich weiß wirklich nicht, ob jetzt durch solche Agenda 21-Prozesse entsprechende Stadtleitbilder entwickelt werden können? Dahinter möchte ich ein Fragezeichen setzen.

Aber ich darf Sie noch einmal fragen, Frau Dr. Zahrnt: Was verstehen Sie eigentlich unter Nachhaltigkeit?

Angelika Zahrnt:

Darauf möchte ich gerne antworten, und das möchte ich auch gerne mit Ihrer ersten Frage verbinden, bei der Sie Ihren Eindruck schildern, daß die Lokalen Agenda-Prozesse ja nichts weiter sind als eine Ausweitung der Bürgerbeteiligung, die Sie positiv einschätzen. Das ist viel, aber ich denke, das ist insofern noch etwas mehr, weil diese Bürgerbeteiligung sich inhaltlich an einem Ziel orientiert, nämlich der Nachhaltigkeit. Wenn ich das ganz kurz definieren darf: Nachhaltigkeit ist das Ziel, generationenübergreifende Gerechtigkeit mit einzubeziehen und den Ausgleich mit der Dritten Welt. Das ist etwas durchaus Neues und insbesondere im lokalen Bereich ist es etwas Neues, in Zeiträumen zu denken, wie bis zum Jahre 2020, 2050 und die Frage mit einzubeziehen: Was hat unser Lebensstil hier, unsere Inanspruchnahme von Ressourcen und Energien, mit den Verhältnissen in der Dritten Welt zu tun?

Klaus Lange:

Darf ich, bevor Herr Doll und Herr Henneke zu Wort kommen, eine Zwischenfrage stellen? Ich habe gelegentlich das Gefühl – das ist zum Teil mein Eindruck aus der bisherigen Diskussion –, daß der Begriff der Nachhaltigkeit mit soviel Erwartungen gefüllt wird, daß er gleichzeitig auch wieder erschreckt und vielleicht zu einem Streit führt, der dem, was auf der lokalen Ebene geschehen soll, gar nicht unbedingt Rechnung trägt.

Es ist klar, daß der Blick über die Gemeinde hinaus und auch über Europa hinaus gerichtet sein soll, aber es bleiben sicherlich viele Fragen, die auch innerhalb der Gemeinde für ihre künftige Entwicklung wichtig sind. Ich gebe zwar zu, daß ich mir auch die Frage stelle: Wer vertritt eigentlich die künftigen Generationen? Das ist ja eine schwierige Frage. Aber es bleibt in meinen Augen doch jedenfalls als ein Bestandteil von Nachhaltigkeit im Rahmen der Lokalen Agenda, daß versucht werden soll, eine zukunftsfähige Entwicklung in der Weise zu schaffen, daß, wie Herr Hoppe gesagt hat, nicht nur einseitig einige wenige Belange durchgesetzt, sondern eine ganze Reihe von Belangen (Stichwörter: Ökologie, Ökonomie und soziale Belange) zu Recht genannt werden, die zu befriedigenden Ergebnissen zusammengeführt werden. Und ich frage mich, ob das ein Weg ist, der wirklich den Vorwurf verdient, utopisch zu sein und überzogene Anforderungen

zu stellen, oder ob es nicht vielmehr gerade ein pragmatischer Weg ist, der es erlaubt, zu vernünftigen Ergebnissen zu kommen. Nach dem, was ich manchmal
aus Agenda-Prozessen höre, ist es so, daß die Gruppen, die miteinander diskutieren und die unterschiedliche Interessen vertreten, zum ersten Mal auch Verständnis für die wechselseitigen Belange entwickeln, miteinander darüber reden und
versuchen, Kompromißlösungen und Verständnis für die unterschiedlichen Interessen zu finden. Das scheint mir eine vernünftige Entwicklung zu sein, die gerade auf kommunaler Ebene Chancen haben sollte. Insofern entspringt die Forderung nach Nachhaltigkeit im Sinne einer ausgeglichenen Entwicklung, die unterschiedlichen lebensnotwendigen Belangen Rechnung trägt, zugleich einer
relativ pragmatischen Sicht der Dinge.

Viel schwieriger finde ich die Frage des Konkurrenzverhältnisses von gewählten
Gemeindevertretungen und Agenda-Gruppen, weil ich fürchte, daß möglicherweise die ohnehin schwache Motivation von Bürgern, sich zu engagieren, eher
noch geschwächt wird, wenn die Bürger sehen, daß ihre Tätigkeit insofern arg-
wöhnisch betrachtet wird. Mir scheint da ein Problem zu sein an einer Stelle, die
ohnehin labil ist, obwohl man meinen sollte, für die kommunale Selbstverwaltung gibt es nichts Besseres, als wenn die Bürger sich in der Sache engagieren.

Bernd Doll:

Ich möchte noch einmal betonen: Die Lokale Agenda wird nicht in Zweifel gezogen, sonst hätten wir sie nicht initiiert und im Gegensatz zu Ihrer Meinung,
Herr Professor Lange, darf ich einfach berichten, daß wir in Baden-Württemberg
eine sehr starke Resonanz und auch Akzeptanz haben.

Neu ist das Thema ja überhaupt nicht. Wir tun jetzt so, als wenn Rio das Thema
Kommunalpolitik und ihre Nachhaltigkeit erfunden hätte. Ich nehme für die Generationen vor uns in Anspruch, daß ihre Politik ebenfalls auf Nachhaltigkeit angelegt war, sonst würde es zum Beispiel den deutschen Wald nicht mehr geben.

Was ist denn neu an dieser Geschichte? Neu ist, daß es offenbar den Parteien, die
nach dem Krieg durch das Grundgesetz berufen waren, die Meinungsbildung zu
betreiben (nicht allein, aber immerhin) nicht gelungen ist, die Diskussion in ihren
Reihen fortzusetzen, einfach deswegen, weil sich die Leute geweigert haben,
Mitglied in diesen Parteien zu sein, weil die Parteien es nicht verstanden haben,
eine breitere Basis für solche Diskussionen zu finden. Aber diese Diskussionen
haben stattgefunden und sie müssen jetzt eben neu organisiert werden. Die Menschen wollen sich heute nicht mehr binden. Das erleben wir in unseren Städten.
Sie sind aber durchaus bereit, sich für Ad-hoc-Projekte in irgendeiner Weise mit
Herz, Hand oder Geist einzubringen, und die Lokale Agenda ist eben ein solcher

Fall. Deswegen muß dies meiner Meinung nach weiterbetrieben werden. Ich nehme aber für diese Gruppen und die ganze Aktion überhaupt nicht in Anspruch, daß jetzt die Nachhaltigkeit erfunden worden wäre. Politik muß auf Nachhaltigkeit abgestellt sein. Da hat es sicher in der Vergangenheit Fehler gegeben, indem man bestimmte Dinge in eine bestimmte Richtung überbewertet hat. Möglicherweise hat man das Thema der Ökologie ein Stück weit vernachlässigt, wenn es um die Grundlagen gegangen ist. Das stelle ich nicht in Frage. Aber wenn ich den Satz noch sagen darf: Wir diskutieren immer in Extremen, Frau Zahrnt. Sie sagten vorhin: Wenn es um die Lebensgrundlagen geht, darf nicht gerüttelt werden. Es ist für mich doch selbstverständlich, daß, wenn ein Fluß tot oder die Luft verpestet ist, da höchste Alarmstufe gegeben ist und nichts daran vorbeiführt, ob Siemens nun oder BASF global handeln oder nicht. Da muß ich eben in der Stadt sagen: Bis hierher und nicht weiter, du kannst jetzt bei uns eben nicht mehr investieren. Aber es geht doch um Fragen des täglichen Lebens.

Ich sage Ihnen noch eines: Wenn vorhin darüber gesprochen worden ist, es dürfe nicht weiter Flächennutzung, Flächenverbrauch betrieben werden, dann ist das gut, und dann ist das ein hehres Ziel. In den 60er, 70er Jahren hatten wir eine Nord-Süd-Wanderung und vor der Wende hatten wir eine massive Ost-West-Wanderung. Was hätten Sie denn mit den Leuten getan, nachdem sie gekommen waren und ein Zuhause, eine Wohnung gebraucht hätten? Oder nehmen Sie das Thema der Asylbewerber, das wir zu bewältigen hatten. Nehmen Sie das neue Thema der Zuwanderung, das uns jetzt ins Haus steht. Es wird alles unumgänglich sein, daß wir neuen Flächenverbrauch haben werden. Dann muß man sich natürlich an den großen Vorgaben messen lassen. Aber es führt kein Weg daran vorbei, daß diese Dinge gelöst werden müssen, und das heißt, wir müssen dann innerhalb dieses Themenspektrums Kompromisse eingehen, wo kein Thema dem anderen vorrangig ist.

Hans-Günter Henneke:

Jetzt bauen wir Konflikte auf, die m.E. so gar nicht bestehen. Bei nüchterner Betrachtung hat Herr Hoppe ganz sicherlich recht, daß die Fragen des Planungsrechts, insbesondere des planerischen Abwägungsgebots, der Gesamtabwägung von Belangen, eigentlich nichts anderes sind als das, was wir jetzt hier mit breiterer Bürgerbeteiligung und größerer Bewußtseinsmachung erörtern. Das heißt also: Die Instrumente hatten wir auch schon vorher. Andererseits kann man auch keinen Vorwurf daraus erheben, ein Instrumentarium mit neuen Begriffen neu zu beleben. Und genau so habe ich es heute morgen verstanden, als gesagt worden ist: Wir müssen diesen Begriff der „Nachhaltigkeit" durchaus emotional besetzen, weil es uns dann gelingen kann, neue Beteiligte für eine Mitwirkung zu erschließen.

Zu dem Stichwort „Bürgerbeteiligung" hat Frau Zahrnt m.E. eben etwas Wichtiges gesagt. Wir müssen strikt unterscheiden zwischen dem, was wir in der Vergangenheit weitestgehend gehabt haben, nämlich eine Betroffenenbeteiligung. Es wurden also nicht alle herangezogen, sondern nur die, die jeweils betroffen waren. Dies hat sich mit dem relativ neuen Instrumentarium von Bürgerbegehren und Bürgerentscheid deutlich verändert. Wie hat sich dies ausgewirkt? Wir haben nunmehr eigentlich über diese Instrumente eine punktuelle Vorhabensverhinderungspolitik. Das muß man wirklich so sagen. Wenn man, wie dies in der Zeitschrift für Gesetzgebung in jüngerer Zeit gleich mehrfach geschehen ist, auswertet, wie die Instrumentarien von Bürgerbegehren und Bürgerentscheid genutzt werden, kommt man zu dem Befund, daß von einer Verhinderungspolitik relativ kraß Gebrauch gemacht wird. Es werden dann eben Straßenbauprojekte und andere Bauvorhaben nicht durchgeführt. Zahlreiche weitere Beispiele ließen sich anführen.

Das, was wir jetzt über die Agenda-Prozesse erreichen können, ist eine Bürgeraktivierung, die sich auf ein ganzheitliches positives Diskussionsziel hin orientieren sollte. Von daher sollte man es auch nicht gering achten, daß die Bewußtseinsmachung hierfür stärker geworden ist. Von daher ist es m.E. zu begrüßen, daß wir hier, seien die Instrumente nun neu oder nicht, zu einer ganzheitlichen Betrachtung im Vorbereitungsstadium von Entscheidungen kommen. Das ist für sich genommen etwas Positives, was in vorhandene Instrumentarien, die wir seit Jahrzehnten haben, einfließt. Insofern handelt es sich um eine vernünftige Zusammenführung.

Lassen Sie mich auf einen weiteren Gesichtspunkt noch einmal kurz eingehen. Bei dem Stichwort der kommunalen Gestaltungsspielräume bin ich möglicherweise mißverstanden worden. Ich wollte nicht der kommunalen Willkür das Wort reden, genauso wenig dem Absterbenlassen von Flüssen durch kommunalpolitische Entscheidungen vor Ort. Ich habe nur eines gemeint: Es gibt eine Reihe von verfassungsrechtlichen, bundesgesetzlichen und landesrechtlichen Vorgaben, die selbstverständlich alle berücksichtigt werden müssen. Daher habe ich vorhin in Anknüpfung an Herrn Papier für den Vorbehalt des Gesetzes und damit für die Gesetzesgebundenheit kommunaler Selbstverwaltung plädiert und mich ohne Wenn und Aber gegen Willkürentscheidungen ausgesprochen.

Aber daneben stellt sich noch die Frage, wie weit wir es uns leisten sollten, von seiten des Gesetzgebers künftig zu entfeinern, zu deregulieren und den Kommunen damit wieder mehr Gestaltungsmöglichkeiten vor Ort zu schaffen. Insofern will ich auf ein mich prägendes Erlebnis kurz hinweisen. Vor einigen Jahren war ich gemeinsam mit Herrn Prof. Dr. Oebbecke in einer Anhörung des Kommunalpolitischen Ausschusses im nordrhein-westfälischen Landtag. Seinerzeit ging es um ein Gesetz zur Stärkung der kommunalen Selbstverwaltung, wobei es konkret darum gehen sollte, gewisse landesrechtlich gesetzte Standards von seiten der rot-grünen Landesregierung in Nordrhein-Westfalen im kommunalen Bereich zurücknehmen zu können. Aus meiner Sicht gab es darauf eine ganz einfache Antwort: Man schafft die umstrittenen Standards ab und kann dann kommunalpolitisch vor Ort selbstverantwortet gestalten. Als ich dies vorgetragen habe, konnte ich sofort merken, daß ich damit die Intentionen der Regierungsfraktionen nur bedingt getroffen hatte. Der der SPD angehörende Ausschußvorsitzende sagte frank und frei, daß es seiner Fraktion völlig recht sei, so zu verfahren, da man in den einzelnen Gemeindevertretungen ohnehin fast überall eine Mehrheit habe. Bei einer Standardaufhebung müsse man dann halt sehen, wie die Fragen kommunalpolitisch vor Ort entschieden würden. Die Grünen haben demgegenüber vehement betont, daß sie erstmals in der Nachkriegszeit in Nordrhein-Westfalen Regierungsverantwortung übernommen hätten. Von daher sei man in der Pflicht, daß die nunmehr durchgesetzten eigenen politischen Akzente von den einzelnen Kommunen auch befolgt würden. Daher dürfe man nicht zu einer generellen Deregulierung mit einer einfachen Anzeige gegenüber der Kommunalaufsichtsbehörde kommen. Vielmehr dürfe die Standardabweichung vor Ort nur erfolgen, wenn eine Zustimmung von Landesseite erfolge, damit die landespolitisch propagierte Zielerreichung nach wie vor durchgesetzt werde. Das, was die konkrete „Handschrift" der rot-grünen Koalition ausmache, müsse trotz Abweichung von Standards dennoch vor Ort sichtbar werden. Bei einer Aufhebung landesrechtlicher Vorgaben könnten demgegenüber münsterländische und sauerländische Kommunen als erstes auf die Idee kommen, als Ausübung kommunaler Gestaltungsfreiheit gerade die nunmehr frisch in landesrechtlichen Regelungen realisierten rot-grünen Zielsetzungen, z.B. im Bereich der Frauenpolitik und von Minderheiten, die der neuen Landesregierung besonders wichtig gewesen seien, unter dem Deckmantel der Ausübung kommunaler Gestaltungsspielräume wieder auf den Prüfstand zu stellen. Dazu dürfe es nicht kommen.

Ich wollte dieses Beispiel nun beileibe nicht parteipolitisch instrumentalisieren, sondern damit nur plakativ sagen: Wenn wir über die Frage „Kommunale Gestaltungsfreiheit oder kommunale Gängelung" reden, geht es darum, daß die Statuierung gesetzlicher Vorgaben und ihre immer weitergehende Verfeinerung vernünftige Entscheidungen vor Ort behindert. Mit bundespolitischen und landespolitischen Vorgaben will man bewußt auf kommunale Entscheidungsprozesse durchregieren. Letztlich dient dies im Einzelfall weder der Umwelt noch der ört-

lichen Wirtschaft, sondern es werden dadurch kommunale Abwägungs- und Ge-
staltungsprozesse ungeheuer erschwert. Ziel meines Beitrags sollte es also sein,
den Anwendungsbereich des Vorbehalts des Gesetzes durch Intensivierung der
Deregulierung möglichst einzuschränken, nicht zuletzt auch zu dem Zweck, daß
dadurch auch Erfolgserlebnisse mit dem erzielt werden können, was durch eine
verstärkte Beteiligung der Bürgerschaft ortsbezogen für richtig erachtet wird.

Ralf Röger:

Ich möchte noch einmal auf den Begriff der Nachhaltigkeit zurückkommen, den
auch Herr Professor Hoppe angesprochen hat. Ich betreue an der Universität zu
Köln ein Teilprojekt im Rahmen eines DFG-Sonderforschungsbereiches „Umwelt", in welchem wir uns mit der Entwicklung des Grundwasserdargebots in
Nordrhein-Westfalen in den nächsten 50 bis 100 Jahren beschäftigen. Wir koo-
perieren in diesem Teilprojekt mit Meteorologen und bekommen von meteoro-
logischer Seite Daten, die uns zeigen, daß in den nächsten 50 Jahren das Grundwasserdargebot deutlich zurückgehen wird, nämlich um etwa 15 bis 25 %, bis
zum Jahr 2100 sogar um ca. 30 %. Dieser Rückgang verläuft dabei nicht streng
linear, aber es steht fest, daß in 50 Jahren das Grundwasserdargebot deutlich reduziert sein wird.

Für die juristische Bewertung dieses Sachverhaltes gibt mir der Begriff der
„Nachhaltigkeit" und die Formulierung „künftige Generationen" in Art. 20 a GG
das Handwerkszeug an die Hand, um heute schon rechtliche Konsequenzen an
diese sehr langfristig prognostizierte Entwicklung zu knüpfen.

Daß dabei der Begriff der Nachhaltigkeit noch umfassender wissenschaftlicher
Präzisierung bedarf – es werden ja derzeit ganze Habilitationsschriften hierzu
geschrieben – liegt auf der Hand und ist in der Rechtswissenschaft alles andere
als ungewöhnlich. Entscheidend für mich ist, daß ich mit dem Argument der
Nachhaltigkeit jetzt ein im Zusammenhang mit Art. 20 a GG wesentlich stärke-
res Mittel an der Hand habe, um zu sagen: Weil die Nachhaltigkeit der Entwicklung gerade jetzt im Zentrum umweltrechtlicher Vorgaben steht, ist es durchaus
berechtigt, schon jetzt auf sehr langfristige Prozesse zu reagieren, auch wenn die
Auswirkungen sich eben erst in der nächsten oder übernächsten Generation zeigen werden. Von daher sehe ich das Nachhaltigkeitsgebot also nicht als derart
unbrauchbar oder unhandlich an, wie es bisher dargestellt wurde.

Werner Hoppe:

Zunächst einmal wollte ich sagen, daß Sie, Herr Röger, mit dem Prinzip der
Nachhaltigkeit operieren können, liegt nur daran, daß es so unbestimmt und ohne

normative Qualität ist. Was Sie wollen, das können Sie mit dem Grundgesetz (Art. 20 a GG) begründen.

Frau Zahrnt, Sie hatten drei Gesichtspunkte erwähnt unter dem Aspekt „Nachhaltigkeit". Das eine war Flächenbeschränkung. Über sie ist in einer Gemeinde *konkret* zu entscheiden. Man kann nicht übergeordnete Ziele mit 10 %, 8 % oder 12 % herunterbrechen auf die Gemeinde.

Wenn sich in einer Gemeinde Dritte-Welt-Aspekte ergeben oder die Berücksichtigung der späteren Generation, dann sind das relevante Aspekte für die Bauleitplanung, die bereits zu berücksichtigen sind nach dem Abwägungsgebot. Dazu brauchen wir das Prinzip der Nachhaltigkeit nicht.

Es läuft in Rostock eine Habilitationsschrift von Herrn Dr. Guy Beaucamp mit dem Thema der Nachhaltigkeit. Vielleicht wird noch eine zweite oder dritte Habilitationsschrift geschrieben, um überhaupt zu klären, was die Nachhaltigkeit nun rechtlich ist. Ich meine, es ist schon gut, daß ein gewisses Bewußtsein für solche Aspekte geweckt worden ist, für bestimmte Belange, die möglicherweise früher nicht so gesehen worden sind. Aber wir brauchen das Prinzip der Nachhaltigkeit nicht für diese Agenda-Prozesse. Eine vernünftige, sachgerechte Abwägung, jetzt auf altruistischer Basis durch verstärkte Bürgerbeteiligung, ist zu begrüßen, und das reicht auch. Ich meine, daß man dieses Vorgehen nicht ständig mit dem Nachhaltigkeitsprinzip anreichern muß.

Manfred Rebentisch:

Nur ein kurzer Hinweis vielleicht aus der Sicht der Wirtschaft. Ich glaube, es liegt auf der Hand, daß jedes Unternehmen nur in einem friedlichen Umfeld tätig sein kann. Es muß ein vernünftiger Dialog bestehen mit der Nachbarschaft. Das Unternehmen kann nicht in der Auseinandersetzung und im Streit mit der Umgebung existieren. Daher ist vielleicht dieser Agenda-Prozeß – auch was die Frage der Partizipation angeht – ein Forum, um hier zu einem permanenten Dialog zu kommen, um die unterschiedlichen Interessen auszutauschen und von der Polarisierung und den Egoismen wegzukommen, neu zu einem vernünftigen Miteinander, bei dem die unterschiedlichen Interessen auch sichtbar gemacht werden, aber die Ökologie sich nicht durchzusetzen versucht auf Kosten der Ökonomie und umgekehrt, sondern daß man da zu einem permanenten Dialog kommt, der dann auch die Basis für langfristige Prozesse, auch für Entwicklungsperspektiven der Wirtschaft schafft und damit gewissermaßen auch den Blick für die Bedürfnisse der Wirtschaft und umgekehrt sicher auch für die Bedürfnisse der Nachbarschaft öffnet.

Ich möchte das einmal wegholen von diesem großen Ansatz der Weltstaaten auf den kleinen örtlichen Bereich. Das ist unser Thema. Und ob man das mit dem Begriff der Nachhaltigkeit umschreibt, lasse ich offen. Da bin ich eigentlich mehr bei Herrn Hoppe. Das sind Begriffe, die vielleicht ihre Gefährlichkeit aus der Tatsache beziehen, daß man eigentlich nicht direkt dagegen sein kann. Aber das ist viel zu wenig. Deshalb besteht ja auch eine gewisse Gefährlichkeit darin, weil dieser Konsens sich quasi aufdrängt, aber keinerlei Konturen enthält.

Vielleicht ist das auch gerade eine Chance, die sich in diesem Dialog stellt und die genutzt werden muß, stärker, als das vielleicht bisher der Fall war. Wenn Sie etwa die Auseinandersetzungen in Einzelzulassungsverfahren sehen: Herr Hoppe hat zu Recht darauf hingewiesen, was eigentlich die Intentionen dieser Öffentlichkeitsbeteiligung sowohl in der Bauleitplanung als auch in der Fachplanung waren. Da sieht die Realität leider immer noch ein wenig anders aus. Da werden eigentlich nur festgefahrene Positionen verfestigt und verteidigt, da geht es eigentlich gar nicht um konstruktive Beiträge. Aber dort ist der Entscheidungsdruck des Einzelvorhabens vielleicht zu sehr im Vordergrund, während ein kontinuierlicher Prozeß des Dialogs hier durch diesen Agenda-Prozeß angestoßen werden kann. Von daher ist das auch vielleicht etwas Versöhnliches.

Klaus Lange:

Das Problem ist, daß wir nicht ganz so viel Zeit haben, über die Agenda 21 zu reden, wie die Agenda 21 dauern soll. Sie soll ja ein dauerhafter Prozeß sein. Aber die Zeit, die uns für diese Diskussion zur Verfügung steht, ist jetzt bereits erschöpft. Ich möchte gerne Frau Zahrnt und Herrn Doll noch das Wort geben und soweit sonst noch von Seiten des Podiums der Wunsch besteht, sich zu äußern, würde ich sagen, sollte dies geschehen. Aber dann sollten wir diese Podiumsdiskussion auch beenden.

Angelika Zahrnt:

Ich denke, daß zu den Agenda-Prozessen sehr wohl das Versöhnliche und der Dialog gehört, daß dies konstitutiv ist. Aber ich denke, zu einem Dialog gehört auch die Auseinandersetzung. Von daher möchte ich doch noch einmal ein paar Punkte aufgreifen und vielleicht auch die Unterschiede aufzeigen.

Wenn Sie, Herr Hoppe, jetzt nochmals skizziert haben, daß Sie es eigentlich eher so sehen, daß diese Beteiligungsverfahren angereichert wurden durch den Nachhaltigkeitsgedanken und daß das jetzt Agenda 21 heißt, so möchte ich klarstellen, wie das historisch gewesen ist. Die Lokalen Agenda 21-Prozesse fußen ganz eindeutig auf dem Dokument von Rio – Agenda 21 und dem Kapitel 28, das sich mit der lokalen Umsetzung befaßt. Für diese Prozesse ist der Begriff der Nachhaltigkeit konstitutiv. Dort steht auch drin, daß man auf dem Weg zur Nachhaltigkeit möglichst viele beteiligen muß. Von daher kommt es zu einer Revitalisierung von Beteiligungsverfahren, die ja durchaus schon 10 oder 20 Jahre älter sind. Planungszellen und Zukunftswerkstätten, das sind ja keine Dinge, die jetzt erst mit der Nachhaltigkeit erfunden worden sind. Von daher finde ich es positiv, daß es hier dazu kommt, daß Ansätze, die zum Teil in der Vergangenheit nicht so erfolgreich gewesen sind, jetzt eine größere Dynamik gefunden haben.

Ich glaube auch nicht, daß Lokale Agenda-Prozesse nun gleichzusetzen sind mit den UVP-Verfahren. Das habe ich bei Ihnen, Herr Lange, so ein bißchen herausgehört. Natürlich gab es auch früher Verfahren, wo man verschiedene Gesichtspunkte abwägen mußte. Das Abwägen als solches ist sicherlich nichts Neues. Aber die UVP-Verfahren sind eben auch relativ begrenzt auf einzelne Aspekte, auf einzelne Projekte. Das besondere an den Agenda 21-Prozessen ist, daß sie umfassend sind und sich nicht nur um eine Industrieansiedlung kümmern oder um eine Straße, sondern um die umfassende langfristige Entwicklung einer Kommune. Für mich ist konstitutiv für die Agenda-Prozesse – auf welcher Ebene auch immer – daß sie zum einen den Dialogcharakter haben, daß sie Ökonomie, Ökologie und Soziales integrativ sehen, vor allen Dingen auch der langfristige Ansatz und der weltweite Ansatz und das Zusammenbringen von Umwelt und Entwicklung.

Bei diesem weltweiten Ansatz geht es nicht hauptsächlich und nicht allein darum, daß jetzt Kommunen Partnerschaften mit einer Kommune in Äthiopien oder in Kolumbien haben. Das ist im Zuge der Lokalen Agenda-Prozesse auch oft ein positives Projekt unter vielen. Aber der weltweite Ansatz spiegelt sich im wesentlichen in der Grundüberlegung der Nachhaltigkeit, daß wir in den Industrieländern die Aufgabe haben, Ressourcen zu sparen und die Umweltbelastungen zu verringern, daß wir unsere Produktionsmethoden, die Produktionsmuster und die Konsumstile ändern. Denn würden wir sie beibehalten und würden das alle Länder in der Dritten Welt machen, dann hätten wir in absehbarer Zeit eine Überbelastung der Erde. Das ist der schlichte Grundgedanke. Von daher spiegelt sich dieser weltweite gedankliche Ansatz dann auch in der lokalen Umsetzung, wenn ich zur Zielsetzung komme, Ressourcenverbrauch zu reduzieren, Energieverbrauch zu reduzieren, Umweltbelastungen zu reduzieren.

In den Reduktionszielen sind die weltweiten Überlegungen mit enthalten. Ich denke, daß das neue Elemente sind, die wir lernen müssen umzusetzen auf den verschiedensten Ebenen. Von daher glaube ich, daß dieser Begriff – und da stimme ich Ihnen zu – wirklich gefährlich ist. Denn wenn man ihn ernst nimmt, dann hat er Folgen sowohl für unsere Wirtschaftsweise wie auch für unser eigenes Verhalten, wie auch für kommunale Umweltpolitik und Kommunalpolitik.

Bernd Doll:

Als Praktiker, der sein Berufsleben der Politik verschrieben hat, zumindest der Kommunalpolitik, möchte ich zum Schluß noch einen Aspekt in die Diskussion bringen, der mir aufgrund verschiedener Redebeiträge aufgefallen ist.

Ich möchte einmal die provokative Frage stellen: Wie weit verträgt die Demokratie die Nachhaltigkeit? Wir befinden uns ständig in unseren Entscheidungsprozessen in einem Timelag. Es ist mir vorhin deutlich geworden, als der Kollege aus Köln über das Thema der Wasserbevorratung gesprochen hat.

Wenn wir heute alles unter dem Aspekt der Nachhaltigkeit entscheiden müßten, würden wir zu dem Ergebnis kommen, daß diese Generation ihr Leben im Prinzip nicht mehr gestalten kann. Das heißt, wir würden das gar nicht schaffen, weil die Demokratie dann scheitern würde. Wir würden keinen Gemeinderat, wir würden kein Kreisparlament finden, das bereit wäre, ständig seine Entscheidungen unter diesen hohen Gedankenansatz zu setzen. Es ist mir ganz wichtig, dies zu sagen, und deswegen müssen wir in all unserem Bestreben diese hehren Ziele, die ja nicht verneint werden, Frau Zahrnt, unter diesem Aspekt der Demokratieverträglichkeit sehen.

Ich habe vorhin das Thema des Alterns das „graue Thema" genannt. Wenn ich sehe, was auf uns zukommt, dann muß ich morgen meinem Gemeinderat bereits heute vorschlagen, daß wir alle Hallenbäder schließen, alle Freibäder schließen, weil wir für das Jahr 2030 alles Geld brauchen, um diese wahnsinnigen Anstrengungen finanzieren zu können. Aber ich habe kein Geld mehr, um es den Senioren bereitzustellen, das ist das Problem. Und dann kommt der soziale Aspekt dazu.

Aber kein Gemeinderat wäre bereit, mit Blick auf die derzeitige soziale Struktur der jungen Familien Hallenbäder zu schließen. Auf diesen Timelag möchte ich besonders aufmerksam machen, daß die Demokratie mit Blick auf die Nachhaltigkeit natürlich auch enge Grenzen für ihren Bestand hat.

Hans-Günter Henneke:

Das war im Grunde eine interessante Variante zu dem Weizsäcker-Vorwurf, daß Politik nicht über die jeweilige Wahlperiode hinausdenkt. Ich verstehe durchaus, was Herr Doll damit zum Ausdruck bringen will.

Wir haben in den 80er Jahren eine lange und im Ergebnis unfruchtbare Diskussion über die Frage geführt, ob der Umweltschutz anthropozentrisch ausgerichtet sein soll oder nicht. Diese Auseinandersetzung wurde seinerzeit sehr kämpferisch geführt. Hätte man sich für eine Abkehr von der Anthropozentrik im Umwelt- und Planungsrecht entschieden, wäre dies ein „Totschlag-Argument" gegen den Flächenverbrauch im Baurecht geworden. Vorhaben nach § 35 Abs. 1 BauGB wären danach grundsätzlich unzulässig gewesen, weil entgegenstehende, nicht anthropozentrische Belange regelmäßig vorgelegen hätten. Diesen Systemwandel haben wir nicht vollzogen. Statt dessen haben wir mit Art. 20 a GG die Problematik auf eine andere, elegante Weise gelöst. Darauf möchte ich zum Schluß einfach noch einmal den Blick lenken und nicht erneut das strapazierte Wort der Nachhaltigkeit bemühen. Art. 20 a GG hat den unfruchtbaren Streit über die Abkehr von der Anthropozentrik dadurch überwunden, daß die Formulierung gewählt worden ist, daß der Staat die natürlichen Lebensgrundlagen „auch in Verantwortung für die künftigen Generationen" schützt. Nicht dagegen hat man die Formulierung gebraucht: „die natürlichen Lebensgrundlagen des Menschen". Mit der Inblicknahme auch künftiger Generationen macht Art. 20 a GG deutlich, daß sich der Schutzgehalt nicht nur auf umweltschutzbezogene Ziele bezieht, sondern dem Umweltschutz auch das menschheitsbezogene Ziel des Schutzes der künftigen Generationen innewohnt. Ich denke, daß dies schon ein hilfreicher Aspekt ist, zumal es sich dabei – anders als beim Nachhaltigkeitsgrundsatz – um bindendes Verfassungsrecht als Auslegungsgrundlage, wie sie von Herrn Papier hier gestern bereits vorgetragen worden ist, handelt. Von daher würde ich meinen, daß es sich dabei um einen gemeinsamen Nenner handeln müßte, unter dem wir uns eigentlich alle wiederfinden können sollten, zumal er nur gilt, ohne den Gewaltenteilungsgrundsatz nach Art. 20 Abs. 3 GG im übrigen einzuschränken.

Klaus Lange:

Meine Damen und Herren, auch wenn der Bundeswirtschaftsminister, wie ich gehört habe, heute den Tag der ökologisch-sozialen Marktwirtschaft ausgerufen hat, können wir doch nicht den ganzen Tag über dieses Thema weiter diskutieren, obwohl es ein hübscher Regieeinfall war, diesen Tag gerade mit dem heutigen Thema zu verbinden. Nach unserer Diskussion über die Frage „Kommuale Umweltpolitik vor dem Hintergrund der Lokalen Agenda 21" scheint mir, ohne daß ich Gegensätze, die ja hier zum Ausdruck gekommen sind, verkleistern will, daß allgemein eine realistische Chance gesehen wird, etwas für die kommunale Umweltpolitik und in der kommunalen Umweltpolitik zu tun im Rahmen der Lokalen Agenda 21. Es ist hingewiesen worden auf Gefahren, die mit überzogenen

Erwartungen hinsichtlich des einen oder anderen Interesses verbunden sind, auch auf die Gefahren, die im Verhältnis zwischen unmittelbarer Bürgerbeteiligung und repräsentativer kommunaler Demokratie bestehen mögen. Aber das ändert nichts daran, daß eine Chance in diesen Ansätzen einer verstärkten bürgerschaftlichen Beteiligung liegt. Was sicherlich Voraussetzung dafür ist, daß aus alledem etwas wird, ist das, was Herr Henneke betont hat: Es muß in einem realisierbaren Rahmen etwas geschehen, und es muß auch zu Ergebnissen kommen. Denn wo nur geredet wird, ohne daß sich faktisch Resultate einstellen, da wird bürgerschaftliches Engagement schnell wieder erlahmen. Und das gerade will man mit der Agenda 21 verhindern, nicht zuletzt auch im Interesse der kommunalen Umweltpolitik.

Ich danke allen Beteiligten. Ich danke vor allem den Beteiligten hier auf dem Podium, Frau Zahrnt, Herrn Doll, Herrn Henneke und Herrn Rebentisch.

Schlußwort

Reinhard Hendler

Meine Damen und Herren,

wir haben uns zwei Tage mit dem Verhältnis von Umweltschutz, Wirtschaft und kommunaler Selbstverwaltung befaßt. Ein Schlußwort gibt einmal Gelegenheit, ein inhaltliches Fazit zu ziehen. Davon möchte ich heute jedoch wegen der bereits fortgeschrittenen Zeit absehen, zumal Sie den fachlichen Beratungen selbst beigewohnt haben und einen unmittelbaren Eindruck gewinnen konnten. Zum anderen bietet ein Schlußwort Gelegenheit, noch einmal Dank zu sagen. Diese Gelegenheit möchte ich allerdings nicht ungenutzt verstreichen lassen.

Mein herzlicher Dank gilt dabei den Referenten, den Mitwirkenden an der Podiumsdiskussion sowie den Diskussionsrednern im Plenum, die dazu beigetragen haben, daß ein lebhafter Gedankenaustausch entstanden ist. Zu danken ist im weiteren allen Tagungsgästen für das unserem Kolloquium entgegengebrachte Interesse. Dank gebührt nicht zuletzt auch den Mitarbeiterinnen und Mitarbeitern des Instituts, die sich unauffällig, aber mit großem Engagement und professionellem Geschick der Vorbereitung und der Abwicklung der Tagung angenommen haben und auf die jetzt noch die Nachbereitung zukommt (Anfertigung der Tagungsberichte, Bearbeitung des Tagungsbandes etc.).

Zum Schluß habe ich für alle Anwesenden noch eine gute und eine schlechte Nachricht. Die schlechte Nachricht zuerst: Das nächste Kolloquium findet erst wieder in einem Jahr statt! Und nun die gute Nachricht: Einige wichtige Einzelheiten stehen schon fest! Im kommenden Jahr ist das Kolloquium dem Thema „Energierecht zwischen Umweltschutz und Wettbewerb" gewidmet. Die Tagungsleitung hat freundlicherweise Herr Kollege Schröder übernommen. Der genaue Termin lautet: 9. – 11. September 2001.

Damit ist das diesjährige Trierer Kolloquium zum Umwelt- und Technikrecht beendet. Ich wünsche Ihnen allen einen angenehmen Heimweg.

Teilnehmerliste

Dipl.-Geogr. *Udo Ammel*, Stadtverwaltung Trier

Dirk Angenend, R + V Allgemeine Versicherungs-AG, Wiesbaden

Christian Au, Universität Hamburg

Dr. *H. -D. Bartholot*, Ministerialrat, Ministerium für Umwelt, Raumordnung und Landwirtschaft Nordrhein-Westfalen, Düsseldorf

Prof. Dr. *Ulrich Battis*, Humboldt-Universität zu Berlin

Holger Bauknecht, Fachhochschule Trier, Umwelt-Campus Birkenfeld

Petra Becker-Morhain, Landkreis Saarlouis

Albrecht Bell, Richter, Verwaltungsgericht Dresden

Dr. *Karl-Walter Bergmann*, Vizepräsident, Verwaltungsgericht Mainz

Christian Bickenbach, Wissenschaftlicher Mitarbeiter, Universität Mainz

Dr. *Klaus Boisserée*, Rechtsanwalt, Düsseldorf

Anke Borchardt, mag. rer. publ., Assessorin, Verband der Chemischen Industrie e. V., Frankfurt am Main

Rolf Born, Naturschutzreferent, Landwirtschaftskammer Westfalen-Lippe, Münster

Daniela von Bubnoff, Rechtsreferendarin, Berlin

Georg Buchholz, Rechtsreferendar, Berlin

Prof. Dr. *Martin Burgi*, Universität Bochum

Dr. *Petra Cormann*, Aufsichts- und Dienstleistungsdirektion, Trier

Dr. *Tilman Cosack*, Regierungsrat z. A., Landesoberbergamt Nordrhein-Westfalen, Dortmund

Dr. *Rainer Cosson*, Rechtsanwalt, Bundesverband der Deutschen Entsorgungswirtschaft e. V., Köln

Dr. *Manfred Czychowski*, Düsseldorf

Dipl.-Ing. *Uwe Dalheimer*, Regierungspräsidium Darmstadt

Reinhard Dierkes, Vorsitzender Richter, Verwaltungsgericht Trier

Prof. Dr. *Johannes Dietlein*, Universität Düsseldorf

Dr. *Stefan Dietlmeier*, Rechtsanwalt, Rechtsanwälte Seufert u. a., München

Dr. *Hans-Martin Dittmann*, Rechtsanwalt, WIBERA Wirtschaftsberatung AG, Berlin

Bernd Doll, Vorsitzender des Städtetages Baden-Württemberg, Oberbürgermeister der Stadt Bruchsal

Dr. *Peter Donauer*, Landratsamt Amberg-Sulzbach

Birgit Drechsel, Stadt Augsburg

Dr. *Gerhard Driewer*, Rechtsanwalt, Heinemann & Partner, Rechtsanwälte, Essen

Jia Du, Doktorandin, Universität Trier

Ulla-Britta Düchting, Assessorin, Gesellschaft zur Verwahrung und Verwertung von stillgelegten Bergwerksbetrieben mbH, Sondershausen

Hans-Josef Düwel, Ltd. Ministerialrat, Ministerium für Umwelt und Naturschutz, Landwirtschaft und Verbraucherschutz, Nordrhein-Westfalen, Düsseldorf

Dr. *Felix Ekardt*, Universität Rostock

Oliver Emmer, Richter, Amtsgericht Bernkastel-Kues

Fritz Endemann, Vorsitzender Richter, Verwaltungsgericht Stuttgart

Dr. *Rainald Enders*, Rechtsanwalt, Köln

Dr. *Tom Erdt*, Rechtsanwalt, RAe Pilger & Mattke, Frankfurt am Main

Hans-Gerd Erpenstein, Rechtsanwalt, Bayernwerk AG, München

Dr. *Angela Faber*, Münster

Dipl.-Chemiker Prof. Dr. *Wolfgang Faigle*, Fachhochschule für Druck und Medien, Stuttgart

Kurt Faßbender, Wissenschaftlicher Mitarbeiter, Institut für Öffentliches Recht, Universität Bonn

Herr *Fastring*, Kreisverwaltung Wesel

Dr. *Gerhard Feldhaus*, Ministerialdirektor a. D., Rechtsanwalt, Bonn

Peter Fritz, Vorsitzender Richter, Verwaltungsgericht Koblenz

Dieter Fritzsche, Vizepräsident, Oberverwaltungsgericht Rheinland-Pfalz, Koblenz

Klaus-D. Fröhlich, Assessor, Institut für das Recht der Wasser- und Entsorgungswirtschaft, Universität Bonn

Werner Fuchs, Regierungsdirektor, Thüringer Ministerium für Landwirtschaft, Naturschutz und Umwelt, Erfurt

Ulrich Gaggermeier, Regierungsdirektor, Landesamt für Umweltschutz und Gewerbeaufsicht, Oppenheim

Dr. *Klaus Hubert Görg*, Rechtsanwalt, Görg Rechtsanwälte, Köln

Manfred Gressnich, Verbandsgemeindeverwaltung Schweich

Cornelia Grewing, Wissenschaftliche Mitarbeiterin, Institut für Umwelt- und Technikrecht, Universität Trier

Gerrit Günther, Wissenschaftlicher Mitarbeiter, Universität Trier

Dr. *Herbert Günther*, Ministerialdirigent, Hessische Staatskanzlei, Wiesbaden

Andreas Hammer, Wissenschaftlicher Mitarbeiter, Universität Trier

Karsten Hardraht, Oppenhoff & Rädler, Rechtsanwälte und Steuerberater, Berlin

Frank Hasche, Wissenschaftlicher Mitarbeiter, Institut für Umwelt- und Technikrecht, Universität Trier

Dr. *Jörn Heimlich*, Wissenschaftlicher Assistent, Universität Trier

Marcel Heinemann, Wissenschaftlicher Mitarbeiter, Universität Trier

Dr. *Christian Heitsch*, Wissenschaftlicher Assistent, Universität Trier

Prof. Dr. *Alfred Helbig*, Sonderforschungsbereich 522 „Umwelt und Region", Universität Trier

Dr. *Jürgen Held*, Richter, Oberverwaltungsgericht Rheinland-Pfalz, Koblenz

Prof. Dr. *Reinhard Hendler*, Institut für Umwelt- und Technikrecht, Universität Trier

Dr. *Frank Hennecke*, Ltd. Ministerialrat, Ministerium für Umwelt und Forsten Rheinland-Pfalz, Mainz

Prof. Dr. *Hans-Günter Henneke*, Erster Beigeordneter des Deutschen Landkreistages, Berlin

Dr. *Erwin Herkommer*, Deutscher Bundestag, Berlin

Hans Herre, Staatliches Umweltamt Kiel

Sebastian Heselhaus, Universität Gießen

Dr. *Matthias Heßhaus*, Rechtsanwalt, Kleiner Rechtsanwälte, Düsseldorf

Irene Heuser, Umwelt- und Rechtsreferentin, Landesvertretung Brandenburg, Bonn

Dr. *Klaus Heuvels*, Rechtsanwalt, CMS Hasche Sigle Eschenlohr Peltzer – Rechtsanwälte, Frankfurt am Main

Jürgen Heyn, EnBW Service GmbH, Stuttgart

Konrad Hochhausen, Rechtsanwalt, RAe Mülfarth & Hochhausen, Köln

Burghard Hoffmann, Vorsitzender Richter, Oberverwaltungsgericht Rheinland-Pfalz, Koblenz

Dr. *Michael Hofmann*, Ministerialrat, Ministerium für Umwelt und Forsten Rheinland-Pfalz, Mainz

Dr. *Herbert Holl*, Richter, Oberverwaltungsgericht Rheinland-Pfalz, Koblenz

Gert Hölzer, Vizepräsident, Oberlandesgericht Rheinland-Pfalz, Koblenz

Prof. Dr. *Werner Hoppe*, Rechtsanwalt, Münster

Manuela Hormesch, Wissenschaftliche Mitarbeiterin, Universität Bonn

Heidi Horn, AXA Colonia Versicherung AG, Köln

Dr. *Ulrich Hösch*, Privatdozent, Universität Bayreuth

Hartmut Höver, Baudirektor, Aufsichts- und Dienstleistungsdirektion, Trier

Dr. *Harald Huffmann*, Rechtsanwalt, WIBERA Wirtschaftsberatung AG, Düsseldorf

Matthias Hünert, Wissenschaftlicher Mitarbeiter, Institut für Internationales Privatrecht und Rechtsvergleichung, Universität Osnabrück

Holger Jacobj, Rechtsanwalt, Versteyl & Partner II, Burgwedel

Michael Jaeger, Leitender Kreisverwaltungsdirektor, Umweltdezernet des Rhein-Sieg-Kreises, Siegburg

Friedrich Jung, Vizepräsident, Verwaltungsgericht Trier

Dr. *Gottfried Jung*, Ministerialdirigent, Ministerium für Umwelt und Forsten Rheinland-Pfalz, Mainz

Dr. *Christiane Jüntgen*, Trier

Dr. *Norbert Kämper*, Rechtsanwalt, Kleiner Rechtsanwälte, Düsseldorf

Steffen Kautz, Wissenschaftlicher Assistent, Universität Bayreuth

Wolfgang Keller, Rechtsreferendar, Elsdorf

Karlheinz Kibele, Stellvertretender Hauptgeschäftsführer, Landkreistag Baden-Württemberg, Stuttgart

Dr. *Stefan Kiefer*, FOCUS BAU, München

Wolfgang Kix, Niedersächsischer Landkreistag, Hannover

Dr. *Christoph Klages*, Richter, Verwaltungsgericht Trier

Mark Klein, Wissenschaftlicher Mitarbeiter, Institut für Umwelt- und Technikrecht, Universität Trier

Günter Klingkowski, Stadtoberverwaltungsrat, Stadtverwaltung Kaiserslautern

Prof. Dr. *Michael Kotulla*, Universität Bielefeld

Dr. *Anna Kovács*, Universität Budapest, Ungarn

Michael Krings, Rechtsanwalt, VDEW e.V., Frankfurt am Main

Dr. *Klaus Krischel*, Struktur- und Genehmigungsdirektion Süd, Neustadt an der Weinstraße

Dipl.-Vw. *Matthias Krist*, Rechtsanwalt, Rechtsanwälte Martini & Mogg, Koblenz

Sandra Kroll, Wissenschaftliche Mitarbeiterin, Universität Bielefeld

Olaf Kropp, Sonderabfall-Management-Gesellschaft, Rheinland-Pfalz mbH, Nauheim

Dr. *Dieter Kugelmann*, Universität Mainz

Prof. Dr. *José Carlos Laguna de Paz*, Universität Valladolid, Spanien

Dieter Lang, Rechtsanwalt, RAe Wessing & Berenberg-Gossler, Frankfurt am Main

Prof. Dr. *Klaus Lange*, Universität Gießen

Dr. *Silke Ruth Laskowski*, Hochschulassistentin, Universität Hamburg

Bernhard Lefert, Struktur- und Genehmigungsdirektion Nord, Trier

Cécile Lepper-Hasche, Wissenschaftliche Mitarbeiterin, Institut für Umwelt- und Technikrecht, Universität Trier

Prof. Dr. *Heinrich Freiherr von Lersner*, Präsident des Umweltbundesamtes a.D., Berlin

Dr. *Werner Linden*, Gas, Elektrizitäts- und Wasserwerke AG, Köln

Johannes Lüers, Sonderforschungsbereich 522 „Umwelt und Region", Universität Trier

Thorsten Manegold, Wissenschaftlicher Mitarbeiter, Institut für Umwelt- und Technikrecht, Universität Trier

Dr. *Thomas Mann*, Wissenschaftlicher Assistent, Institut für Öffentliches Recht und Verwaltungsrecht, Universität zu Köln

Prof. Dr. *Peter Marburger*, Institut für Umwelt- und Technikrecht, Universität Trier

Dr. *Richard Matthaei*, Trienekens AG, Viersen

Klaus Meier, Vorsitzender Richter, Verwaltungsgericht Koblenz

Philipp Mesenburg, Wissenschaftlicher Mitarbeiter, Institut für Umwelt- und Technikrecht, Universität Trier

Prof. Dr. *Hans-Peter Michler*, Fachhochschule Trier, Umwelt-Campus Birkenfeld

Prof. Dr. *Heiner Monheim*, Sonderforschungsbereich 522 „Umwelt und Region", Universität Trier

Dr. *Arnold Müller*, Struktur- und Genehmigungsbehörde Süd, Neustadt an der Weinstraße

Dr. *Svea Müller*, Parlamentarische Beraterin bei der SPD-Landtagsfraktion, Baden-Württemberg, Stuttgart

Simin Namini, Assessorin, Kassenärztliche Vereinigung, Trier

Andreas Ney, Sonderforschungsbereich 522 „Umwelt und Region", Universität Trier

Günter Niemann, Rechtsanwalt, Fachanwalt für Verwaltungsrecht, Braunschweig

Dr. *Barbara Niemöller*, Rechtsoberrätin, Stadtverwaltung Dresden

Dr. *Peter Nisipeanu*, Justitiar, Ruhrverband Essen

Alexander Nolte, Wissenschaftlicher Mitarbeiter, Institut für Umwelt- und Technikrecht, Universität Trier

Prof. Dr. *Christel Offermann-Clas*, Universität Trier

Günter Pampel, Ministerium für Raumordnung, Landwirtschaft und Umwelt des Landes Sachsen-Anhalt, Magdeburg

Reinhard Pape, Fachdienstleiter, Hochsauerlandkreis, Meschede

Prof. Dr. *Jürgen Papier*, Universität München, Vizepräsident des Bundesverfassungsgerichts

Prof. Dr. *Franz-Joseph Peine*, Universität Göttingen

Dr. *Volkert Petersen*, Richter, Oberverwaltungsgericht Lüneburg

Birte Susanne Pfundt, Wissenschaftliche Mitarbeiterin, Institut für Umwelt- und Technikrecht, Universität Trier

Dr. *Johann-Christian Pielow*, Privatdozent, Bochum

Horst Pinkemeyer, Präsident, Verwaltungsgerichts Trier

Dr. *Stefan Pützenbacher*, Rechtsanwalt, Nörr Stiefenhofer Lutz verbunden mit Bögner Hensel Gerns & Schreier, Frankfurt am Main

Thomas Rahner, Bürgermeister, Gemeinde Biebesheim am Rhein

Dr. *Manfred Rebentisch*, Rechtsanwalt, VDEW e. V., Frankfurt am Main

Wolfgang Reimers, Präsident, Verwaltungsgericht Koblenz

Prof. Dr. *Michael Reinhardt*, LL. M., Institut für Umwelt- und Technikrecht, Prodekan des Fachbereichs Rechtswissenschaft, Universität Trier

Marita Rickels, Ministerialrätin, Niedersächsisches Umweltministerium, Hannover

Dr. *Marc Röckinghausen*, Staatliches Umweltamt Duisburg

Dr. *Ralf Röger*, Privatdozent, Universität zu Köln

Dr.-Ing. *Rainer Römer*, BASF AG, Ludwigshafen

Dr.-Ing. *Karl-Heinz Rother*, Landesamt für Umweltschutz und Gewerbeaufsicht, Oppenheim

Silke Rottmann, Erich Schmidt Verlag, Berlin

Dr. *Matthias Ruffert*, Wissenschaftlicher Assistent, Universität Trier

Dr. *Rupert Sachsenhausen*, Rechtsanwalt, Saarberg AG, Saarbrücken

Eberhard Sander, Rechtsanwalt, Hannover

Dipl.-Soz. *Klaus Sauerborn*, Universität Trier

Dieter Schecker, Richter, Griesheim

Karl Ulrich Scheib, Oberstaatsanwalt, Staatsanwaltschaft Ulm

Dr. *Hans Scheuer*, Abteilungsleiter E. h., EG-Kommission Tervuren, Belgien

Georg Schmidt, Vorsitzender Richter, Verwaltungsgericht Trier

Prof. Dr. Dr.-Ing. E. h. *Reimer Schmidt*, Aachen

Ute Schmidt, Wissenschaftliche Mitarbeiterin, Universität Trier

Dr. *Dieter Schottelius*, Rechtsanwalt und Notar, Frankfurt am Main

Dr. *Frank Schreiber*, Rechtsreferendar, Wiesbaden

Prof. Dr. *Meinhard Schröder*, Institut für Umwelt- und Technikrecht, Universität Trier

Kai Schumacher, Wissenschaftlicher Mitarbeiter, Ostseeinstitut für Seerecht und Umweltrecht, Universität Rostock

Daniela Schwarz, Wissenschaftliche Mitarbeiterin, Institut für Europarecht, Universität Osnabrück

Dr. *Ursula Schweitzer*, Rechtsanwältin, Verlag Dr. Otto Schmidt KG, Köln

Prof. Dr. *Peter Schwenkmezger*, Präsident, Universität Trier

Inga Schwertner, Wissenschaftliche Mitarbeiterin, Universität Trier

Marcel Séché, Wissenschaftlicher Mitarbeiter, Institut für Umwelt- und Technikrecht, Universität Trier

Dipl.-Ing. *Hartmuth Skalicky*, Verband der Chemischen Industrie e. V., Frankfurt am Main

Sandra Solf, Wissenschaftliche Mitarbeiterin, Institut für Umwelt- und Technikrecht, Universität Trier

Dr. *Reinhard Sparwasser*, Rechtsanwalt, RAe Prof. Dr. Bender und Partner, Freiburg

Rolf Stamm, Städtischer Rechtsrat, Stadtverwaltung Köln

Karl-Ludwig Steinhäuser, Carl Heymanns Verlag KG, Köln

Klaus Stöcker, Justitiar, Fachverband Dampfkessel-, Behälter- und Rohrleitungsbau e. V., Düsseldorf

Dr. *Charlotte Sünner*, Präsidentin, Verwaltungsgericht Neustadt an der Weinstraße

Dr. *Eckart Sünner*, Leiter des Zentralbereichs Recht, Steuern und Versicherung, BASF AG, Ludwigshafen

Prof. Dr. *Peter J. Tettinger*, Institut für Öffentliches Recht und Verwaltungslehre, Universität zu Köln

Rüdiger Thull, Richter, Verwaltungsgericht Chemnitz

Stephanie Tull, Rechtsreferendarin, Köln

Dr. *Dirk Uwer*, mag. rer. publ., Rechtsanwalt, RAe Hengeler, Mueller, Weitzel, Wirtz, Düsseldorf

Brigitte Verbeek-Vienken, Vorsitzende Richterin, Verwaltungsgericht Trier

Dr. *Friedrich Watermann*, Direktor, Berufsgenossenschaften, Bonn

Dr. *Clemens Weidemann*, Rechtsanwalt, RAe Gleiss, Lutz, Hootz, Hirsch & Partner, Stuttgart

Dr. *Maria Wellan*, Landratsamt Freising

Andreas Westermann, Stadtverwaltung Ludwigshafen

Dr. *Frank Wiehe*, Staatliches Umweltamt Krefeld

Stefan Wiesendahl, Wissenschaftlicher Mitarbeiter, Institut für Umwelt- und Technikrecht, Universität Trier

Dipl.-Ing. *Franz Wustinger*, Kenn

Dr. *Angelika Zahrnt*, Vorsitzende des Bundes für Umwelt und Naturschutz Deutschland e. V., Berlin

Michael Zimmer, Richter, Oberverwaltungsgericht Rheinland-Pfalz, Koblenz

Tilman Zimmer, Wissenschaftlicher Mitarbeiter, Institut für Umwelt- und Technikrecht, Universität Trier